通往白宫之路
——美国人喜欢什么样的总统

The Road to the White House

陈安 著

人民东方出版传媒
东方出版社

目　录

1

序　言

　　1980 年自北京移居纽约后，30 余年来生活在 5 个美国总统之下。美国"效忠誓词"称美国是一个"在上帝之下"的国家，但对非基督徒移民而言，"在上帝之下"的感觉甚为虚无，却常意识到是"在某某总统之下"。美国没有中国历史上的"朝代"，但一届届总统，对我这个华人来说，就如一个个"朝代"。"一朝天子一朝臣"，里根有由自己的心腹组成的内阁，克林顿的内阁则完全是另一套人马。但美国的"朝代"不世袭，而需通过竞争、选举产生新的"朝代"。白宫不像紫禁城，总统不是皇帝，在里头不能待一辈子，至多待上 8 年，只在战乱特殊时期，才让富兰克林·罗斯福连任四届，超过 8 个春秋。

　　在我之上的 5 个总统的任职期间，我并不觉得生活上有多大变化，对美国中产阶级而言，尽管收入有涨落，物价有起伏，总的来说，生活还算稳定，面包、食盐、蔬菜的价钱不会涨到哪儿去。但每个总统似乎都因一两个惊人事件而给我这个普通公民留下深刻印象。我一到美国，里根就遇刺受伤，号外消息惊天动地；老布什出兵打伊拉克军队，接着又有一场波斯湾战争，枪炮声不断；克林顿出了大绯闻，但政绩出色，仍讨广大选民喜欢；小布什在"9·11"事件后以谎言点燃伊拉克战火，名声甚坏，遭人唾骂；奥巴马，美国第一位黑人总统，在共和党、"茶党"围剿下更显其优良品质。

　　多年来我为中文报刊撰稿，常涉及美国总统。《新华文摘》杂志副编审刘永红博士约我写一本关于美国总统和大选的书，我欣然答应，因为我觉得美国总统和大选确有很多故事，通过这些故事可以更多、更深地了解美国政治和美国社会。其实，我平时最爱的是语言、文学和音乐，对政治兴趣不浓，对社会了解不深，谈政治、写总统显然不合我的本性，但我也一直记得胡适先生说过的话，我们似可通过"不感兴趣的兴趣"更多地了解社会，增进社会责任感。

胡适原在康奈尔大学修读农科，5年后发现自己选错了专业。是的，像他这种气质的人，像他这样后来在中国人文科学各领域里开创风气的人，怎能连续几小时在康奈尔的实验室里为30来个苹果逐个分类呢？美国苹果皮的颜色、果肉的韧度和酸甜与他后来所宣导的新诗、白话文和实用主义哲学之间又有何必然联系呢？他于是决定转学，转到纽约哥伦比亚大学，拜美国哲学泰斗杜威教授为师。他说，他要藏身在"纽约大城的茫茫人海之中"孜孜矻矻，专心攻读博士学位。不过，根据他的性格，说要藏身于茫茫人海，其实是做不到、藏不住的。相反，茫茫人海之处，往往是他跃跃欲去之处。

1916年11月，美国的选举日，胡适和几个同学去了曼哈顿人山人海的时报广场，观看时报大楼上用游标显示的选举计票情况，一直看到午夜，回校时因挤不上地铁而从42街步行到116街哥大学生宿舍，走了大约5公里路。这天大选的结果是伍德罗·约翰逊获得连任。胡适后来回忆说，他对美国政治的兴趣和对美国政制的研究，以及学生时代所目睹的两次美国大选，对他后来对中国政治和政府的关心有着决定性影响。他说："在我成年以后的生命里，我对政治始终采取了我自己所说的不感兴趣的兴趣。我认为这种兴趣是一个知识分子对社会应有的责任。"

这次，我确实是以不感兴趣的浓厚兴趣撰写此书。有人对我说，美国总统是个老题目，不一定讨人喜欢。可我在撰写过程中发现这是一个宽广、深邃的研究和著述领域，美国历史学家、政治学家在那里深入开拓、挖掘，新的内容、新的资料不断发现，关于总统的论文、传记陆续问世；大选之年关于总统竞选的报道更是连篇累牍、铺天盖地。本书即从美国报刊、图书、网络、辞典中检索丰富资料、新鲜素材，然后筛选、归纳、立题写成。

全书30多篇文章，从各个角度写美国大选、写美国总统，写通往白宫之路的复杂、艰难，也写白宫主持者的重负、孤苦。入主白宫者，经历和学历、气质和性格、政策和政绩均不尽相同，有的始终受人爱戴、敬重，有的被非议、否定，这就使我们笔下的总统们面目多样、各具特色，也因此让我们了解美国人究竟喜欢什么样的总统。笔者力求各篇的叙述客观、准确，不拔高，也不丑化，尤其注重揭示他们的个性、品格，让读者见到一个个真实的美国总统。

乔治·华盛顿，这个"美国的辛辛纳图斯"，不重权位，不恋栈，一生秉持高贵品质。他说："我希望我能永远具有坚强的意志、高尚的道德，保持一个诚实者的人品。"

《独立宣言》起草者托马斯·杰弗逊重视舆论自由，他说："我们政府的基础是人民的舆论，如果要我决定我们应该要一个没有报纸的政府，还是要没有政府的报纸，我片刻也不犹豫，宁选后者。"他还是个小提琴演奏家，他说："音乐是无价之宝，在每天忙碌之后的休闲时间里给我们带来愉悦，并贯注我们一生。"

伟大的奴隶解放者亚伯拉罕·林肯是个演说家，留下了"民有、民治、民享政府"等名言；他又是幽默家，有记者写道："林肯的幽默话犹如从岩石中喷出的泉水源源不断"，"又如在云层上的阳光闪闪发亮"。

少言寡语的卡尔文·柯立芝讲出的每句短话都诙谐、风趣，但也能用完整的句子严肃表示："在美国宪法之下，非裔美国人就如其他公民一样享有神圣的民权。"

西奥多·罗斯福，这个"马背上的总统"，大棒在手，说话温柔，实施"公平施政"，"要把资本所有者从他们自身的愚蠢行为中解放出来"。

富兰克林·罗斯福，这个"轮椅上的总统"，不忘"经济金字塔底层被遗忘的人"，实施"新政"，"自己使劲从轮椅上站起来，为了使劲把跪在地上的国家扶起来"。

哈里·杜鲁门尽管称白宫为"大白狱"，希望早日离开这个"监牢"，但仍竞选连任并获成功；当麦克阿瑟将军企图将朝鲜战争扩大至中国境内时，他撤销了这个总司令的指挥权。

约翰·肯尼迪在政治上开辟"新边疆"，同时重视文学艺术，他说："我们应该将艺术成就和艺术活动视为我们自由社会中不可或缺的一部分"，"我期望有一个有如奖赏商业和政治成就一样奖赏艺术成就的美国"。

罗纳德·里根以其口才、诙谐讨人喜欢，甚至可以开"我们将在5分钟内轰炸苏联"这样的玩笑，被戏称为"美国玩笑总司令"；他斥之为"邪恶帝国"的苏联不久正式解体。

比尔·克林顿具有平民气质，有学者写道："他是每个人的兄弟，从不把自己看得比别人更了不起，或更聪明"，"从不给别人企图支配世界、改造社会或来一场革命的印象"。

巴拉克·奥巴马热爱自己的国家，但也知道，"我们的国家并不完美，我们常要为保障我们全体人民的自由与和平而斗争。我们分担我们国家所犯的错误……我们在世界各地的行动并不符合我们的最佳意图"。

有些总统不受美国人欢迎，被历史学家们置于低微或否定地位，如刮裙带风的格兰特，整个政府腐败的哈丁，不诚实的尼克松，好战的小布什。那些介入侵略战争的总统，无不受到全国反战运动浪潮的冲击；那些实行种族歧视政策的总统，无不受到全国波澜壮阔的民权运动的轰击，也让历史学家们为他们记下了政治污点。

在检索有关总统文字资料的过程中，我觉得美国人有幸能见到一个个真实的、未被掩盖的甚至透明的总统。总统们的生平，不论好或坏，喜事或丑闻，成功或失败，伟大或低下，在历史书上或当代网络上都有充分记载，还有《信息自由法》赋予美国公民查阅政府档案材料的权利，加上收藏丰富的各个"总统图书馆"，如今人们确实可以全面、深入了解总统，也有自由对总统或褒或贬，随意臧否。或许还有个别总统遇刺事件尚待水落石出，总的来说，由于历史的真实记录和后人的追根寻底，美国历史上的政治秘密并不存留很多，总统们的所言所语、所作所为也都清晰可见。如此之故，历史上的经验教训便容易总结，政治上的错误罪过便容易得到纠正，正如奥巴马所说，大家"分担我们国家所犯的错误"，社会就能一步步向前迈进，国家就能一天天变得强大。

美国的大选往往诡异不测，2016 年大选更是如此，其诡谲、奇异达到前所未有的程度，两大党内的分裂、各州选民之间的对立、总统候选人之间的角逐都不同寻常，全国选民的热情投入也为历年所罕见，真可谓气氛高涨，热火朝天。这一方面说明，一个总统对公民们来说有多重要，国家的前途、个人的命运都与之紧密相关，公民们因此十分珍惜自己的选举权，一定要把自己认可的人送进白宫椭圆形办公室。另一方面也说明，美国目前社会矛盾甚多，利益冲突甚剧，各种观念纷呈，不论保守派或自由派都不甘缄默，都要发出自己的声音，争取一个符合自己的观念和利益的未来。在民主党总统候选人希拉里与共和党总统候选人特朗普经过一年多的激烈较量后，美国终于在11月8日选举日产生第45任总统，一个从纽约商厦进入白宫的总统。对于特朗普而言，未来的四年应是任重道远，令人拭目以待。

最后我要衷心感谢《新华文摘》杂志副编审刘永红先生，是他首先提出本书选题。我自己稍感遗憾的是撰写前的阅读准备尚不充分，写作时间有点匆促，加上自己才单力弱，绠短汲深，书中难免舛误不妥之处，恳请读者不吝匡正，以便今后修改增删。

陈　安

2016 年 11 月 9 日于纽约

通往白宫之路

白宫（The White House），美国总统官邸，也是美国政府的代称，位于美国首都华盛顿宾夕法尼亚大道，门牌号"1600"。

首都和白宫的地址均由首任总统乔治·华盛顿（George Washington）选定，但他一天也没有住过白宫。对于他来说，他所走的路不是通往"白宫"，而是通往1775—1783年独立战争的沙场。作为大陆军总司令，他率军杀敌，南征北战，打出了一个新世界，北美的13个英国殖民地终于获得独立，出现了一个统一的美利坚合众国。

独立战争胜利后，百废待举，千头万绪，开国元勋们忙得不亦乐乎，一时连在哪里建都都确定不下来。从1776年到1800年，先后有8个城市——巴尔的摩、兰开斯特、约克、普林斯顿、安纳波利斯、特伦顿、纽约和费城当过临时首都。其中纽约是由宪法规定的首都，1789年4月30日，华盛顿在华尔街联邦大厦宣誓就职，因此纽约是美国的第一个首都，但也只当了16个月。费城，这个《独立宣言》签署地，早在1783年就当过一次临时首都，后来从1790年到1800年，又成了这个新国家的最高政府机关所在地，乔治·华盛顿和第二任总统约翰·亚当斯（John Adams）先后住在位于该市第6街与市场街交界处的总统府。

究竟以何处为首都？开国元勋们讨论、争议良久，他们之中很多是南方人（最初的4任总统都是弗吉尼亚人），觉得纽约或新英格兰地区都太靠北，冬季太冷；不论南方人或北方人，又都感到费城的政局不稳定，不宜建都，而华盛顿自幼熟悉波托马克河（the Potomac River）地区，所以最后一致同意他于1791年提出的折中方案——在波托马克河的沼泽地区域，也即在马里兰与弗吉尼亚交界的钻石形地区，辟建首都城。华盛顿提议这个首都名为"联邦城"，但为表示对这位"战争中居第一，和平中居第一，在其同胞心目中居第一"的首任总统的尊敬，国会决定以他的姓氏命名。由于联邦行政区所在地名为哥伦比亚特区，故美国首都的全名为"华盛顿哥伦比亚特区"（Washington, D.C., D.C. 为 the District of Columbia 的缩略）。美国人现常把首都简称为"D.C."。

首都华盛顿的规划者为法裔建筑师皮埃尔·朗方（Pierre L'Enfant），这个生于巴黎的法国人于1777年到美国来参加革命军，1791年华盛顿聘请他负责首都规划设计，却因作风专断第二年就被免职，可1901年开始的首都重建工程，基本上还是按他的设计规划进行的。其规划一大特色就是以市中心的重要建筑物和纪念碑为核心，向四面八方修建大道，象征这座城市是权力辐射中心。

白宫由爱尔兰裔建筑师詹姆斯·霍本（James Hoban）仿18世纪英国绅士乡间别墅风格设计，1792年动工兴建，1800年建成，约翰·亚当斯成为第一个住进白宫的总统，而华盛顿在白宫建成前一年与世长辞，他没能活到19世纪，也没能进白宫，有个历史学家写道："可怜的华盛顿，尽管是白宫的基石，却是唯一未能住在白宫的美国总统。"

1814年，在第二次独立战争中，白宫被英军烧毁，后由霍本重建，并漆为白色，1901年西奥多·罗斯福（Theodore Roosevelt）总统正式将之命名为"白宫"。主楼共4层，底层包括外交接待室、地图室、图书室、厨房和瓷器室，第一层的东厅、绿厅、蓝厅、红厅和国宴厅在规定时间内供公众参观。第二层为总统及其家属居住区，还有供男贵宾住宿的"林肯卧室"。第三层包括客房和白宫工作人员居住区。整个楼有132个房间（包括35个洗手间），412个门，147扇窗，28个壁炉。户外有南草坪和玫瑰园，前者又称总统公园，栽有很多树木，后者是总统向记者发表非正式讲话的地方。不过，比起英国77000平方米的白金汉宫、中国725000平方米的故宫，5100平方米的白宫还是比较小的。

白宫于1902年西奥多·罗斯福执政时加建西翼，1942年于富兰克林·罗斯福（Franklin Roosevelt）执政时加建东翼。西翼包括总统办公室和内阁办公室，东翼包括第一夫人办公室、剧场和访问者入口。总统办公室别称"椭圆形办公室"。第27任总统威廉·塔夫脱（William Taft）为了扩大其办公室面积，曾要求建筑师按一楼半圆形的蓝厅改建，蓝厅是仿华盛顿总统在费城的临时办公室所建，而华盛顿曾要求按英国宫廷的半圆形招待厅建其临时办公室，结果白宫总统办公室便成了奇特的椭圆形。

在我们对白宫这座田园别墅式建筑有所了解后，似乎就可以探讨一下"通往白宫之路"，也即美国政治家或政客们正式或企图入主白宫的道路。这条路十分艰难，大多数人最后都到不了目的地，有的半途而废，有的败于决战。在2016年之前的227年里，美国共有44任总统，华盛顿未进白宫，格罗弗·克利夫兰（Grover Cleveland）曾任不连续的两届（第22任和第24任），所以进入白宫坐上总统宝座的仅42人，均为男性，除一黑人外，均为白人。

美国每4年举行一次总统大选，这一年便是"大选年"。这是一个各种思想活跃、各种人物涌现的年份，有保守派、自由派，也有"观望派""摇摆派"，各自表现不同的政治立场。但全国上下都重视大选，因为谁当总统是一个涉及国家前途和个人命运的大问题。国家安全与否，社会福利好坏，政治和经济上是否平等，种族歧视能否消除，很大程度上都取决于总统的政策。连续好几个月，选民们天天读报看电视，看竞选广告，听参选者辩论，评候选人政纲，查明他们的收入、财产，了解他们的性格、品德。许多人都忙了起来，有为参选人捐款、当志愿者的，有写文章、散发传单的，也有开会辩论的。有人表示要由诚实的人当总统，有人要选一个能降低失业率的总统，有人希望有总统给他减税，也有人认为总统要充分重视教育。总之，不少美国人一反平日对世事的冷漠态度，政治热情倏忽高涨，各地都出现一片浓烈的政治气氛，人人睁大眼睛，最后在各政党提名人中选择自己心目中的白宫主持人。参选的政党主要是共和党和民主党，也有些小党，如绿党、自由党、宪政党等，另外还有独立竞选人。

选民们严格审视参选人的方方面面，连他们的穿戴举止、家里养的宠物，也受到关注，甚至被歪曲利用，所以参选人得时刻注意品行端正，免受非议。1944年，富兰克林·罗斯福总统为竞选连任，不得不为自己一条名叫法拉的苏格兰狗发表演说。当时有共和党人放话说，罗斯福结束夏威夷之行后把狗忘在阿留申群岛，后派遣一驱逐舰把狗找回，花费纳税人二三百万甚或两千万美元。罗斯福在演说中讲道："共和党领导人一直不满足于对我或对我妻子、对我儿子进行人身攻击，现在他们把我的小狗法拉也拉进去了。当然，我并不怨恨那些攻击，我的家人也不怨恨，可法拉怨恨，你们知道，法拉是苏格兰后裔，——它的苏格兰灵魂怒不可遏。自此之后，它不再是同样的狗。"这便是著名的"法拉演说"（the Fala speech）。

又如 1952 年，理查德·尼克松（Richard Nixon）作为德怀特·艾森豪威尔（Dwight Eisenhower）的伙伴竞选副总统，有人对他如何使用其支持者提供的 18000 美元竞选经费提出质疑，他为此专门发表电视演说，声明这笔经费只用于竞选。针对哈里·杜鲁门（Harry Truman）总统的"貂皮朝代"（Mink Dynasty），他说他的妻子帕特没有貂皮大衣，只有一件"雅观的共和党布大衣"。杜鲁门执政期间，政府高级官员贪污腐败问题比较严重，某公司向一名高官妻子贿赂一件价值 9540 美元的貂皮大衣，故有此仿中国"明朝"（Ming Dynasty）的"貂皮朝代"之说。为了免得别人说长道短，尼克松在演说中还主动交代竞选期间得过一件礼物，那是一条西班牙小猎犬，他的年幼女儿给它取名为"切克斯"，尼克松的这篇竞选演说也就成了著名的"切克斯演说"（the Checkers speech）。

"在美国人人可当总统"，此话从民主的角度看是对的，但毕竟有个先决条件，参选人必须是美国公民，生于美国本土，35 岁以上，在美国连续居住 14 年以上，否则就无资格。前国务卿亨利·基辛格（Henry Kissinger）生于德国，就没有去闹竞选总统的笑话；有人企图阻挠巴拉克·奥巴马（Barack Obama）当总统，就说他生在非洲肯尼亚，但在夏威夷州出示奥巴马的出生证后，谣言也就不攻自破。

参不参加竞选？胜机有多大？许多人往往要经历一个迟疑不决、反复掂量的过程。在明确自己的资格、抱着胜利信心、又不怕失败落选的情况下，他们便可下决心试一试，准备跋涉这条充满雾霭风雨、坎坷不平的竞争长途。这确实是一条需长时间迈越的长途，如前国务卿希拉里·克林顿（Hillary Clinton）从 2015 年 4 月 12 日第二次宣告竞选总统至 2016 年 11 月 8 日选举日，要经过长达 19 个月的严峻考验，其仕途、政纲、财产和品质都受到选民、媒体和政敌的严格质询、审查，也不乏误会、挑剔、威胁、攻击，她得四处奔波，周游列州，去演说、辩论，去访谈、亲民。没有足够意志和毅力的人，显然无法忍受这长时间的折腾和磨炼。

"亲民"中有一方式比较普遍，那就是所谓"按压肌肤"（pressing the flesh），也即参选人到选民中去，与他们握手、拥抱，使他们感到肌肤之亲。第 11 任总统波尔克曾说："我得跟数千人握手，有多位先生问我是否握得手酸了，我告诉他们说，我发现握手是一种了不起的艺术。"在他看来，跟谁握手，不跟谁握手，握得紧，或握得松，都甚有讲究。1960 年，作为肯尼迪的竞选伙伴，约翰逊在一个"鸣笛站"（指有火车站的小镇）笑谈与选民握手的快乐，他说："我就想告诉你们说，今天上午你们到这儿来，向我们问好，跟我们握手，我有多愉快。你们出门到这儿来，看着我们的眼睛，给我们按压肌肤的机会，使我们感到那么奇妙。""按压肌肤"这个政治俚语从此流传全国。

由于总有人想、也总有人会当总统，报刊、网络上便常刊有"怎样成为美国总统：一步一步向导"之类的东西。怎样的一步一步呢？请看：明了宪法规定的竞选资格；预先了解竞选过程；宣布参加竞选，向联邦选举委员会提出申请；筹措资金，开始竞选；各州政党初选（Primaries），选出总统候选人；政党地区会议（Caucuses）推选全国总统提名代表大会代表；政党全国代表大会（the National Convention），产生总统候选人；选举日普选，全民投票；选举团（the Electoral College）投票，产生总统、副总统。

从各州初选到全国代表大会到选举日普选，大选年真是月月都牵动人心。由于各州的初选时间不同，所以人们对初选结果的关注也延续不断。衣阿华、新罕布什尔是两个小州，却因最早举行初选而先声夺人，对全国有很大影响。然后是两个或三个"超级星期二"（Super Tuesday），也即有好几个州同时在 2 月或 3 月的某个星期二进行初选，因声势大而被戏称为"海啸星期二"。由于这些州大多在南方，故又名"南方初选"。有的参选人一开始不被看好，一路上跌跌撞撞，却靠"超级星期二"峰回路转，如 1992 年大选，比尔·克林顿（Bill Clinton），这个小州阿肯色的州长，在前几州初选中都名落孙山，前途渺茫，却在 3 月 10 日的"超级星期二"囊括南部大部分州的选票，结果赢得民主党提名。

大选年的 7 月或 8 月，各政党召开全国代表大会。民主党和共和党的代表大会规模甚大，每次选择不同城市举行，代表名额从 2000 多到 4000 多，会期 3 天或 4 天，就党的政纲进行座谈、辩论，最后选举提名总统候选人。两党代表大会的气氛总是相当热烈，会场上掌声、口号声、歌声、喇叭声此起彼伏，以显示其政党的团结一致和必胜信心。被提名的总统候选人顿时憋足劲头，跃跃欲试，会后马上出发，走访各州，四处演讲，与选民频频握手，还要亲亲老年选民、抱抱选民的婴儿。不论他们为国家着想也好，或为自己拉选票也好，总之，他们马不停蹄，星夜奔忙，既要抱着必胜的信心，又要有惨败的心理准备。

总统候选人的演说至关紧要，成功的演说有助其进入白宫，不成功的演说会传为笑谈。如 1935 年路易斯安那州州长休·朗（Huey Long）在竞选辩论中大谈"玉米面包"的做法和吃法，以显示自己熟悉民情，与南方乡村选民声应气求，后来"玉米面包"就成了"拉选票"的同义语。1988 年老布什竞选时说："看我的嘴唇怎样动：不加新税。"此话甚得人心，有利于他当选总统，可他的这个承诺后来没有兑现，这句话也就成了对不履行竞选诺言的讽刺语。

每年 11 月第一个星期一后的第一个星期二是美国的选举日，4 年选一次总统、副总统，6 年选一次国会参议员，两年选一次国会众议员，4 年选一次州长、市长。选举日是个国假，让全国 18 岁和 18 岁以上的选民们投票。各地投票站（大多设于学校礼堂），早晨 6 点就开门，直到晚上 9 点半结束。公民们都为自己拥有选举权感到自豪，觉得自己这一票很重要，不能不投，而且一定要投给自己称心如意的候选人。投票方式先后有变化，现在一般是把圈选好的选票输入计算机。投票在秘密状态下进行，有屏风保护选民自由选举，不让其受到任何人的劝诱或威胁。

选举日这天，人们那种激动、热切的气氛，也许只有棒球的"世界锦标赛"和橄榄球的"超级杯赛"才能相比。2012 年大选前一周，飓风"珊迪"肆虐纽约、新泽西地区，造成严重灾害，但选举日那天选民们仍然兴致勃勃，在投票站前排成了长龙。

选举日傍晚，从东海岸到西海岸，从有时差的各个州，票数先后统计出来，选民们在家里看电视实况转播。2012 年大选把选票主要投给两个人：现任总统、民主党的巴拉克·奥巴马，马萨诸塞州前州长、共和党的米特·罗姆尼（Mitt Romney）。电视荧屏上的美国地图为红蓝两色，红色代表保守，红州是共和党的天下；蓝色象征自由，蓝州是民主党的地盘。中西部各州，如北端的北达科他州、南端的得克萨斯州，总是红色；东、西海岸各州，如东岸的纽约州、西岸的加利福尼亚州，总是蓝色。也有两党势力不分上下、争夺激烈的州，被称为"摇摆州"，如中西部"铁锈地带"（指逐渐衰落的工业中心地区）的俄亥俄等6个州，先用白色表示，最后都变成了蓝色。奥巴马曾拨款帮助该地带的汽车制造业脱困，罗姆尼反对这个政策；奥巴马认为，政府在创造私营企业工作机会、促进经济发展方面具有重大作用，罗姆尼则认为华府只需置身事外，由自由市场决定其意愿。选举结果证明，民心更多地朝向奥巴马的援手，而非市场的"无形之手"。

2012年选举日，有一亿零六百多万美国公民投了普选票，奥巴马得了50%，罗姆尼得了49.1%，奥巴马多得74000多张票。根据宪法，总统、副总统应由选举人组成的选举团选举产生。可宪法又规定，总统、副总统候选人在哪个州得的普选票最多，哪个州的选举团成员票就全部归他们。因此，究竟谁当总统、副总统，实际上在选举日全民投票的当天即可揭晓，也即普选票当天就能决定候选人的命运。因此在2012年选举日当夜，奥巴马就能发表获胜演说，罗姆尼则向奥巴马表示祝贺。第二天，《纽约时报》头版头条醒目的大标题是"奥巴马之夜"。

说到选举人、选举团，事情似乎有点复杂。根据规定，各州选举人由获胜政党推选出来，名额与该州国会议员的人数相等。如今每州参议员都只有两名，众议员则按各州人口比例分配，一个州的人口越多，众议员就越多，选举人名额也就越多。目前美国有7个州的选举人名额超过20名，如加州有54名，纽约州有33名，阿拉斯加等人口稀少的州则仅有3名。自1964年以来，总统选举团人数一直保持538名，也即由等于参议员人数的100名和等于众议员人数的435名、另加华盛顿特区的3名组成。选举日普选之后，由各州获胜政党推选出来的选举人投票，正式选举总统、副总统，并将选票密封后交予国会参议院议长（由副总统兼任），议长在国会两院联席会上逐一唱票，最后宣布总统当选人。2012年大选奥巴马获332张选举人票，罗姆尼获206张选举人票，所以奥巴马是赢者，可在白宫再待 4 年。

显然，所谓由选举人组成的"选举团"的选举只是依法办事、徒具形式而已，美国选民们感到得意和骄傲的是，虽不能说总统是由大家"直选"出来的，可实际上是大家普选出来的。普选结果出来后，总有多一半美国人高兴，少一半人沮丧。高兴的一半当夜就集会庆贺，奏乐，跳舞，挥国旗，撒纸屑，开香槟。沮丧的一半有唉声叹气的、悄悄哭的，也有骂骂咧咧的。不过，双方都会逐渐冷静下来，当选者要思考政府今后的方针政策，落选者要总结失败的经验教训。在 2012 年选举日晚上欢腾的芝加哥庆祝会上，奥巴马沉静地提及国家面临的困难、他自己肩头的重任，表示还要"有勇气继续努力，继续工作，继续战斗"。

争取选举权的艰难历程

2008 年 11 月 4 日，美国选举日，我起得很早，带我的家犬艾维去附近公园散步。这个公园名叫马库斯·加维（Marcus Garvey），曼哈顿东哈莱姆黑人区的居民以此来纪念他们所敬仰的黑人民族英雄。加维曾于 1916 年在纽约为其创办的世界黑人协会招收美国黑人，在哈莱姆（Harlem）组织游行，号召黑人返回非洲。当时美国黑人还处于被歧视、被隔离的状况，生活贫困，教育落后，政治上更受漠视，没有选举权。而如今的选举日，已与往日迥别。

公园里有个用铁栅栏围起来的跑狗场，平时清晨没有几条狗在那里跑，这天却有 10 多条大狗小狗在那里奔逐，因为这天是国假，狗主们都不必上班，可以先带狗来热闹一番，狗儿们也因选举日而多了一个摆脱绳索自由活动的早晨。

跑狗场对面，隔街就是纽约第 79 公立学校，一所黑人小学，也是我们这个社区的投票站。出乎我意料的是，此时才早晨 7 点多，学校门口却已排成长队。早餐后，我和妻子也去投票。投票处设于学校的大礼堂，礼堂内按小区分设四个投票亭，我们的小区是新建的，种族多元化，白人、黑人、西裔、亚裔都有，人数较少，所以队伍不长，其他三个小区的选民基本上都是黑人，都排成了一字长蛇阵。我知道，跟我们一样，他们都是来投奥巴马的票的。

这些黑人选民的祖宗应都是奴隶，自从被从非洲贩运到北美洲之后，备受种族歧视，被长期剥夺选举权，直至 20 世纪 60 年代民权运动胜利之后，才有了公民应享的平等权利。16 年前，他们大多投了比尔·克林顿的票，克林顿对黑人很有感情，2001年离开白宫后把纽约的住所和办公室选在了马库斯·加维公园附近的一座公寓楼里。黑人女作家、1993年诺贝尔文学奖获得者托尼·莫里森（Toni Morrison）曾把克林顿称为"我们的第一个黑人总统"。而今天，黑人选民们更要选出一个真正的非洲裔总统入主白宫，为美国开创历史的新纪元。

此日午夜，奥巴马在芝加哥发表胜利演讲，会场上的或电视机前的许多选民在流泪，他们中有黑人，也有白人。从没有选举权到享有选举权，从无黑人总统到第一个黑人总统，美国选民们进行了长期努力，才有此刻激动而欢欣的泪水。

事实上，不仅是黑人，很多其他美国公民也不是一开始就有选举权的。1787年制定的美国宪法并无关于选举权的条款。从建国初期到19世纪60年代，在美国西部，大多数州只有白人男子才有选举权；在美国东部，只有有财产者和纳税人才有选举权。投票权也受宗教歧视的影响，在好多个州，非基督徒的犹太教徒、贵格会教徒和天主教徒很长时期内均无选举权和被选举权。尤其是妇女、黑人、穷人等弱势群体，他们无参政权历史之漫长、争取选举权斗争之艰难，在今人看来，简直不可思议。

美国公民争取选举权的历史显示了一个通往民主制度的艰难的进程。新大陆人抵制世袭、钦定、终身制等这些旧大陆的旧传统，现代人憎恶卖官鬻爵、跑官买官等种种腐败行为，他们要行使自己的政治权利，自己投票选出代表人民利益的政府官员，真正产生如林肯总统所期望的"民有、民治、民享政府"。被剥夺选举权的美国公民有一天终于组织起来，发表宣言，采取行动，要求立法保障公民的参政权，有的甚至在无可奈何情况下自己立法，自行选举，其最典型事例应是罗得岛州的"多尔反叛事件"（The Dorr Rebellion）。

罗得岛是美国最小的一个州，时至1841年，该州竟然仍将英王查理二世于1663年批准的宪章作为州宪法，规定只有土地持有者及其长子才有选举权。在殖民地时期，岛上居民大多是农夫，这一规定还算合理，可随着工业革命来到北美洲，人们纷纷从乡村移居城市，该州的经济也由农业转向工业，许多公民不再持有土地，因而失去了选举权。据统计，当时该州60%的白人男子均无权投票，州议会却不采取任何修宪措施，使该州成了全国唯一的白人男子没有普选权的州。

一个名叫托马斯·多尔（Thomas Dorr）的白人男子终于忍无可忍，鼓动罗得岛民众为争取选举权、广泛参政而斗争。在他带领下，该州居民于1841年10月聚会举行"人民代表大会"，起草"人民宪法"，给所有在该州住满一年的白人男子以选举权。罗得岛州议会同时也举行代表大会，制订了"自由民宪法"。第二年年初，人民代表大会与州议会同时组织选举活动，各自选出自己的州长，该州便出现了两个"州长"：托马斯·多尔和塞缪尔·金。后者终于觉得大事不好，颁布了戒严令，并请求约翰·泰勒（John Tyler）总统派军队干预，"镇压这批无法无天的乌合之众"。泰勒总统认为选举权问题应由州政府自行解决，罗得岛的情况也尚未严重到要派兵的程度，所以他婉拒其请求。该州民兵大多是支持多尔的爱尔兰人，所以也不加干预。支持英王宪章的"宪章派"与"多尔派"之间终于爆发武装冲突，宪章派人多势众，多尔派寡不敌众，最后以失败告终。

1844年，潜逃的多尔返回罗得岛，被判处终身单独监禁并服苦役，但由于全国舆论纷纷谴责这一重判，第二年他就被释放。1851年，他的公民权被恢复。1854年，罗得岛州最高法院宣布撤销对他的判决。该州议会后来重修宪法，将选举权给予所有自由民，不论其种族，只要交纳一美元人头税即可。多尔事件的曲折过程说明，美国人对选举权看得越来越重，越来越珍惜，那些为争取公民选举权挺身而出的人，即使或有可非议之处，也值得尊敬，值得爱护。

如果再回顾美国妇女、黑人争取选举权的历史，我们会发现许多生动的事例和言论。

1838年，南卡罗来纳州女子萨拉·格里姆克（Sarah Grimke）发表发轫之作《关于性别平等和妇女状况的书信》，呼吁男女平等，改善妇女社会地位，并自己带头参加选举权运动和废奴运动，成了这两项运动的先驱人物。就因为她是女性，家里不让她上学，而只能跟家庭教师学"家政"，以致自己想当律师的理想也无法实现，所以她希望广大妇女在社会上都能有平等权利。

1840年，世界反奴隶制大会在伦敦举行，美国废奴主义者卢克丽霞·莫特（Lucretia Mott）和伊丽莎白·斯坦顿（Elizabeth Stanton）前往参加，却因为是女性而被拒之门外，她们因此决心回国召集争取妇女权利大会。1848 年大会终于在纽约州塞内卡福尔斯（Seneca Falls）举行，斯坦顿宣读《感伤宣言》。宣言列举妇女受歧视状况，宣告"所有男女生而平等"，女子应该享有包括选举权在内的所有与男子平等的权利。这是一个改变美国妇女命运的重要文献，自此之后，美国女权运动便逐渐开展、持续进行，一步步取得胜利成果。

1851 年，黑人废奴主义者、女权主义者索琼娜·特鲁思（Sojourner Truth）在俄亥俄州妇女权利大会上发表著名演说《我不就是个女人吗?》。她说，她可以像男人一样干活一样吃饭，她可以耕地、种庄稼、收割，甚至没有男人能赶得上她，她不就是个女人吗? 不就是因为是女人而享受不到和男人一样的权利，享受不到投票的权利吗? 特鲁思（意译即"真理"）是个"逃奴"，虽是文盲，其演讲却极富魅力，结果成了一个杰出的黑人和妇女利益的代言人。

1869 年，伊丽莎白·斯坦顿和苏珊·安东尼（Susan Anthony）创办"全国妇女选举权联盟"，使美国妇女选举权运动进入一个新阶段。1872 年，安东尼带领一群妇女去投票，竟遭逮捕、起诉，她因此意识到"选举权是最重要的权利，是高于其他一切权利的权利"，从此更致力于选举权运动，创办《革命》杂志，前往各地演讲，带领女权运动代表在白宫会见切斯特·阿瑟（Chester Arthur）总统，敦促政府扩大妇女参政权，晚年曾协助编著《妇女选举权史》。

1917 年，来自全国各地的妇女代表为争取选举权在白宫前举行抗议游行，结果有的被逮捕，有的在狱中绝食。不过，中西部阿肯色等 5 个州、东部纽约州和罗得岛州终于开始给妇女以选举权。

1920 年，一波又一波的妇女选举权运动终于有了重大成果，国会颁布宪法修正案第 19 条，规定公民的选举权不得因性别而被否认或剥夺，也即保障妇女享有与男子平等的选举权，该修正案亦称"苏珊·安东尼修正案"。

美国黑人像妇女一样长期没有选举权。尽管宪法修正案第 14 条（1868）已规定任何美国公民，不论何种肤色，均享有平等的公民权利和政治权利；修正案第 15 条（1870）已规定合众国或任何一州不得以种族、肤色和先前受奴役状况为理由剥夺美国公民的选举权。但是，生活苦、文化低的非裔公民又有多少人能去作选民登记、能在选举日去投票? 三 K 党一类的白人至上主义者又怎能眼看他们像自己一样行使公民权利？

然而，黑人终有觉醒的一天。20 世纪五六十年代，黑人民权运动遍及全国，声势浩大，并得到广大白人的支持。这场旨在废除种族隔离制度、为黑人争取平等权利的运动，也开始有了成果，如 1964 年，国会颁布宪法修正案第 24 条，禁止以交纳人头税或其他税作为参加联邦选举的条件，这就使穷苦的黑人也能去选举站投票。但在很多地区，黑人行使选举权仍然很困难：没有文化的黑人连作选民登记都不会；有些白人种族主义分子甚至阻挠黑人登记，发生殴打、追杀等暴力行为。这种情况在亚拉巴马州尤其严重。民权运动领袖们因此意识到，斗争尚未结束，应该通过更有力的行动、更大的声势来真正取得选举权。

1965 年，在亚拉巴马州，从塞尔马到蒙哥马利的"大进军"使美国民权运动达到了政治情绪的高潮。

事情始于该州达拉斯县城塞尔马（Selma）。当时，当地的"达拉斯县投票人联盟"与"学生非暴力行动协调委员会"联合开展投票人登记工作，后者是由民权运动领袖马丁·路德·金（Martin Luther King, Jr.）协助成立的学生组织，旨在开展打破种族隔离制度的"自由乘车"运动及动员黑人积极参加选举的选民登记运动。这两个组织发现白人种族主义分子竭力阻挠、破坏黑人选民登记活动，感到很难对付他们，便寻求马丁·路德·金及其创办和领导的"南方基督教领袖会议"的帮助，金博士的这个黑人民权组织里有很多支持争取投票权的民权领袖。"向州府蒙哥马利进军"！便是这些民权领袖与民权组织磋商后的决定。

第一次"进军"是在 1965 年 3 月 7 日，约 600 名游行者从塞尔马出发，沿 80 号高速公路向东进发，当他们跨越皮特斯大桥时，看见桥的另一端已有大批警察等着他们，为首的下令要他们解散回家，他们怎能听从，警察便拥过来推撞他们，用警棍打他们，朝他们放催泪弹，骑警也冲击他们的队伍，不少人受伤流血，倒在地上。这幕场景后来由电视播映出去，被打得几乎死去的女子阿梅莉雅的照片上了报纸头版。这一天，作为"血腥礼拜日"，留在了许多美国人的记忆里。

3 月 9 日是计划中的"进军日"。由于马丁·路德·金预先号召，这天来参加活动的约有 2500 人，有当地居民，也有来自其他各地的。但联邦地区法院为防止再出现暴力行为而下了禁令，金博士便临时改变计划，带队伍到皮特斯大桥举行简短的祈祷仪式后就又返回塞尔马。当天晚上，3 个从外地来参加进军活动的白人牧师竟遭白人种族主义分子用棍棒毒打，其中来自波士顿的詹姆斯·里布牧师伤重不治，为争取黑人选举权的正义斗争献出了生命。

里布牧师死后一周，3 月 16 日，地区法官裁定，根据宪法修正案第一条，塞尔马公民有权举行示威、请愿游行。就在这天，马丁·路德·金带领 300 多人出发，沿 80 号高速公路前往蒙哥马利，白天风雨无阻，迈步行进，每天平均走 10 英里（16 公里），晚上搭帐篷休息，沿途得到 2000 名陆军部队和 1900 名国民警卫队的保护。3 月 24 日，他们抵达蒙哥马利。第二天，他们来到州议会大厦前面的广场，聚集在那里的群众已有 25000 人，其中大多是黑人，但也有不少白人、亚裔和拉丁裔人。马丁·路德·金在群情激奋的气氛中发表了《多久，不久》演说。他讲道，我们都在渴望一个和平的、有良知的社会，"我知道，你们今天会问，这究竟要多久？今天下午我来告诉你们，这时刻有多艰难，这瞬间多令人沮丧，但是，这不会太久了。"

这天夜间，薇欧拉·柳佐，一个专从底特律前来支持黑人争取选举权的白人妇女，5 个孩子的母亲，在送别塞尔马示威游行者的时候，被三 K 党徒枪杀。

就在此"进军"期间，约翰逊总统将一份提案交给了国会两院，并被迅即通过，成为一项重要的法律——《选举权法》。该法取消历来用于限制黑人投票的各种措施（如文化考试），并授权联邦政府登记人员在选民登记少于半数的地区负责登记工作，以保障黑人公民都能行使选举权。

约翰逊总统当时对国会议员们说："美国黑人们的事业也应该是我们的事业，因为这不仅是黑人，而且确实是我们所有人都应该战胜历史遗留下来的极其有害的种族偏见和不公平行为。"他甚至用民权运动中最流行的口号来结束他的讲话："我们必将得胜。"

"南方基督教领袖会议"一个成员回忆说，当时他和马丁·路德·金一起收听约翰逊的广播讲话，"我注意到……马丁很安静地坐在椅子上，泪水从他脸颊上流下来。这是一次不同寻常的胜利。这是对民权运动的肯定"。

2009 年 1 月 20 日，华盛顿举行第一个黑人总统就职典礼。这是奥巴马时代——一个多元化时代的开始。人们经过艰难奋斗取得选举权的结果必将是多元化时代的形成。奥巴马本人就是多元化的典型，他的血液中有不同色素，他亲人的肤色有黑、有白，也有黄。就职典礼的主题为"自由重新诞生"，这是林肯总统葛底斯堡演说中的一句话，标志着一个新时代的开始，也以此纪念林肯被刺杀身亡 200 周年。

在典礼上，白人女诗人伊丽莎白·亚历山大（Elizabeth Alexander）朗诵其诗作《颂歌》，黑人"灵歌皇后"阿雷萨·富兰克林（Aretha Franklin）演唱爱国歌曲《亚美利加》。一个四重奏小组演奏作曲家约翰·威廉斯（John Williams）的新作《空气和简单礼品》，其大提琴手是华裔演奏家马友友，小提琴手是犹太音乐家伊萨克·帕尔曼（Itzhak Perlman），单簧管手安东尼·麦克基尔（Anthony McGill）是黑人，白人女钢琴手加布里拉·芒特罗（Gabriela Montero）生于委内瑞拉。作曲家和演奏家的不同社会背景、乐曲本身丰富的调式（包括 D 大调、B 大调和 G 小调）都意味着这是多元时代的多元重奏。

笔者尤感欣慰的是，我的孪生孙女于 2009 年马丁·路德·金纪念日的第二天、奥巴马总统就职典礼的前一天诞生于费城。俩孙女身上混有中国人和罗马尼亚人的血统，属于少数民族，我希望并相信她们会有美好的未来，正如马丁·路德·金所说："我有一个梦想，有那么一天，我的 4 个小孩将生活在这样一个国家，在那里人们不是以他们的肤色而是以他们的品质来对他们作出评价。"

美国人喜欢什么样的总统

　　美国《外交政策》杂志曾于2013年刊登一篇题为《总统们总是使我们失望的五个原因》，作者阿隆·米勒从奥巴马总统连任后处于内外交困的状况说起，谈及许多总统总不能使人满意，并且分析了原因。笔者因此想到这样一个问题："美国人究竟喜欢或不喜欢什么样的总统?"对此似可稍作探讨。

　　奥巴马是第44任总统。这历任43名总统（克利夫兰先后任第22、24任总统）自然各有个性，政策有异，功过不一，口碑也就不同，尤因选民们政治观点相异，对总统的评价也往往迥别，所以若要褒贬总统，也只能来一个大概其，援用大多数人的看法。

　　乔治·华盛顿无疑是"最伟大的总统"，从独立战争到建国，从当大陆军总司令到任总统兼武装部队总司令，其辉煌战绩、政绩足以使他成为"国父"。为人明智、谦逊，在第二任期后不恋栈，毅然彻底退休（用今日中文俚语来说即"裸退"），为后人做出了杰出榜样。

　　美国人似乎喜欢身材高大的人当总统。华盛顿是个高个儿，6.2英尺（1.88米），托马斯·杰弗逊（Thomas Jefferson）比他还高，6.25英尺（1.89米）。最高的则是亚伯拉罕·林肯（Abraham Lincoln），6.4英尺（1.93米），好莱坞大导演斯蒂芬·斯皮尔伯格（Steven Spielberg）之所以选择英国演员丹尼尔·戴–刘易斯（Daniel Day-Lewis）主演电影《林肯》（2012），除了他的气质和演技外，他和林肯几乎一般高这一条件也很重要。这部电影着重描述林肯的最后岁月：他要打赢南北战争，又要争取在战争结束之前通过宪法修正案

第 13 条，宣布废除奴隶制度，为此他殚精竭虑，使出浑身解数，周旋于两党政客之间，既有坚定的意志，又有诡秘的机敏，有时软磨，有时硬抗，有时苦口婆心，有时拍案而起。从 1863 年宣布《解放黑奴宣言》(*the Emancipation Proclamation*) 到 1865 年通过宪法修正案第 13 条，林肯得罪了大批种族主义者，就在南北战争结束后 5 天，在华盛顿福特戏院观剧时被行刺身亡。大诗人沃尔特·惠特曼 (Walt Whitman) 写诗深切悼念林肯："啊，船长，我的船长！"

美国总统中其实也有多名矮小者，如第 23 任总统本杰明·哈里森 (Benjamin Harrison) 只有 5.6 英尺 (1.68 米)。最矮的则是第 4 任总统詹姆斯·麦迪逊 (James Madison)，5.4 英尺 (1.63 米)，他身子矮小，面容枯槁，显得疲惫衰迈，作家华盛顿·欧文 (Washington Irving) 形容他是"一只约翰苹果"，也即放到圣约翰节才吃的已经干枯的苹果。但他是一个学识渊博的思想家、高瞻远瞩的政治家，深知国家根本法——宪法对一个国家的重大意义。他协助召开立宪会议，负责起草美国宪法及其人权法案，热心宣传、认真实施宪法，功绩卓著，因而被誉为"宪法之父"。

麦迪逊当总统的 8 年期间在外交方面困难重重，1812 年英美之间因通商和禁运争端发生第二次美英战争。当时安德鲁·杰克逊 (Andrew Jackson) 少将在新奥尔良战役中率部击败英军，在《星条旗》歌声中取得反英战争的决定性胜利，若干年后，他因此当上第 7 任美国总统。

杰克逊出生于卡罗来纳乡村的一所原木小木屋里。所谓"原木小木屋"(log cabin) 是用凿出槽口的粗砍原木搭成、用泥土填缝的住屋，原是芬兰建筑，17 世纪特拉华的瑞典移民最先在新大陆盖这种房子。1840 年总统竞选期间，威廉·哈里森 (William Harrison) 支持者佯称他生于原木小木屋，这不仅有助于他竞选成功，而且使"原木小木屋"色彩鲜明地成了出身贫苦、生活艰难的象征。

真正生于原木小木屋的美国总统有林肯、杰克逊，还有詹姆斯·波尔克 (James Polk)、米勒德·菲尔莫尔 (Millard Fillmore)、詹姆斯·布坎南 (James Buchanan) 和詹姆斯·加尔菲德 (James Garfield)。这一事实说明，美国人并不十分看重一个人的出身，不管你是否在小木屋里诞生长大，不管你是否有高贵的门第，你和你的家庭虽不属于上层社会、侯门贵族，但只要你有抱负、才华和能力，我们就可以选你当总统。"贵族"这一概念在美国大选中是个贬义词，1840 年大选中，辉格党把民主党现任总统马丁·范布伦（Martin Van Buren）描绘成一个"贵族"，说他"懒洋洋地待在总统府里，用科隆香水轻轻拍着周身，呷着从制冷银器里倒入进口玻璃杯里的香槟"，就这样丑化了范布伦，使辉格党候选人哈里森得胜。

后来经济发展了，大家都不再住原木小木屋了，但平民阶层和普通家庭仍然存在，多名美国总统就是来自那些普通的平民家庭：范布伦的父亲是个开小旅馆的农民。威廉·麦金莱（William McKinley）是一个铸铁匠的儿子。沃伦·哈丁（Warren Harding）是一个农民的儿子。卡尔文·柯立芝（Calvin Coolidge）的父亲是一个乡村小店店主。赫伯特·胡佛（Herbert Hoover）的父亲是一名铁匠。杜鲁门来自一个贫苦的农民家庭。艾森豪威尔的父亲是奶酪厂的技师。林登·约翰逊（Lyndon Johnson）说自己是"从小缺乏安全感的乡下孩子"。尼克松的父母经营一个杂货店。吉米·卡特（Jimmy Carter）自己曾在农场种花生，在街上叫卖煮花生。罗纳德·里根（Ronald Reagan）生在贫苦家庭，小时候在中学运动会上卖过家制爆米花。克林顿是个遗腹子，母亲是个护士。奥巴马的父母很早离婚，父亲死于车祸，他由家境并不好的外祖母抚养长大。

总统中也有出生于富裕家庭的，如华盛顿、杰弗逊都来自拥有黑人奴隶的大种植园主家庭，两人都具有强大的政治魄力和英雄气概，为美国独立、为建立一个"农业共和国"而战。这两个开国元勋的巨大头像与林肯、西奥多·罗斯福一起被刻在南达科他州拉什莫尔山（Mount Rushmore）顶峰。西奥多·罗斯福（Theodore Rovsevelt）和富兰克林·罗斯福（Franklin Roosevelt）都出生于富商家庭，从小衣食无忧，上得起哈佛大学，可贵的是，在他们当总统后，都能公平施政，不忘努力帮助"金字塔底层的被遗忘者"，为贫苦的弱势群体谋利益，所以这两个总统至今常被人称道。

显然，大多数美国总统都是从低层社会走出来的。他们或上学，或从军，然后从政，经过自己的奋斗、党派的支持，最后进入白宫。从他们之前所从事的职业来看，美国人对两种人最推崇，最愿意让他们当总统：律师和军人。这或许也可间接说明，美国重视法律，是个法治社会；美国尚武，是个好战国家。

在 2016 年之前的 43 名美国总统中，有 19 名原先是律师，占总统人数的 43%。从杰弗逊、麦迪逊、林肯、伍德罗·威尔逊到小罗斯福、尼克松、克林顿、奥巴马，一个个都是在美国有"社会工程师""社会正义之斗士"等别称的律师。不论他们在执政期间是否真成了"社会正义之斗士"，但美国选民们确实期望他们为国家设计良策、为维护社会正义而斗争。其中杰弗逊，不仅懂法、立法、执法，既是律师，又是政治家、外交家，而且知识渊博、多才多艺，退休后继续研究其终生喜爱的科学、建筑、哲学和艺术，并创办弗吉尼亚大学，所以格外受人崇敬。他去世时正值《独立宣言》（the Declaration of Independence）发表 50 周年，其墓碑上刻有他自拟的铭文："美国《独立宣言》撰写者，《弗吉尼亚宗教自由法令》撰写者，弗吉尼亚大学之父。"但他从不积极主张废除奴隶制、自己拥有众多黑奴的事实，也至今为世人诟病。

美国总统中从戎当过士兵或将领的有 13 名，占总统人数的 29.5%，其中有詹姆斯·门罗、杰克逊、扎卡里·泰勒、尤利西斯·格兰特、塔夫脱、老罗斯福、杜鲁门等。有的还既是军人又是律师，如门罗、富兰克林·皮尔斯、拉瑟福德·海斯、麦金莱和哈里森。门罗在大陆军中作战勇敢，负过伤，当选国会参议员后与杰弗逊、麦迪逊组成民主共和党（民主党前身），任总统时发表著名的《门罗宣言》（the Monroe Doctrine）（1823），宣称美国不能容忍欧洲列强将美洲视为未来的殖民对象，其内容后成为美国外交政策的重要部分。

应该说，历届美国总统的智慧有高有低，能力有大有小，气魄有强有弱，个性也不同。在人们印象中，华盛顿诚实稳重，意志坚强，亚当斯博学多才，善于思考；老罗斯福文武双全，著作等身；小罗斯福谦和儒雅，平易近人；柯立芝个性木讷，沉默寡言；杜鲁门直率泼辣，口无遮掩；约翰·肯尼迪以富有朝气和个人魅力著称；唯一一个当过演员的总统里根谈吐幽默，善于演说；克林顿以很"酷"的个人魅力和亲和力讨人喜欢；作为美国第一个黑人总统，奥巴马以真实自然、演讲富有感染力而讨人喜欢。

不少总统擅长辞令，知道口才好坏不在于滔滔不绝、长篇大论，而在于言简意赅、精警自然。华盛顿的第二次就职典礼演说仅有 133 个字，只讲了两分钟。林肯的葛底斯堡演说（the Gettysburg Address）（1863）讲了仅 3 分钟，留下了"民有、民治、民享政府"（government of the people，by the people，and for the people）这一名言。那天在葛底斯堡士兵公墓落成典礼上，著名政治家、学者爱德华·埃弗斯特（Edward Everett）发表了两个小时的演说，却未留下任何让人回味而铭记的话语。林肯的第二次就职典礼演说稿仅35行文字，其中"我们对任何人未心存恶意，对所有人怀有好心"等句至今常被引用，当时不少听众被感动得流泪。

第30任总统柯立芝则以寡言少语著称，外号"沉默的卡尔"。有一次宴会上，一个陪他进餐的妇人对他说，她和朋友们打赌，她可以让他说一句超过3个词的话。他答道："你输了。"在英文里，"You lose"仅两个词。不过，总统中也有爱夸夸其谈者，如第9任总统哈里森在暴风雪中发表了近两小时的就职演说，结果得病，上任一个月后即去世，成了美国历史上任职时间最短的总统。

总统们也往往有不少"妙语"。好莱坞电影先驱人物高德温说话吐字不清，语法不准，用词不当，常闹笑话，美国英语中便有了"高德温妙语"（Goldwynisms）这一俚语。在乔治·W.布什（George W. Bush）（小布什）总统执政期间，美国英语中则增加了"布什妙语"（Bushisms）这个新俚语，人们为此出小册子，出光盘，上网络，传为笑谈。布什的妙语很多是语法和拼写错误，如复数名词后跟单数动词，单数名词后跟复数动词，于是出现了"Is our children learning？"（"我们的一个孩子们在学习吗？"）之类的幼稚错误。他还有逻辑混乱问题，如说"如果你说你要做什么又不去做，那就值得信任"，"我们对北约组织有坚定承诺，我们是北约组织的一部分，我们是欧洲的一部分"。布什妙语倒也令人觉得他很诚实，因为他公开说过，大学成绩为C的学生也可当上总统，他的妙语连篇证明了他的大学成绩确实是C。不过，他最后还是用谎言把美国引向了战争。

历史上有好几个美国总统不讨人喜欢，是因为他们自己及其政府有不清廉、不诚实的名声，他们中有：

杰克逊，尽管他在任期上实施了一些民主政策，但他任人唯亲，以官职奖赏其政治支持者，大搞"政党分肥制"，又把一批亲信搜罗为比内阁更有势力的"厨房内阁"，用破坏民主的手法来搞他的所谓"民主运动"。

格兰特，他喜好裙带风，听任其亲信大搞"裙带官分肥"，所造成的政府内部腐败无能状况达到惊人程度，贿赂、贪赃、欺诈等丑闻层出不穷，涉及财政部、内务部、战争部等许多政府部门，他自己也与垄断黄金市场的投机商人有来往，并是一家投资公司的匿名股东。

哈丁，他执政期间发生的多起贪污腐化事件统称为"哈丁丑闻"，其中"茶壶丘丑闻"最引人注目，当时的内务部长未经招标便将位于怀俄明州茶壶丘等地的海军储备油田秘密租给私人企业，自己接受巨额贿款，最后被捕入狱。哈丁本人似乎与罪案无直接牵连，但他用人不当的错误，当时有很多人认为值得深究。

当代最后成为最不受欢迎的美国总统则是尼克松和小布什，一个因"水门事件"不得不引咎辞职，一个在尚未停息的伊拉克战争炮火声中黯然下台。

美国人从这些不清廉、不诚实的总统身上吸取教训，认识到政府官员不论大小，都要老实透明，廉洁奉公，不文过饰非，不欺骗说谎，永远以"诚实总是上策"作为自己的座右铭，这样才能以身作则，上正下效，出现一个廉明公正、平等和谐的阳光社会。

让我们再回到本文开头提到的那篇文章，了解一下美国总统们为何常使人失望，作者将之归结为五个原因，笔者摘译如下：

第一，总统职位本身的问题。总统职位本身为执政成功设置了最大障碍，总统所面临的挑战远远超过他们手中的权力。开国元勋们并不希望总统的职权很微弱，但他们也要求在过多权力与太少权力之间取得平衡，为此所建政治制度的特点是相互制约制衡，其权力不是分隔而是分享。总统有很多权力，可通过下达行政命令采取单方面行动，在紧急情况下甚至不需国会批准就可宣战，但他无法使美国规避全球化经济的衰退，无法立即打赢对外战争，无法提供更多就业机会，也无法堵住墨西哥湾上的漏油。约翰逊总统在越战期间感到自己像一个在公路上想搭便车、遭得克萨斯冰雹袭击的人，无处可逃可躲，也无法让冰雹停下。奥巴马总统有时一定有类似感觉。康涅狄格州新城小学滥杀事件后，奥巴马签署行政命令要求国会制订更严格的枪支控制法，法案出来后被参议院封杀，总统权力竟抵不过国会及院外游说集团的权势。

第二，不切实际的期望。我们的期望与现实之间往往有距离。政治是向民众允诺什么，政府治理则是民众能得到什么，允诺与实际得到之间也总有距离。我们期望我们的总统是超人、摩西、穆罕默德和耶稣的混合体，奥巴马由于没有显示足够的领导能力，便既受朋友、又受敌手的敲打。

第三，总统职位过于个性化。我们的政治及新闻媒体的实质就是迫使我们对白宫里发生的每件事都感兴趣。在大选年，各州初选、持久的竞选、全民普选、媒体 24 小时的报道，这一切都把总统的形象过分放大，过于突出个人，这也就迫使总统做出他无法兑现的保证。平时对总统的不间断报道也忽视了领导阶层所需的隐秘性，往往有损于总统的影响力。

第四，总统工作过于繁重。《名利场》杂志一名记者曾获准在椭圆形办公室了解奥巴马的工作情况，发现他在并非最忙的一天里做了这些事情：对西弗吉尼亚州矿难的事后处理；为联邦最高法院一个空缺提名；审阅亚利桑那州一项法案，该法案赋予警察权力核查可能是非法移民的人的身份；处理联邦应急事件处理局的经费短缺问题；任命 1 名联邦上诉法庭法官、7 名联邦检察官和 6 名联邦法院执法官；为乡村歌手伽斯·布鲁克斯颁奖。

第五，盲目追寻英雄。我们似乎更喜欢谦逊恭顺、平易近人的人，所以有很多关于总统的传说：杰弗逊在白宫亲自为人开门，格罗弗·克利夫兰自己接听电话，杜鲁门离任后单独和妻子驾车遍游东北岸胜地，等等。但实际上我们也渴望有我们的英雄，羡慕欧洲有彼得大帝、叶卡捷琳娜二世和查理大帝这样的伟人，希望在白宫也出现这样伟大的英雄人物，却常因一时见不到而对总统不满。

该文作者在文章结尾问道："怎么办？"他自己答道：降低期望；不要放弃寻找优秀领导人，但要明白总统能做什么、不能做什么；不要指望"一号"人物来解救我们，这不是美国方式；节制我们对总统的幻想，这或许会使我们不再期望总统成为伟人，而允许他们开始做好人，做好事。——此话有理，总统若能只做好人、只做好事，尽管不是伟人，也一定会受到人民的喜爱和敬重。

驴与象的化身

在动物中，有不少势均力敌者，如老虎与狮子、狼与豹。也有互不相称者，如驴与象，一个瘦小，一个庞大，可在美国，它们却分别是民主党和共和党的象征，尽管这并不意味一个是小党，另一个是大党；一个弱小，另一个强大。共和党喜欢被人恭维，称其为"大老党"（the Grand Old Party，简称 GOP），也自觉有能力把国家搞大搞强，可也常有政绩差劣、丑闻频传的时候，人们便讽之为"贪老党"（the Greedy Old Party，简称也是 GOP）。

19 世纪美国有个著名的德裔政治漫画家，名叫托马斯·纳斯特（Thomas Nast）。他画过圣诞老人，如今我们看到的圣诞老人身上的服饰就是由他定型的；也画过贪污腐败分子，纽约民主党党魁、"老板"特威德（"Boss" Tweed）被他画得原形毕露。他在 70 年代则多次画驴，画象，发表在著名的《哈珀氏》（Harper's）杂志上，就是因为他用驴来象征民主党，用象来象征共和党，所以人们至今一直说民主党是驴，共和党是象，而历任总统都是其政党的代表人物，也可说是驴或大象的化身。

纳斯特当时确实瞧不上民主党，因为在南北战争时期，这个党党内的一批北方党员同情南方，反对林肯政府政策，抨击任何反奴隶制行动，并要求与南部邦联和谈，这些人当时被称为"铜头蛇"。纳斯特鄙视这种"毒蛇"以及民主党媒体，曾画过一幅一只驴子猛踢一只死狮的漫画，驴背上写着"民主党报刊"，狮子代表刚去世的共和党国防部长斯坦顿。他还画过一只披着狮皮把其他动物都吓跑的驴子，它身后则是一只憨厚的大象，身上写着"共和党选票"，低头望着一个象征民主党政绩、标有"通胀"和"混乱"的大坑。

共和党早就欣然接受大象作为自己的象征，林肯、格兰特总统都曾赞赏纳斯特的画笔对共和党竞选所起的作用。民主党直至 19 世纪末才表示接受驴子，而到了 2008 年，民主党在科罗拉多州首府丹佛举行全国代表大会时，更把一头活驴当作吉祥物邀请到会场，这头小驴以《圣经》故事里一个人物命名，名叫"末底改"，曾在 3000 米崎岖路赛跑中荣获冠军。有个民主党员打趣说，末底改没有像奥巴马或希拉里那样发表演讲，但它亲自向人证明驴子不比大象差，它也很强壮，跑得又快，并具有超人的勇气和耐力。

驴与象，美国的这两个大党，确实一直在比试、赛跑、竞争，争当总统，争当议员、法官、州长和市长，也一直互有胜负，轮流坐庄，你上我下，我进你退，美国因此一直有许多热闹的政治秀可看。尤其是四年一次的大选，更是全国上下沸沸扬扬，我筹款，你捐钱，上广告，作演讲，电视辩论，拍手吆喝，就看最后是谁进白宫，或谁留在白宫。

有人会问，在同一个资本主义制度下，在一个大家都说是民主自由的社会里，这两党之争究竟有什么可争的？他们究竟在争执、辩论些什么？究竟谁更正确些？谁更得人心些？而历任总统们又怎样代表自己的政党，怎样为自己的政党谋利益？

要回答这些问题，似乎先得稍稍了解一下美国政党变化的历史。

其实，美国建国初既无民主党，也无共和党。华盛顿总统也好，亚当斯总统也好，都是联邦党人。到了杰弗逊当第 3 任总统时，财政部长汉密尔顿竭力主张建立一个中央集权的联邦政府，杰弗逊不愿苟同，而强调民主和自由、平均地权，主张建立一个农业共和国，结果另组民主共和党，也即现在民主党的前身。他之后的 4 任总统均为民主共和党。由于第 7 任总统杰克逊实行"杰克逊民主政治"，在他与对手之间的全国性政治斗争中便产生了两个政党：由民主共和党演变而来的民主党以及辉格党（"辉格"原指苏格兰长老会教徒），也称国家共和党，这个党便是共和党的前身。1835 年，民主党首次举行总统提名大会，第二年范布伦当选总统，他是民主党的第一位美国总统。共和党正式成立于 1854 年，当时废奴主义者与蓄奴主义者之间的冲突十分激烈，甚至在堪萨斯州发生流血惨案，共和党的主要政纲就是反对奴隶制度。林肯是第一个当上美国总统的共和党人。

从上述简短内容，我们就可以理解当年的美国黑人为何喜欢共和党。当民主党内大批"毒如铜头蛇"的人竭力维护奴隶制度的时候，共和党人专为反对奴隶制而组党，由他们选出来的林肯总统又果断地用战争方式来消灭这个制度，自己还因此被白人种族主义者刺杀身亡，黑人们当然会感激共和党，拥护共和党。然而，今天你若去找美国黑人，问他们支持哪个政党，选哪个党的人当总统，他们大多会告诉你："民主党。"由此可见，对这两大党，美国人的看法会发生变化，因为这两大党的政治观念、方针政策会改变，有时还会互相"偷换""盗用"。如今民主党的政策更讨黑人及其他少数民族的喜欢，所以他们现在要投民主党的票。

里根在 1984 年共和党全国代表大会上接受总统提名时说："民主党看人只是把他们当作群体成员，而我们为所有美国人服务，把他们视为个人。"民主党反驳他的话，其实，此话倒是说出了这两党之间的重要区别。

如今的民主党确实更关注"群体成员"，更关心弱势群体，更多为黑人和其他少数民族、妇女、新移民、老人、穷人、残障者和同性恋者着想，为他们争取平等权利。早在 20 世纪 30 年代，民主党总统富兰克林·罗斯福就有一个很明确的观念："必须帮助经济金字塔底层被遗忘的人"，在他实施"新政"（the New Deal）时期，国会根据他的意愿所制定的法律大多旨在减少失业、救济穷人、增加农民收入、保障工人利益，以维护社会安全、人民安乐。

为了让低收入者、穷人都享有医疗保险，民主党总统克林顿和奥巴马先后都费尽心思，克服重重障碍，希望有一个可行的全民医保法案，可国会内的共和党议员千方百计加以阻挠，地方上的共和党人也就在讨论医保方案的镇民大会上把会场搞得乌烟瘴气。黑人们现在大多喜欢民主党总统，第一个黑人总统奥巴马自然不在话下，而克林顿也不例外，他卸任后将其住处和办公室选在纽约哈莱姆黑人区，确是出自他对黑人同胞的真诚感情，黑人女作家莫里森因此称他为"我们的第一个黑人总统"，说他对黑人态度亲切，和黑人交往诚恳自然，对黑人文化也由衷欣赏。

里根说共和党把美国人都视为"个人"，这也是实话。该党倡导的哲学主要就是个人主义，也即重视个人的努力、个人的利益，强调人人不断进取，有学问，有技能，辛勤工作，成功靠自己，失败不赖别人，并注重道德，过诚实的生活。这个哲学是共和党至今仍能吸引不少人的重要原因。

政治学家吉奥·弗里曼（Jo Freeman）在其专著《民主党和共和党的政治文化》（*The Political Culture of the Democratic and Republican Parties*）中写道，共和党的国家利益观念可以概括为一句话，即"促进个人的成功"；共和党人一般都认为他们的成就来自他们自己的品德和努力，而非来自社会制度或单纯的运气。用以概括民主党特色的一个词则是"公正"，民主党人不认为一个人的失败只能归咎于自己的命运，而认为一个人生活中遇到的不公正往往是他不成功的主要原因，政府的主要功能就是要建设一个公正的社会，让广大民众生活得平等。如果说共和党强调的是个人责任、个人权利和个人平等，民主党则注重社会和社区、社会责任和社会公平。

共和党强调"个人"，所以漠视不完善的政治制度给人带来的影响，漠视不平等的社会给人造成的困境，认为贫穷是穷人自己的过错，失业是由于人们懒惰不愿工作，贫困和贫民窟是自由竞争的结果，由国家出面干预来消灭贫困和贫民窟是一种错误。共和党看重"产权"，而蔑视"福利权"，不赞成宽松的福利制度，不赞成给弱势群体特殊的照顾。

民主党总统肯尼迪执政时期，积极实施"维权行动计划"（亦译"肯定行动计划"，affirmative action），即鼓励公司和大学分别雇用、录取女性和少数民族（尤其是黑人），使他们增加就业和升学机会，以消除性别和种族歧视政策。可共和党对此计划持冷漠态度，反对在维权行动中实施严格的种族配额制度，讽刺积极推行配额制的女性是"配额女王"，并认为维权行动会造成"反向种族歧视"，即反过来造成对白人的歧视。

基于上述的一些政治观念，共和党主张中央政府应该是"小政府"，中央权力要"下放"，并抨击民主党搞"大政府"，把权力"上收"。共和党总统也大多认为，许多事情要由州政府去做，给各州更多的州权，在金融、经济方面则让"无形之手"去操纵市场，让自由市场去决定人们的经济生活，政府要少插手、不干预，放松管理，放任自流。

第31任共和党总统胡佛便是这方面的典型。他当总统的第一年就遇到华尔街股市大崩溃以及随之而来的经济大萧条。他认为这次经济危机的基本因素是心理性的，相信经济会自然恢复，因此不愿采取由联邦政府直接援助贫穷者的措施，而强调由各州自行负责救济计划。1932 年有 15000 名退伍军人举行"索要退伍费行军"（the Bonus March），带着 5000 名妇女和儿童一起露宿在首都国会大厦附近，胡佛不去与他们对话，却命令军队把他们驱走，因此而大失人心。

胡佛的放任自流政策留下了两大笑柄。一个是为了省粮缩食，胡佛提出实行"无麦无肉日"，媒体称之为"胡佛化"。另一个是"胡佛村"，也即城市里穷人和流浪汉的露宿地。此外，穷人们装破烂用的袋子叫"胡佛袋"，乡下人用瘦驴拉的半截汽车叫"胡佛车"，流浪汉睡在公园长凳上遮体用的报纸叫"胡佛毯"，乞丐们翻在外头的空口袋叫"胡佛旗"，农夫们逮来充饥的野兔叫"胡佛肉"，等等。

罗斯福从胡佛手里接下这个烂摊子，立即宣布，他要"把重点放在为下层人民的利益实行大规模的政府干预"，在 100 天内由国会迅即通过 15 个"干预"法案，其"新政"使美国渡过了经济大萧条和第二次世界大战的重重难关。在金融、经济管理问题上，政府插手不插手、干预不干预，确实是民主党和共和党之间的一个重大分歧。

许多人认为，共和党与民主党之间的差异是因它们遵循不同的哲学的结果。共和党的是保守哲学，其成员属于保守派；民主党的是自由哲学，其成员属于自由派；共和党人一般都比较富裕，民主党人更注重精神自由。

自由派要求政府监管经济，要求公司有良好表现（如发较高的最低工资），要求人们具有经济责任感（如缴税）。民主党参议员爱德华·肯尼迪曾一再呼吁提高最低工资并制定有关法案，由共和党控制的国会总是加以抵制，布什迫于舆论压力，最后支持民主党动议，将最低工资从一小时 5.15 美元增至 7.25 美元。

保守派则强调政府要监管道德，惩罚不道德行为（如吸毒），要求人们在婚姻方面有良好表现（如禁止同性结婚）。2015 年 6 月联邦最高法院作出"同性婚姻合法，禁止同性结婚违宪"的裁决，共和党人都深感失望，怨声载道，奥巴马总统则立刻表示支持这项裁决，欣喜地说："我们使我们的国家又进一步完善了。"

观念上的差异就导致两党施政重点和具体政策的差异，如民主党往往要加税，收入越多缴税越多，用税收来增加社会福利，为社会平等创造条件，让贫穷者也能温饱；共和党则反对加税，尤其反对提高富人税率，也不想提高雇员的最低工资标准，认为增加工资会造成商家裁员或减少服务，引起物价上涨。

自由派更尊重妇女权利，反对性别歧视态度鲜明，民主党曾首先提名女性副总统候选人。共和党竞选人中很少女性，全国女性选民中喜欢民主党的多于喜欢共和党的。

在堕胎问题上，自由派主张"有堕胎抉择权"，视人工流产为合法；保守派则主张"保护生命"，认为胚胎即生命，堕胎即谋杀，并发动"生的权利"运动，甚至发生枪杀堕胎医生、纵火焚烧堕胎诊所等事件。两党之间因此有旷日持久的"堕胎之战"。同样由于伦理观念不一致，民主党支持干细胞研究工作，共和党则反对。

里根总统在堕胎问题上先后不同的态度很能说明一个总统如何维护其政党立场。他原为民主党党员，在任加利福尼亚州州长时曾签署堕胎自由化法案，使这个全国最大的州堕胎成风，后来他改入共和党，到了总统任上就明确表示反对堕胎，并多次签署禁止给堕胎诊所拨款的法案。联邦最高法院多次重申，肯定其1973年的堕胎合法化裁决，里根则在其国情咨文演说中叹道："我们国家的良知饱受创伤，只要由我们造物主赐予的未能出生者的生的权利被剥夺，美国将永远不会完整。"

在政府军费上，民主党主张减少开支，主要用于预防和抵御外来侵略；共和党则一直主张增加军事预算，加强国防力量，实际上，美国历史上的多次战争，如美西战争、入侵格林纳达、波斯湾战争、阿富汗战争、伊拉克战争等，均在共和党总统执政期间爆发或由共和党总统亲自发动。至于越南战争，则先由民主党总统约翰逊下令出兵越南，后由共和党总统尼克松宣布战争"越南化"，并把战争扩大至柬埔寨和老挝。小布什悍然发动伊拉克战争，奥巴马一上任就宣布从伊拉克撤军。

在枪支控制上，民主党主张限制枪支购买权和所有权，以减少因枪支失控造成的枪杀事件，事实说明这种事件至今连连发生。共和党以宪法"人民持有和携带武器的权利"为由，坚决反对严格控制枪支。

2012 年，在康涅狄格州一所小学发生开枪滥射事件后，奥巴马总统悲愤落泪，并立即发出行政命令，要求国会制定更严格的枪支控制法案，结果法案在由共和党控制的参议院被封杀，奥巴马偕康州罹难儿童家长在白宫召开记者招待会，气愤地说："这是华府的一个非常可耻的日子。"

在移民问题上，共和党主张的移民法和边界控制法比民主党更严厉。2006 年，由共和党控制的国会通过一项《安全栅栏法案》，小布什签署批准，要求在美国与墨西哥之间 700 英里（1100 公里）长的边界上修建双排防御栅栏，以防止墨西哥非法移民偷渡。2016 年大选，共和党总统竞选人特朗普更提出要在美墨边境筑墙。2011 年奥巴马总统宣布说，"安全栅栏"已基本上修完了，可有共和党议员说，单排栅栏可能筑得差不多了，而双排栅栏其实只完成了5%。奥巴马知道共和党是不会满意的，苦笑着说："他们还想要更高的栅栏，也许还需要壕沟，壕沟里要有鳄鱼。"

在环境保护问题上，共和党认为严格的环保标准会伤害工商业，健康的经济与健康的环境不能并存，所以主张减少环保规定；民主党则努力加强、扩充环保法律，希望人们能饮用更清洁的水，呼吸更干净的空气，吃更安全的食物，服更有效的药品。

共和党对地球变暖问题持怀疑态度，民主党则认真对待。1997 年民主党副总统、环保主义者戈尔签署《京都议定书》，该议定书旨在使各国积极采取措施，将大气中的温室气体含量稳定在适当水平。2001 年，共和党总统小布什一上任就宣布退出《京都议定书》。

当然，这两个党也不是在所有问题上都互相对立，它们也有共同观点，如均同意判处重罪犯死刑，反对在监狱内实施酷刑，均支持波多黎各人民的非殖民化权利，等等。

每年大选日，美国媒体都会展示红蓝两色的全国地图，蓝色即驴，代表民主党获胜的州；红色即象，代表共和党获胜的州。蓝色往往集中在东、西海岸，红色集中在中西部州，有时蓝的面积比较大，有时红的面积比较大，大的一方便有人骑驴——"驴总统"，或骑象——"象总统"，进入或留在白宫，开始又一个 4 年的自由或保守统治，把美国引往或左或右的方向，但不论"驴总统"或"象总统"，都有同一目标——维持美国在世界上的头号强国的地位。

总统应以诚实为上策

有一年笔者去意大利旅行，在罗马和美国旅伴们一起逛街。进了一家礼品店，发现大伙儿很快把一排挂着的长鼻子牵线木偶围了起来。各人买了至少一个，有个妇人买了 10 多个，因为她有 10 多个侄甥。

这个长鼻子木偶就是大名鼎鼎的"匹诺曹"（Pinocchio），19 世纪意大利作家卡洛·科洛迪笔下的人物，原是木雕艺人所刻的木偶，后来竟变活了，但有个很大缺点，就是爱说谎。他本是短鼻子，可一旦撒谎，鼻子就变得很长。随着连环漫画和迪士尼动画片《匹诺曹》（一译《木偶历险记》）问世，这个说谎者在美国便成了家喻户晓人物，家长们常用这个故事教育孩子要诚实，说谎的人被称为"匹诺曹"，大家投以鄙视的目光。

总统应是最诚实的人，可有的总统也有不老实的时候，克林顿有一次就变成了长鼻子。在他的绯闻曝光后，他不承认自己与那个白宫女见习生有性关系，有个画家因此画了一幅漫画，把他的鼻子画得很长，画题为"克林诺曹奇遇记"。

小布什总统以伊拉克拥有大规模杀伤性武器为由发动伊拉克战争，就是向全世界撒了一个大谎，他提出的政府预算计划也充满大话和谎言，所以《纽约时报》社论称其为"匹诺曹预算方案"。

由于从小就接受比较严格的诚实教育，所以美国人最重视的人品就是诚实，总的来说，美国人一般都比较诚实，不爱说谎。不少人激动时，鼻子虽不变长，却容易脸红，就更不愿意撒谎，免得脸一红暴露自己说假话。对政府官员，尤其是总统、国会议员、州长，美国人则最注意他们是否诚实可信，容不得他们隐实情、说谎话。

在美国小学，乔治·华盛顿幼年诚实的故事，老师是一定要讲的，这个故事也就一直留在了美国人的幼时记忆里。这是马森·威姆斯（Mason Weems）所写的华盛顿传记中的故事。有一次，华盛顿用一把新的短柄小斧砍倒了自己家花园里的一棵樱桃树。他父亲见到倒在地上樱桃树，问他知不知道这是谁干的坏事，华盛顿答道：

"我不能说谎，爸爸，你知道我不能说谎。是我用我的斧头砍的。"

小学生们也喜爱朗读诗人保罗·佩柔（Paul Perro）写的《乔治·华盛顿和樱桃树》这首诗，诗的后半部分这样写道：

"谁砍倒了我心爱的樱桃树？"父亲脸孔通红，他真的非常生气。乔治怕说实话，可他知道说实话才是对的。所以他说："对不起，爸爸，是我，我砍了树，我不能说谎。"父亲起初很是气愤，看着孩子的眼睛，他终于明白，乔治砍树不能容忍，但他一向诚实，应该给他鼓励。"我的孩子，"爸爸说，"我很生气，但你的诚实还是应受赞许。我不能惩罚你，因为我为你是我的儿子而感到骄傲。我爱你，你知道"。

诗人在诗的结尾对小读者们说："如果你既勇敢而又诚实，你就会有出息，你可成为一颗超星。是的，乔治成了伟人，成了美国总统。"

有历史学家说，少年华盛顿砍树的故事是作家和诗人的虚构，可不管怎么说，这个故事早已如真事一样深入人心。

华盛顿总统也确实是一个诚实的人。他曾在其告别白宫演说词中表示希望说，作为一个国家，应该像我们个人一样，用同样的信誉和诚实的标准来约束自己。他说：

我所遵循的不仅适用于个人事务、同样也适用于公共事务的格言是：诚实总是上策（Honesty is always the best policy）。

后来，"诚实总是上策"便成了历届总统和政府官员遵循的格言。此话源自莎士比亚戏剧，其后半句是："如果我丧失了我的名誉，也就丧失了我自己。"在美国，最早由本杰明·富兰克林（Benjamin Franklin）收入畅销书《穷人理查德年鉴》(亦译《格言历书》)，强调做一个坦诚的、有道德的人的重要性，"诚实"是一个人可以具有的、令人钦佩的重要品格。

从小受诚实教育的美国人历来希望他们的总统和政府公开透明、诚实可信。众多历史事件更使他们相信，只有公开而诚实的总统和政府才能保障民主，才能让人民知道总统及其政府官员们在做什么、做得对不对，才能预防、制止腐败行为，才能使总统和政府官员们真正成为清廉守正、受人民尊敬的公仆。

林肯总统是一个诚实的人，他的妻子玛丽曾说："林肯先生在诚实这个问题上简直是个偏执狂。"不论在伊利诺伊州塞勒姆当店员或在斯普林菲尔德当律师，他都老实诚笃，循规蹈矩。当店员时，一天晚上他点钱时发现多收了一个顾客几分钱，便关上店门，连夜走了很多路把这几分钱送还给那个顾客；又有一次他发现给一个女顾客的茶叶称少了，便立刻给她补送去。他因而得了外号"诚实亚伯"（Honest Abe）。他的邻居拉特利奇说，林肯在塞勒姆常被人请去调解争议、冲突，"人们都绝对相信他的诚实、正直和公正无私"。

当律师时，他曾对其同事说，要从脑子里去掉"律师被普遍认为是不诚实的"想法，而"决心事事做到诚实，如果你根据自己的判断，你不能做一个诚实的律师，那就下决心做一个不是律师的老实人。与其选一个你乐意当骗子的工作，还不如先去选择一个别的什么职业"。他的同事戴维斯说："林肯的精神和道德框架就是诚实。"

斯普林菲尔德长老会牧师霍尔说："林肯在这里接触所有阶层，所有党派，所有对政治感兴趣的人物，还有各种程度的腐败分子，可我从来没有听人——甚至他的敌人说过他不诚实或腐败。"

林肯因公正、诚实而声誉卓著，得到广大选民支持，25 岁就当选伊利诺伊州议员，并连任 4 届。后来他要与在任国会参议员道格拉斯竞选，道格拉斯说："他是他那个党里的强人，既聪慧，又诚实，如果我能击败他，那也只能是险胜。"两人经过 7 场辩论，竞选结果确实是道格拉斯险胜。两年后，两人又竞选总统，道格拉斯听到林肯获胜的消息后说："你们选择了一个非常能干而又非常诚实的候选人。"

在白宫执政期间，林肯说："我从不企图隐瞒我的观点，也从不在谈我的观点时企图欺骗谁。"他还说："我为我在任何地方得到的支持感到高兴，如果这些支持不是靠欺骗取得的。"他不必浪费他人、包括他的政敌的时间，他们都会很快相信他的真诚，他也能全力以赴去解决政治问题，去赢得战争的胜利。

林肯一生坚守道德底线，最重视诚实这一品格，他的最亲密的朋友和顾问伦纳德·斯威特（Leonard Swett）律师概括其原因说："林肯相信伟大的真理法则、不可推卸的责任、对上帝负有的义务，相信正义终将胜利，而邪恶必将失败。"

第22、24任总统格罗弗·克利夫兰也是一个被公认为"诚实""清廉"的人，选民们称他为"好人格罗弗"（Grove the good）。他曾任纽约州布法罗市市长、纽约州州长。1884年竞选总统时，约瑟夫·普利策（Joseph Pulitzer）的《纽约世界报》列出4个原因，希望读者把这个民主党总统候选人送进白宫。这4个原因是：1.他为人诚实；2.他为人诚实；3.他为人诚实；4.他为人诚实。这种称赞候选人的方式，不论在当时"镀金时代"或如今"电子时代"，选民们都可能会从反面角度来理解，会对所谓的"诚实政治家"提出疑问，但用在克利夫兰身上，却相当准确。

1882年，他这个布法罗市市长一上任就向一批市议员宣战，谴责他们"厚颜无耻地背叛人民的利益"，因为他们从政府合同中捞取大笔佣金，中饱私囊；他又使用否决权制止腐败行为，因而被称为"否决市长"。第二年当选纽约州州长，又与纽约市以特威德（Tweed）为首的贪污腐败集团"坦慕尼协会"（the Tammany Society）展开斗争，清除与该集团沆瀣一气的政府官员，强烈抨击"政党分肥制"（the political spoils system）。1884年在民主党全国代表大会上，代表们赞扬这位州长"诚实、正直、明智、民主"，一位南北战争中的将军则补充说："大家爱他，更重要的是他不怕树敌。"

克利夫兰没有结过婚，但爱上一个寡妇，生了个孩子，由他赡养。在他获得代表大会总统候选人提名后，他的政敌把此"绯闻"作为头条新闻登上报纸，通告全国选民。克利夫兰的支持者十分着急，问他实情，他立刻承认，并在电报中回答说："不管你们怎么想，说实话。"结果，他还是竞选成功，当选总统。1892 年再度获提名，又当选总统。他是美国历史上唯一不连续地担任过两任总统的总统。

历史学家们指出，克利夫兰应该被人们记得的是他自己极为清廉，又勇于建立道德健全的政府，他带到华盛顿的强烈信念是"一个公众办公室是公众的一份信任"。这个"否决市长"后又成了"否决总统"，在执政 8 年里共否决了 584 项国会通过的、在他看来不合时宜的法案，自然得罪了许多议员，也有损于自己的名声。

不过，正如社会评论家 H.L. 门肯（Mencken）所说："克利夫兰并不讨厌名气，但他把名气远远放在良知的认可之下。"

在华盛顿提倡"诚实总是上策"之后，美国历来流传许多关于诚实的箴言，有署名的，也有佚名的，例如：

诚实是智慧之书的第一章。（杰弗逊）

对你的工作，对你说的话，对你的朋友，都要诚实以待。（梭罗）

使你的孩子做到诚实，这是教育的开始。（拉斯金）

诚实是一切成功的基石。（艾希）

事涉金钱，诚实总是上策。（马克·吐温）

诚实应该成为每一个人生活中的唯一策略。

诚实不仅是上策，而且是一种精神状态。

诚实是上策，更是一种品德。

在一个和谐社会，诚实，不论作为上策还是作为品德，都会体现在每个人的生活中，体现在政府的政治中，体现在社会的交往中，体现在包括商业活动在内的一切活动中。一旦有政客、官员、商人或其他人不老实，说谎话，隐瞒事，欺哄人，人们就会不再尊重、信服他们，就要批评、抨击他们，甚至要控告、弹劾他们，即使是总统也难辞其咎。

美国历史上，政治上不诚实以致自我垮台的最大事例要数尼克松及其"水门丑闻"。尼克松是一个极聪明的政治家，一生渡过了多次政治危机，当上两届总统，但在"水门事件"中，他终于扛不住了，于 1974 年 8 月成了美国历史上第一名辞职总统。

如果尼克松老老实实承认、交代这些事情：他的争取总统连任委员会确实派人去水门饭店民主党全国委员会办公室窃取情报，他有意让两名与他关系密切的顾问辞职以避嫌疑，他藏有办公室谈话和电话秘密录音，他被迫交出录音带前在录音带上做手脚留下 18 分钟空白，他搞"星期六夜晚大屠杀"要把"水门事件"特别检察官免职，又把拒绝传达免职令的司法部长和副部长免职，等等，他这个案子也就可能不会递到联邦最高法院，也就不会有他败诉的后果，众议院也不会弹劾他，他也不必自动辞职下台。然而，这一切都是"如果"和"可能"，尼克松毕竟还是因为自己不诚实、隐瞒真相、阻挠司法调查而为自己的政治生涯画上了句号。

"水门事件"留下了一个美国俚语："冒烟的枪"（smoking gun）。当时尼克松的辩护者称，没有"冒烟的枪"，也即没有当场被抓、手中枪支还在冒烟的犯罪证据，可以证明尼克松阻挠司法调查，但事实证明，他后来被迫交出的三次谈话录音就是"冒烟的枪"。事实也说明，不诚实的人即使自己手中的枪在冒烟也会抵赖，结果是自己手中冒烟的枪把自己击倒。"水门事件"对美国政界最大的教训是：政治不能欺骗，真相不能隐瞒，不诚实的结果是自取灭亡。

"水门事件"之后，美国陆续出现了不少"看门狗"团体，即监督总统和政府行为的民间组织，把眼睛盯在总统和政府身上，监督他们的一举一动。有的团体以名字标明其宗旨，如"争取诚实政府公民组织"；有的团体明确要求政府必须诚实，如"同道会"在使命声明中呼吁"重建一个公开、诚实和负责的政府"，并促使国会终于制订了《诚实领导与公开政府法》。有的团体定期公布"最腐败官员""不老实候选人""调查之中"名单，以儆效尤。

小布什总统、切尼副总统以谎言发动伊拉克战争，难免受到"看门狗"组织的盯视，怀疑他们发动这场战争的真正目的，并揭露其暗箱操作内幕。

出于义愤，非营利民间组织"义愤稳健派"公布了有关切尼与伊拉克战争的材料，说明这位副总统、哈里波顿公司前首席执行官如何继续为他的"油田服务公司"着想：在美军入侵伊拉克前 4 个月，哈里波顿公司的子公司 KBR 就已接受无投标的"紧急支持恢复伊拉克石油生产合同"，美军一攻占伊拉克，KBR 就在伊拉克油田上忙碌起来了。切尼在电视上公开否认自己与此事有任何关系，说对此合同他"毫无所知"，但民间监察政府组织"司法观察"在一宗自由查询诉讼案中取得国防部一份电子邮件，该电邮清楚说明 KBR 取得无投标合同"乃与副总统办公室商量决定"。

美军入侵伊拉克是在 2003 年，有关调查材料证明，就在这一年，哈里波顿公司给了切尼副总统 178437 美元，该公司取得了在伊拉克的高达 10 亿多美元的政府合同。

"义愤稳健派"还公布有关材料揭示，小布什总统给管理部门任命的 100 多名高级官员先前都是大公司的说客，而由他们来分别"监管"那些大公司，其实是让他们代表那些大公司，根据大公司的新任说客的意愿来修改政府政策。能源部一个官员在给一名大公司说客的电邮中写道："你就可以是国王吗。"为此感到惊讶的美国人说，这不就是一个俯首听命于大公司、向大企业顶礼膜拜的政府吗？

在不诚实、不清廉的政府头脑周围，必然会出现贪官污吏。2006 年，首都华盛顿一大丑闻在全国激起民众义愤："超级说客"杰克·阿布拉莫夫向国会议员大肆行贿，至少有 250 名议员受贿，众议院有两名共和党议员更是接受大钱，沦为罪犯，被判徒刑。2008 年，伊利诺伊州国会参议员奥巴马竞选总统成功，要由该州州长布拉戈耶维奇选人填补其遗缺，布拉戈耶维奇竟企图私下高价"拍卖"这一席位，结果被捕，后被判卖官鬻爵等罪，处以 14 年重刑。

这些事件在曝光之前，美国人都被蒙在鼓里，毫无所知，一旦曝光，群情激奋，民怨沸腾。奥巴马顺应时势，以"改革"为口号竞选总统获得成功，使共和党未能继续据守白宫。

其实，早在 2006 年，在阿布拉莫夫一案披露之后，奥巴马就作为参议员在国会发表了一个代表民意的讲话，讲题是《诚实领导与公开政府》。演说一开始，他讲了个故事。他说，众所周知，他来自芝加哥，一个在政治上不总是有最清廉名声的城市，在一次议会选举中，在腐败政客们的操纵下，一个有改革思想的候选人被击败了，此时竟有一名老政客高兴得站到椅子上跳起舞来，还高声喊道："芝加哥还没有准备改革呢！"声音之大，响彻整个议会大厅。

奥巴马接着说："现在我们看到白宫采办办公室的头头给抓起来了；我们看到参、众两院一些最有权势的领导人正在被联邦政府调查；我们看到自从乔治·布什上台之后，在华盛顿注册的说客人数成倍增加；我们也都看到阿布拉莫夫被起诉了。"

在腐败现象丛生之际，该怎么办？奥巴马说："今天我与我的同僚们站在这里，我要说，美国人民已经准备好要改革。"

在这次讲话中，他所强烈呼吁的就是希望国会议员们一致通过一项极具现实意义的政治改革法案——《诚实领导与公开政府法》。此法终于在 2007 年颁布生效，对游说活动、竞选经费的公开化提出更高要求，对向国会议员赠礼作出更严格规定，并要求必须公布国会的大笔拨款项目。

经历过如此这般的政治风雨，奥巴马当了总统后自然要带头做一个诚实的领导，其政府也确实认真奉行《诚实领导与公开政府法》，以使官场丑闻减少甚或消弭。这位第 44 任总统铭记着首任总统的格言："诚实总是上策。"

从绰号知总统

    由于生性诙谐，头脑活泼，又有闲情逸致，许多美国人爱琢磨、爱调侃，喜欢起一个绰号、来一个别称，文化生活似乎也因此而更丰富多彩。美国地名一般都有别称，如纽约州是"帝国州"；纽约市先是"愚人城"后是"大苹果"；加利福尼亚州是"黄金州"；洛杉矶又称"天使之城""花和阳光之城""拉拉乐土"等。

    给总统取绰号更是美国人的一大乐趣，总统因其外号而显得更有性格、更有特色。历任美国总统，从华盛顿到奥巴马，每人都有别号，有的甚至有五六个之多。

    有些总统外号是小时候的昵称或绰号，一直带到成人，带到当总统。如第26任总统罗斯福的昵称"泰迪"（Teddy）后来成了别号，又衍生为美国孩子们都喜欢的"泰迪熊"（the Teddy Bear）。那是有一次在密西西比州打猎，他见到一只伤势严重的黑熊，出于怜悯，他为它安排了安乐死，事后同意一家玩具商用他的昵称"泰迪"来命名其玩具熊。他另有好几个外号，如因致力于反对企业垄断而被称为"托拉斯炸弹"（Trust Buster）；又因年轻时当过牛仔，他的政敌把他蔑称为"牛仔总统"（Cowboy President），当麦金莱总统遇刺身亡由他继任时，俄亥俄州共和党党魁汉纳叹道："瞧，这该死的牛仔现在当上美国总统了。"

    第40任总统里根的外号"荷兰人"（Dutch）也是他一生下来就有的，因他父亲说他像一个"胖胖的小荷兰人"。他又因擅长交际、能言善谈而被称为

"传媒高手"（the Great Communicator）。他的另一个绰号"吉普尔"（the Gipper）则源自他所饰演的一个电影角色。"吉普尔"原是圣母大学全美最佳橄榄球选手乔治·吉普（George Gipp）的别号，他去世前希望队友们赢一场球赛来表示对他的纪念，该校橄榄球队教练克努特·罗克尼（Knute Rockne）在鼓舞队员士气时常说："为吉普尔打一仗！"后来好莱坞拍摄这位"全美最佳教练"的电影时，把这句话用作台词，扮演吉普的里根当总统后用此话激励人们支持他的政策。他的吉普车牌照也用"GIPPER"，他退休后，有一次带着也已退休的苏联领导人戈尔巴乔夫，乘他的这辆"吉普尔"吉普车游览他的加州圣伊内斯山上的大牧场。

美国总统中有不少人是因战场上的赫赫功绩而入主白宫，所以他们的外号也是军事性的。如第 7 任总统安德鲁·杰克逊曾在 1815 年新奥尔良战役中率部击败英军，取得美国第二次反英战争的决定性胜利，即因"新奥尔良英雄"（The Hero of New Orleans）这个称号当上总统。由于他个性粗暴、军纪严厉，所以还有另两个外号："安德鲁国王"（King Andrew）和"老山核桃"（Old Hickory）。

第 9 任总统威廉·哈里森的外号"老蒂普卡努"（Old Tippecanoe）源自一场战役。1811 年政府军队与印第安人在印第安纳州蒂普卡努打仗，政府军由哈里森指挥，双方均伤亡惨重，但政府军宣称获"重大胜利"，这一"胜仗"应是哈里森竞选总统的一大资本，事隔 30 年，1840 年他与约翰·泰勒竞选总统和副总统时用的口号就是"蒂普卡努加泰勒！"

第 11 任总统詹姆斯·波尔克被称为"树桩上的拿破仑"（Napoleon of the Stump），显然涉及军事扩张主义。所谓"树桩"就是讲坛，过去美国新开辟地区的人都站在树桩上演说，后来"树桩"便成了"讲坛"的代名词。拿破仑亲自出马，征战欧洲，扩张领土，而波尔克就靠在讲坛上演说达到了扩张领土的目标。1846 年他下令出兵入侵墨西哥格兰德河地区，墨西哥战争因此爆发，1848 年胁迫墨西哥签订割让条约，把包括得克萨斯、新墨西哥和加利福尼亚在内的广大地区割让给美国，使美国增加了 92 万多平方英里土地。拿破仑以失败而告终，退位后被流放到地中海上的一个小岛，波尔克却以煌煌"战绩"享誉国内外，不过也只当了一届总统，辉格党的扎卡里·泰勒接替了他这个民主党人。泰勒一生戎马 40 年，参加过 1812 年反英战争、1832 年政府与印第安人之间的黑鹰战争（the Black Hawk War）、1846 年墨西哥战争，以勇敢、沉着又机灵著称，平时衣冠不整，邋里邋遢，故得外号"精悍的老粗"（Old Rough and Ready）。

再如第 18 任总统格兰特，南北战争期间林肯任命他为联邦军总司令，1865 年 4 月 9 日在弗吉尼亚州阿波马托克斯县城接受邦联军将军罗伯特·李（Robert Lee）投降，因此被誉为"阿波马托克斯英雄"（Hero of Appomattox）。

有些总统的别号来自他先前做过的工作、干过的事业。如第 17 任总统安德鲁·约翰逊的外号是"田纳西裁缝"（The Tennessee Tailor），他 10 岁时就在老家北卡罗来纳州随一个裁缝当学徒，迁居田纳西州后开了几年裁缝铺。他出身贫苦，后由妻子教他文化，林肯也是贫苦出身，自学成才，两人志趣相投，林肯选他为竞选伙伴，林肯遇刺身亡后由他继任总统。约翰逊也有类似波尔克的政绩，1867 年以 720 万美元购得阿拉斯加，使美国边界扩大至北冰洋。

第 28 任总统威尔逊在普林斯顿大学当过学生，当过教授，最后当上校长，进白宫后，"校长"（The Schoolmaster）便成了他的外号。第 31 任总统胡佛毕业于斯坦福大学，获采矿工程学学位，当过短期矿工，后来在亚洲、非洲和欧洲许多国家从事矿山开发，成了百万富翁，1899 年作为矿业专家前往中国，因义和团运动他与妻子曾被围困在天津。他当总统后便有了"伟大的工程师"（The Great Engineer）这个誉称，尽管这个大工程师在对付 1930 年股市大崩溃和随之而来的经济大萧条方面显然无能为力。

有的总统个性特别，也就有了相关的外号。如第 30 任总统柯立芝沉默寡言，一脸严肃，除"沉默的卡尔"（Silent Cal）这个别号外，还被称为"波托马克河边的斯芬克斯"（Sphinx of the Potomac），其诡秘寡言、猜不透其心思的模样有如尼罗河边的狮身人面像。

与柯立芝的性格不同，第 33 任总统杜鲁门常喜形于色，该笑时就笑，也常怒不可遏，该骂时就骂。选民们见他亲吻婴孩，跟人握手，很具亲和力，但也有人说，他"背后插着一把刀"，必要时就会"出手"。1948 年在竞选连任（尽管他骂白宫是"大白狱"）时，他对其竞选伙伴、后任副总统的艾尔本·巴克利（Alben Barkley）说："我要拼命干一下，臭骂他们一顿。"在一次竞选集会上，支持他的群众便向他高喊："加油干！臭骂他们，哈里！"后来他去作"鸣笛站之旅"（a whistle-stop tour），也即乘火车去偏僻的小城镇作竞选演说，临走前说："我要去臭骂他们。"就这样，他得了"臭骂他们哈里"（Give'em Hell Harry）这个写进美国历史的绰号。这个绰号后来衍化为竞选俚语，那些激烈的竞选旅行被称为"臭骂他们之旅"（Give'em hell tour）。

杜鲁门"臭骂"的 1948 年大选也富有戏剧性，闹出了大笑话。当时的民意调查和一般人的看法都预料共和党候选人、纽约州州长托马斯·杜威（Thomas Dewey）一定能赢，杜鲁门已是"战败犬"，其"鸣笛站之旅"是多此一举。11 月 2 日为选举日，《芝加哥论坛报》不等选举结果正式揭晓，就以 11 月 3 日报纸头版头条登了"杜威击败杜鲁门"这个大标题。不料选举结果，普选票杜鲁门得了 49.5%，杜威得了 45.1%，选举人票杜鲁门得了 303 张，杜威得了 189 张，杜鲁门获胜连任。当时有个记者为杜鲁门拍摄了一幅历史性照片：他双手高举一份《芝加哥论坛报》，其头版头条大标题十分醒目，他喜形于色、张嘴大笑的模样十分传神。

另有些总统绰号含有某种程度的轻蔑、讽刺意味。如出生于纽约州金德胡克的范布伦因娴于权术、身材矮小而得绰号"小魔术师"（The Little Magician）和"金德胡克的狐狸"（The Fox of Kinderhook）。因他祖籍荷兰，加上为人谨小慎微，所以还有"小心的荷兰人"（The Careful Dutchman）这个外号。

尼克松的绰号"狡猾的迪克"（Tricky Dick，按：Dick 是 Richard 的昵称）得自他早年竞选国会参议员时的女性对手，他先以"粉红到了内衣内裤"之类的不雅词语影射对手支持共产党，对手便以"狡猾的迪克"作回报，在 20 多年后的"水门事件"中，他的"狡猾性"得到进一步证实。他在杜克大学法学院上学时得了"忧郁的格斯"这个外号，同班同学们见他总是愁眉苦脸，省吃俭用，便把"Gloomy Gus"这个俚语送给了他。还有同学见他学习认真，长时间坐在教室里看书做作业，便称他为"铁屁股"（Iron Butt）。

克林顿有个类似 Tricky Dick 的绰号。他很聪明，有政治才能，在当阿肯色州州长时，有人觉得他过于聪明，有点圆滑，便称他为"滑头威利"（Slick Willie），在他竞选总统时，这个绰号在报刊上频繁出现。他在正式场合用大名 William，而不是 Bill，Willie 是 William 的昵称。

克林顿与里根也有类似外号，前者是"特氟隆比尔"（Teflon Bill），后者是"特氟隆总统"（the Teflon President）。特氟隆原是商标名，即四氟乙烯，一种含氟涂料，其特性是耐蚀、抗粘，常用于"不粘炒锅"，现常用来比喻善于摆脱困境、逃脱罪责、总能使自己安然无恙的人。1983 年国会民主党众议员帕特·施罗德（Pat Schroeder）发表讲话说，经过仔细观察，她发现里根总统一直在"完善其涂上特氟隆的总统职务"，所以似乎在任何方面均无责任可负。她指出杜鲁门总统办公桌上放的是座右铭"责无旁贷"（The buck stops here），而里根的办公桌显然涂上了特氟隆。不过，1986 年出了伊朗—孔塔拉事件（the Iran-contra affair），也即"伊朗门丑闻"（the Irangate scandal），事实证明里根政府向伊朗出售军火以换取在贝鲁特的美国人质，又将出售军火所得收益援助尼加拉瓜反政府游击队（即 contra），尽管里根推说"我不记得了"，但有关调查人员有充分证据说："里根知道一切。"里根终于不能再在自己的办公桌上涂特氟隆，不能再推卸自己的责任了。

小布什总统全名 George W. Bush，他爱给人起绰号，别人也给了他不少外号，当总统时流行最广的则是"大不雅"（Dubya）。他是得克萨斯人，他的中名"W"，得州人发音为"大不雅"，而不是"大步溜"，报刊不少文章也就以"Dubya"代替"Bush"，如有一篇杂文写道："嗨，大不雅，不要制造战争，要制造就业机会！"

对令人崇敬、爱戴的总统，美国人自然会赐以赞美的别号。

华盛顿除被誉为"国父"（The Father of His Country）外，还被称为"美国的辛辛纳图斯"（American Cincinnatus）。辛辛纳图斯是古罗马共和国时期的政治家，公元前 458 年，他被罗马城居民推选为执政官，前去援救被意大利埃奎人围困于阿尔基多斯山的罗马军队，当时他已退隐务农，临危受命，义不容辞，并在一天之内就率部队打败敌军，在罗马举行了凯旋仪式。他限定自己只在罗马遇到危机时才掌权，一旦尽领导责任解除危机，他就解甲归田。后来，在凯旋后只当了 16 天罗马统帅，他就返回自己的小农庄，当一个普通公民和农夫。美国俄亥俄州辛辛那提（Cincinnati）市名便源自这位古罗马英雄。正如辛辛纳图斯，华盛顿在独立战争中领导大陆军获胜、美英缔结巴黎和约后引退，回到芒特弗农种植园，后来因政局不稳被劝重返政坛，以卓越的调解能力和威望促成通过美国宪法，并被推选为美国第一任总统，在任满两届后拒绝连任第 3 届，返回芒特弗农，不再过问政治。

第 2 任总统亚当斯被誉为"独立阿特拉斯"（或译"独立巨神"，Atlas of Independence）。他是美国开国元勋之一，生于马萨诸塞州昆西农家，毕业于哈佛，当过律师，因反对英国殖民者颁布的印花税法而获得政治声望。他出席了第一、二届大陆会议，并协助起草和签署《独立宣言》，令人感到他具有希腊神话中以肩顶天的巨神阿特拉斯的魄力。他是第一位住进白宫的总统，与第 3 任总统杰弗逊逝世于同一天——1826 年 7 月 4 日，即《独立宣言》发表 50 周年纪念日。

第 3 任总统杰弗逊、第 4 任麦迪逊都被视为来自其居住地的"哲人"，有相似的外号。撰写《独立宣言》的杰弗逊长期生活在弗吉尼亚州蒙蒂塞洛，因此被誉为"蒙蒂塞洛的哲人"（Sage of Monticello），也被誉为"民主倡导者"（The Apostle of Democracy）。麦迪逊来自弗吉尼亚州蒙彼利埃，外号就成了"蒙彼利埃的哲人"（Sage of Montpelier）。他还因 1812 年反英战争与妻子多莉逃离白宫，曾被称为"逃亡总统"（The Fugitive President）。当然，他更是"宪法之父"（The Father of the Constitution），曾为制定、贯彻宪法殚精竭虑，功勋卓著。

杰弗逊是第 5 任总统门罗一生的良师益友，门罗一贯支持杰弗逊的政治思想，在当选国会参议员后，他与杰弗逊和麦迪逊组成民主共和党（民主党的前身）。后来他连任两届总统，其当政时期被称为"感觉良好时期"，所以得了外号"感觉良好时期总统"（The Era of Good Feeling President）。美国前 5 任总统中除亚当斯外，均出生于弗吉尼亚，门罗是"弗吉尼亚朝代"的最后一名总统，所以还有别号"最后一顶三角帽"（The Last Cocked Hat）。三角帽是 18 世纪弗吉尼亚人爱戴的一种有 3 个宽边并向上翘起的帽子。

第 6 任总统约翰·昆西·亚当斯（John Quincy Adams）是老约翰·亚当斯的长子，美国历史上第一个当上总统的总统之子，直到 21 世纪初，才有总统之子小布什也当上了总统。小亚当斯曾是门罗的国务卿，协助门罗制定《门罗宣言》，可他当总统时并无门罗的"良好感觉"，他常受政敌掣肘，许多建设计划都因遭以杰克逊为首的国会议员的反对而无法实现。竞选连任输给杰克逊后，原想在农场安度晚年，不料后来又被选为国会众议员，这个外号为"雄辩老人"（Old Man Eloquent）的退休总统，在国会抨击所有可能导致扩大奴隶制的措施，产生了重大政治影响。

第16任总统林肯的人品从小就诚实，所以早就有"诚实亚伯"（Honest Abe）这个外号，而当总统后，全心全意致力于解放奴隶事业，作为联邦军总司令，他亲自指挥艰苦卓绝的南北战争并赢得胜利，后发表《解放黑奴宣言》，宣布废除南部邦联各州的奴隶制，所有种植园主的黑人奴隶应获自由，结果为解放事业捐躯，因此不愧享有"伟大的解放者"（The Great Emancipator）这一荣誉称号。

他的另一个绰号"劈木人"（The Rail-Splitter）则显示他的卑微出身以及自我奋斗、自力更生的精神。在他研究法律当律师、从政当议员之前，他经历了艰辛的青少年时代，在黑鹰战争中当过志愿兵，也当过测地员、邮政所长，与人合开过小酒馆。他还曾给人打工，劈栅栏木为生，是地道的"劈木人"。智利诗人聂鲁达在歌颂劳动人民的长诗《伐木者，醒来！》（1948）中这样描写"亚伯"——林肯：

> 啊，伐木者，醒来吧！
> 让亚伯跑来，拿着斧子，
> 和他的木制盆子，
> 跟农民一起吃东西。
> 让他抬起像树皮一样的头，
> 让他的像橡树干上的窟窿一样的眼睛，
> 越过绿树顶，
> 越过水杉树，
> 向这世界瞭望。
> 让他到杂货店里去买些什么，
> 他搭公共汽车到唐坝（按：佛罗里达的小镇）去，
> 让他咬一口黄苹果，
> 走进一家电影院去，
> 跟老百姓说话。

　　林肯确实就是这样一个人，举起斧子劈木，坐下跟老百姓一起吃饭说话，也会站在高处，瞭望树林以外的世界。1860 年 5 月，共和党在伊利诺伊州迪凯特举行全国代表大会，有两个代表举着用栅栏横木做的标语牌走进会场，标语牌上写着："亚伯拉罕·林肯——1860 年横木总统候选人。"有一个画家则画了一幅漫画：有两个人扛着一根横木，林肯俨然骑在横木上，题为《横木候选人》(The Rail Candidate)。林肯在这次代表大会上所得外号"劈木人"迅即传遍北部各州，成了有用的竞选武器。

　　林肯 1865 年遇刺身亡，第 35 任总统肯尼迪 1963 年遇刺身亡，之间相隔了一个世纪。林肯在位时是南北战争 (the Civil War) 时期，肯尼迪当政时则被称为"肯尼迪的卡米洛特"(Kennidy's Camelot)，或译"肯尼迪王朝"。所谓"卡米洛特"原是传说中英国亚瑟王的宫廷所在地，位于英国北部，欧洲最英勇的武士——圆桌骑士们常在此会聚，后喻昌盛时期或乐园。肯尼迪在位时间不到 3 年，但其国内政策"新边疆"(the New Frontier) 呼吁实行赋税改革、教育补助、老人医疗保险和扩大民权，甚受民众欢迎；对外政策方面，1961 年组织"和平队"(the Peace Corps)，1962 年解决古巴导弹危机，也引人瞩目，批准入侵古巴的"猪湾事件"则受非议。他当选总统时仅 43 岁，是美国历史上最年轻的总统，有青年朝气，又有个人魅力，所以格外受人喜欢。政治评论家克里斯托弗·马修斯 (Christopher Matthews) 写道："肯尼迪具有讨人喜爱的先天能力，让人想跟他做朋友、情人、儿子、兄弟，也愿他当领袖。在他与尼克松大辩论取得惊人成功之前，我们还不知道希腊词语 charisma（按：使大众信服的领袖气质和个人魅力）。在他过早地离开我们之后，'杰克·肯尼迪'这个名字常使我们想起这个词。"这也就是为什么除了被昵称为"Jack"、简称为"JFK"外，肯尼迪还有"卡米洛特之王"(King of Camelot) 这一荣誉称号。

聪明的竞选口号

人类历史上，每个时代、每个历史阶段都会有口号，简短的句子，鲜明的纲领，代表各种观念、目标，供口头呼喊或书面张贴，具有宣传性、鼓动性，对提口号者的另一方，则往往有讽刺性、攻击性。

美国大选之年，因有很多参选人朝向白宫这一目标，彼此得激烈竞争一番，一个个口号也便随之而出。竞选者本人及其所属的政党，还有民间组织，都会动脑子提口号，与竞选对手较量，看谁的口号更打动人心，究竟是哪个口号能把竞选者送入白宫。许多人都认为，口号是总统竞选的至关重要的部分。

笔者浏览、比较历年来的美国总统竞选口号，总的印象是"聪明"。其聪明表现在不用"千岁""万岁"等崇拜语句，不用"反对""打倒"等粗暴词汇，当然也有杜鲁门"臭骂"一类的粗话，但更多的是机智、幽默，看来是淡淡一句，却很有感染力或杀伤力。

许多竞选口号巧用民间故事、"谁是谁"问句，善玩头韵、近音词、对仗等文字游戏，使口号更有修辞色彩。

如果你表示根本不知道某人，从未听说过此人，这种轻蔑态度或许就有杀伤作用。1844年大选，民主党候选人詹姆斯·波尔克（James Polk）与辉格党候选人亨利·克莱（Henry Clay）竞争白宫之座，克莱提出两个口号，其中之一要轻声地问："谁是詹姆斯·K.波尔克啊？"（Who is James K. Polk？）言下之意就是居然冒出一个无名小卒想当总统，简直不可思议。在此年民主党全国代表大会陷于僵局、需要妥协人选的情况下，波尔克确实是意外地获得总统候选人提名。不过，克莱的鄙视态度未能杀伤波尔克，后者以扩张主义竞选纲领击败他，成为美国第一个"黑马"总统，他也确实把美国领土扩张到如今的西南广大地区。

英语的拼写特色使"头韵"（几个有相同首字母的词连用）常用于竞选口号。

1896 年共和党总统候选人麦金莱提出的口号是"爱国主义、关税保护和繁荣昌盛"（Patriotism，Protection，and Prosperity）。他在当国会众议员时就坚决主张实行关税保护法，1890 年国会通过的关税法案被称为"麦金莱关税法"，也以关税保护和金本位制政纲击败民主党总统候选人威廉·布赖恩（William Bryan）。

1884 年大选，共和党对民主党提出一个用头韵的攻击性口号："朗姆酒、天主教和叛乱"（Rum，Romanism and Rebellion），称民主党要讨好的是爱尔兰醉鬼、天主教徒和内战时的南方叛军成员，同时也指责民主党反对禁酒。但这个口号对共和党来说是适得其反，由于攻击面太广，共和党候选人詹姆斯·布莱恩（James Blaine）结果败于民主党候选人克利夫兰。

当年布莱恩的支持者还提出一个嘲讽克利夫兰的口号："妈，妈，妈，我的爸在哪？"（Ma，Ma，Ma，where's my Pa？）因为克利夫兰有一个私生子。克利夫兰的支持者立刻回敬："他去白宫啦，哈，哈，哈！"（Gone to the White House，ha，ha，ha！）两派群众一起上街游行时，克利夫兰的反对者喊上句"妈妈妈"，他的支持者接喊下句"哈哈哈"。

押头韵的竞选口号还有很多，如：

1888 年哈里森的口号："恢复活力的共和主义"（Rejuvenated Republicanism）。

1936 年艾尔弗雷德·兰登（Alfred Landon）的口号："生命、自由和兰登"（Life，Liberty，and Landon）。

1940 年温德尔·威尔基的口号："我们要威尔基"（We Want Willkie）。

1956 年艾森豪威尔的口号："和平与繁荣"（Peace and Prosperity）。

2000 年小布什的口号："有同情心的保守主义"（Compassionate Conservatism）。

2016 年特德·克鲁兹（Ted Cruz）的口号："无畏的保守主义"（Courageous

Conservatives）。

竞选口号也常由发音或拼写相近的词组成，如 1868 年格兰特的口号是"投票就像开枪"（Vote as You Shot）。1952 年艾森豪威尔的口号是"我爱艾克"（I Like Ike），"艾克"是其外号，1956 竞选连任时用"我仍爱艾克"（I Still Like Ike）。1992 年无党派人士、独立候选人罗斯·佩罗（Ross Perot）的口号："罗斯适合当领袖"（Ross for Boss）。

对仗显然是两党之间的对峙，如 1964 年共和党候选人巴里·戈德华特（Barry Goldwater）的口号是"在你们的心目中，你们知道他是对的"（In Your Heart，You Know He's Right），林登·约翰逊的支持者来了个针锋相对："在你们的肚肠里，你们知道他是疯子"（In Your Guts，You Know He's Nuts）。

竞选连任的总统往往有很多方式提出新口号，如利用用源自民间故事的成语。1846 年报纸载有这样一个故事：一个爱尔兰人骑一匹母马并带一匹小马过河，到了河中间，他从马背上掉了下来，便去抓马驹的尾巴，岸上人觉得他应去抓更能帮他过河的母马的尾巴，就叫他不要换马。"别在河中间换马"（Don't change horses in midstream）便成了成语，1864 年林肯以之为竞选口号，1944 年小罗斯福也用此口号，只是将动词"change"换成"swap"。

竞选连任者也用口号来显示其特长和政绩，如 1916 年知识分子总统威尔逊提出两个口号，一个是"他证明笔胜过剑"（He proved the pen mightier than the sword）。另一个是"他使我们避开战争"（He kept us out the war）。1914 年第一次世界大战爆发后，威尔逊确实努力使美国保持中立立场，但后来由于与德国关系恶化，终于在 1917 年 4 月要求国会对德宣战，声言"为了民主应维护世界安全"。1918 年初宣布关于实现世界和平的"十四点计划"（the Fourteen Points），年底出席巴黎和平会议，竭力主张建立国际联盟，并使 1919 年 6 月签署的凡尔赛条约也将国际联盟盟约包括在内，由于国会参议院拒绝批准该条约，他抱病赴美国各地游说，以致在科罗拉多州中风躺倒，后来再也没有完全康复。他荣获 1919 年诺贝尔和平奖。

威尔逊之后，共和党提名哈丁当总统候选人，他的 1920 年竞选口号为"恢复常态"（Return to normalcy）。"normalcy"由哈丁创用，英语词典因此添了个新词。针对威尔逊的理想主义政策及当时人们思想上的混乱状态，哈丁在竞选演讲中说："美国当前需要的不是豪言，而是治疗；不是妙策，而是常态；不是革命，而是复原；不是手术，而是平静。"作为共和党的一匹"黑马"，哈丁击败民主党候选人詹姆斯·考克斯（James Cox）进入白宫，后来的事实证明他没有当好总统，他的政府成了美国历史上最腐败的政府，他所谓的"常态"成了极不正常的势态。

1980 年里根第一次竞选总统时用了讽刺卡特的口号："你们现在比 4 年前过得更好了吗？"（Are You Better Off Than You Were Four Years Ago？）他的支持者们齐声回答："没有！"他又懂得用炫耀自己政绩的办法来竞选连任，他1984 年的口号是"在美国又是早晨"（It's Morning Again in America）。他用这个主题做了电视广告《美国的早晨》，一个美国小镇的美丽风光陆续出现在画面上，旁白则说："这是美国的又一个早晨。在一个离你居住的地方不太远的小镇上，一个年轻的家庭刚刚搬进一栋新房。三年之前，即使是最小的房子看来也完全不可企及。"在讲了邻居买了汽车、工厂重又开工等话之后，旁白又说："生活好了。美国回来了。人们又有一种他们以为再也感觉不到的自豪感。"

美国人的诙谐、幽默也往往表现在竞选口号上。柯立芝善于冷面滑稽，他的口号也很有趣，"保持酷，保持柯立芝"（Keep Cool and Keep Coolidge）。卡特经营过花生农场，卖过花生米，对此他不忌讳，但也不让人小看，他的口号是"不仅仅是落花生"（Not Just Peanuts），他也的确不止于花生米，除了能当总统，他还能赋诗、写小说。胡佛似乎也很自信，他的口号是"除了胡佛还有谁？"（Who but Hoover？）可惜到头来，面对经济大萧条一筹莫展的，不是胡佛又是谁？

共和党人，不论小布什还是克鲁兹，都喜欢奉行保守主义，连口号也要亮明这个主义，民主党人则不满足于保持现状，希望政治有所变革、社会有所进步，所以喜欢用"改变"做口号。

1992 年克林顿的竞选口号："为了人民，为了改变"（For People, for a Change），"该是改变美国的时候了"（It's Time to Change America）。

2008 年希拉里·克林顿的口号："时刻准备改变，时刻准备领导"（Ready for Change, Ready to Lead），"为改变而工作，为你们而工作"（Working for

Change，Working for You）。

2008 年奥巴马的口号："改变"（Change），"我们需要改变"（Change We Need），"我们可以相信的改变"（Change We Can Believe In）。或许由于第一任期内缺少重大改变，今后尚需努力，其 2012 年的口号改为"向前"（Forward）。

历史也证明，有改变，才会有进步，才会有肯尼迪、里根和奥巴马都憧憬、赞美的"山上的城市"（A City upon a Hill）。

早在 1630 年，马萨诸塞湾殖民地总督约翰·温思罗普（John Winthrop）在其"阿贝拉号"（Arbella）旗舰上布道说："我们将像一座山上的城市，所有的人都注视我们。你们是世界之光。一座造在山上的城市是遮掩不住的。"

1961 年当选总统的肯尼迪说："今天所有人的眼睛确实都在注视我们——我们的政府，国家、州和地方各级的每一个部门，都应如山上的城市。"

里根总统在 1980 年大选前夕讲道："今年我在竞选途中不止一次引用约翰·温思罗普的话，因为我相信，1980 年的美国人，完全能像很久之前的开拓者一样，清楚地看到一座辉煌的'山上的城市'。"

2006 年，时任国会参议员的奥巴马在波士顿马萨诸塞州大学毕业典礼上说："正是在这里，在围着我们的海面上，美国的实验开始了。最早的开拓者一到波士顿、塞勒姆和普利茅斯海岸，就做起了造一座山上的城市之梦。"

可见，"山上的城市"实际上也是一个口号，总统竞选人和当选者都以此来鼓舞选民们的士气，要他们相信自己的国家会被人注视，甚至发出灿烂的光辉。

但历史也告诉人们，如果没有"改变"，不去克服政治弊病、消除社会弊端，这个"山上的城市"就不会光辉灿烂，而会被浓云迷雾所遮掩。美国文化历史学家、社会评论家莫里斯·伯曼（Morris Berman）著书指出，如果不改变，美国将进入"黑暗时期"，美国文化将处于"黄昏"，"历史将不再在我们一边"。这些话应有助于当选的总统，让他们在白宫不仅做"山上的城市"之梦，而且要以实实在在的政策和行动去建造、改善、美化这座城市。

竞选重头戏：电视辩论

美国总统竞选电视辩论始于1960年，如今已成为大选年的重头戏，不论初选阶段同一政党内参选人的电视辩论，还是最后民主党、共和党两党总统候选人的电视辩论，都吸引成千上万选民，竞选者在电视荧幕上的一言一语、一举一动都看在选民们眼里，成为他们评议的第一手材料，也可能是他们最后投票的依据。

竞选辩论的历史其实还要早得多，但当时还不能用上电视，只能用报纸或广播报道，而林肯—道格拉斯大辩论（the Lincoln-Douglas debate）时，连广播也尚未问世。这场历史性大辩论举行于1858年8—10月间。当时曾任国会众议员的林肯与在职的国会参议员道格拉斯竞选国会参议员，两人都代表伊利诺伊州，前者是共和党，后者是民主党。这是林肯提出的挑战，两人就奴隶制问题进行辩论，先后在伊利诺伊州的7个城市辩论了7场。

当时林肯并非废奴主义者，但对奴隶制嫉恶如仇，坚决反对扩大奴隶制的实行范围；道格拉斯则主张"人民主权论"，要不要废除奴隶制由各州人民自行决定。尽管辩论结果林肯未能当选国会参议员，道格拉斯获胜连任，但林肯的反奴隶制观点和雄辩口才使其获得全国声誉，从而为最终当选总统铺平了道路。1860年大选中，道格拉斯又是林肯的对手，结果林肯获胜，踏入白宫，建立了解放奴隶的伟业。

这场辩论在美国历史上留下了浓墨重彩的一笔，至今尚有人回顾玩味。1994年8—10月间，在伊利诺伊州同样7个城市，又举行了7场"林肯—道格拉斯大辩论"，当然，出场者不是他们本人，而是 14 名演员，其台词基本上是当年辩论者的原话。据《纽约时报》报道，在渥太华等七城的大辩论重演日，女人们戴着当年的白手套、圆形小软帽，佩着饰带，男人们穿着带背心的套装，男孩戴着圆顶礼帽，穿着黑袜、黑裤，兴致勃勃地聆听"林肯"与"道格拉斯"舌战，其动人情景真好像时间倒流，回到了 136 年之前。国事有线电视台（C-SPAN）（按：为直播国会两院活动专办的电视台）花 30 万美元直播这次活动，并制作教育性影片。

20 世纪 20 年代有了电台广播之后，竞选开始出现"广播辩论"方式，但并不多用。到了 50 年代，电视成了引人注目的重要媒体，至 60 年代初，在美国电视普及率已达 88%，这就有可能让总统候选人的辩论通过电视传送到各家各户。

1960 年肯尼迪与尼克松的辩论是美国历史上第一次总统竞选电视辩论，观众多达 6600 万，不仅对竞选结果产生重大影响，而且标志着一个新时代的来临，在这个时代，公众形象、利用媒体"曝光"，对政治竞选的成功与否起着重要作用，而且也有利于民主进程。

1960 年大选正处于美国历史上的一个关键时刻。当时美苏两国陷入"狂热的冷战"，苏联在宇航技术上领先，卡斯特罗领导的古巴革命取得成功，美国国内民权运动风起云涌，这一切说明国家需要强有力的领导，肯尼迪和尼克松应运而生，须由选民们选择。

43 岁的肯尼迪，在马萨诸塞州一个爱尔兰裔天主教家庭里长大，是美国历史上第一个竞选总统的天主教徒。他上过哈佛大学，出过两本书，得过普利策传记奖，二战期间在海军服役表现勇敢，后任多届国会众议员、参议员，终于获民主党总统候选人提名。

47 岁的尼克松，出生于加利福尼亚州的平民家庭，父母经营杂货店。他在法学院毕业后当过律师，二战期间也在海军服役，后任国会众议员，以坚决反共著称，在艾森豪威尔总统手下连任两届副总统，有丰富的外交经验，终于获共和党总统候选人提名。

他们两人的竞选起初是尼克松占上风，这个在职副总统说肯尼迪年青，缺乏政治经验，当不好武装部队总司令，似乎言之有理。作为天主教徒，肯尼迪也难于获得广大基督教徒的信任，其结果显然难于预料。

出乎人们意料的是，艾森豪威尔总统有一次答记者问，所说之话对尼克松相当不利，甚至使民意调查逐渐偏向肯尼迪。记者问："您能否讲一些您的副总统的贡献？"艾森豪威尔沉吟片刻，答道："我不大记得。假如你能给我一个礼拜，我可能会想出一些。"民主党抓住此话在电视广告上大做文章，广告的结尾说道："艾森豪威尔总统不记得，可选民们记得他没啥贡献。"

肯尼迪与尼克松的电视辩论于1960年9、10月在芝加哥、华盛顿、洛杉矶和纽约举行了4场。其中第3场肯尼迪在纽约、尼克松在洛杉矶，以"东西岸两地联机直播"方式进行，第4场两人都在纽约。除主持人外，每场辩论有4名记者担任提问人，辩论者讲完开场白后接受提问，每人答询时间受限，最后各作结辩之前，双方可互相质疑、驳斥。辩论内容涉及内外政策、国家安全、扩充军备、今后建设等许多方面。

9月26日晚在芝加哥哥伦比亚广播公司演播室举行的第一场辩论尤其引人瞩目。有些人听电台实况广播，只闻其声不见其人，都觉得尼克松讲得好。电视观众则认为肯尼迪表现出色，因为他回答问题时注视电视镜头，是直接向现场和电视机前的听众讲话，显得真诚实在，而尼克松的两眼总是左右环顾，朝着会场两边的记者们说话，似乎在回避观众视线。早在1950年，尼克松在加州竞选国会参议员时，曾狡黠地影射他的竞争对手海伦·道格拉斯支持共产党，因此得了外号"狡猾的迪克"（Tricky Dick）（Dick是Richard的昵称），而他不敢直视电视镜头的神态使人又想起他的绰号。

参选者的外貌、仪表显然对电视辩论的效果也有影响。肯尼迪和尼克松都谢绝了电视台为他们安排的高级化妆师，这对肯尼迪更好，因为他本来就很上镜头，加上连续几周都为竞选在户外活动，给太阳晒得红光满面，显得轻松潇洒。尼克松就不如他了，膝盖刚受伤，流感还没好，脸色苍白，又不修边幅，连胡子也不刮干净。他自己就说："我在上电视前30秒内剃须，还有胡子留着呢。"美国有个俚语，"5点钟阴影"（five o'clock shadow），说的是一般人都在早晨刮脸，到下午5点光景，长络腮胡子的人脸上的须茬颜色变深，出现一片"阴影"。尼克松这次辩论就是带着"5点钟阴影"去的，他的助手见后有点着急，叫他往脸上擦些剃须膏。谁知演播室内灯亮温度高，他一出汗，那剃须膏就化了，露出了汗湿的"阴影"。第二天《芝加哥日报》有条新闻的标题是："尼克松是不是被电视台化妆师恶搞了?"这次电视辩论后，"5点钟阴影"在美国成了热门俚语，许多政治家都引以为戒。

由于这第一次总统竞选电视辩论，此年的投票人数创下纪录。大选结果，肯尼迪以49.7%比49.5%的普选票、303张比269张选举人票险胜尼克松。不少人说，仅电视辩论就决定了他们的选择。

关于肯尼迪与尼克松的辩论，侧重研究美国总统的历史学家罗伯特·达勒克（Robert Dallek）写道：

两者差异甚显著：肯尼迪给人印象深刻，像一个打算处理国家最重大问题的领袖；尼克松给选民们的感觉是，他是一个想在对手身上捞到好处的人。

政治记者、历史学家西奥多·怀特（Theodore White）（即前驻中国重庆记者白修德）曾成功地报道多届美国总统竞选，关于电视辩论，他在获普利策奖的《总统的产生：1960》一书中写道：

辩论的最大好处是给予大民主的选民们一幅生动画像：两个处于重大压力下的人。让选民们根据直觉和情绪自行决定，他们究竟喜欢什么样的领导人，在压力之下领导人的行为应是哪种类型。……电视辩论所做的就是发扬人们实在的参与感，热衷于判别他们的领导人。

电视辩论后来也就成了美国政治风景线上的一个永久性特色，有助于初选和普选结果的产生，也导致政府与媒体、政治家与民众之间的新型关系。候选人在政治态度、个性上的差异，口才和辩才的高低，有无幽默感，在电视观众前都显现得一清二楚。尼克松后来觉得自己没有太重视这次辩论是一种失策，他在回忆录《六次危机》（*Six Crises*）中写道："电视辩论是一幅值得用成千上万字来描绘的图画。"

美国的这幅总统竞选"图画"确实丰富多彩，其中有选情突变，有政治丑闻，也有趣话流传。

1976 年的电视辩论在佐治亚州州长卡特与在职总统福特之间进行，两人同意就国内事务、外交政策及其他问题辩论 3 次。副总统候选人，民主党的沃尔特·蒙代尔（Walter Mondale）与共和党的鲍勃·多尔（Bob Dole）也分别举行。当时卡特知名度甚低，民意调查中他的支持率远低于福特，第一场国内事务辩论中，大多数人也认为是福特占上风。不料在第二场关于对外政策的辩论中，福特说溜嘴，犯了大错，居然说"苏联没有控制东欧，有福特政府在，苏联就永远不会控制东欧"，加上他毕竟是"水门丑闻"后的总统接班人，他的领先状况便顿时生变。卡特最后侥幸险胜，就职那天，以平民姿态从国会山步行进入白宫。

不过卡特后来没能连任，1980 年大选，他输给了里根。里根是演员出身，擅长表演，口才了得，善说笑话，电视辩论便成了他的用武之地，卡特则显得有点木讷呆板，许多观众很快就倾心于前好莱坞演员。里根在辩论中还留下了"名句"，当时他似乎非常和气地对卡特说："There you go again."——"你又走了。"意思是说"你又错了"，这句温和驳斥的话后来成了全国流行语。

里根有幸进入白宫，但其名誉后来似乎也因电视辩论而受损。据有关报道，他之所以能在与卡特的唇枪舌剑中言辞锋利、对答如流，是因为在辩论前他的助手帮他窃取到卡特的有关辩论的材料，这些装订材料是卡特的竞选班子为卡特准备的，多达上千页。里根利用这些材料与助手们像排戏一样反复演练，做到知己知彼、成竹在胸，所以一上场就慷慨陈词，谈笑风生。有人将此事件称为"辩论门"，是类似"水门事件"的丑闻。

1983 年，《时代》杂志记者劳伦斯·巴雷特（Laurence Barrett）首次披露这个"辩论门"。他在那年出版的《与历史赌博：里根在白宫》（*Gambling With History：Reagan in the White House*）一书中，揭露里根竞选班子窃取卡特竞选资料的事情，舆论为之哗然。但里根总统声明说："我从未见过那些材料，也没有人向我提供过任何材料。"卡特则公开说明，3 年前他的竞选材料确实被人偷走。民主党自然强烈要求调查此案，国会于是不得不成立调查小组，后来联邦调查局也介入调查。

此案十分复杂，被调查者众口一辞。里根竞选班子有个成员宣誓说，他从另一个成员威廉·凯西那里得到卡特的材料，可此时已是里根手下中央情报局局长的凯西矢口否认。斯坦福大学胡佛研究所发现被里根助手窃走的材料，内附有一名助手写的纸条，上面写着："这份备忘录是根据卡特辩论班子一次献策会的记录整理而成，得自一个与卡特竞选班子有秘密联系的人。"国会调查小组赶到斯坦福，要求查阅原始文件，白宫却下令加以阻挠。调查发现有一份关于大选前一周卡特行程的材料，上面写着："来自白宫鼹鼠的报告"，所谓"鼹鼠"即指"长期潜伏的间谍"，可《美国新闻与世界报道》报道说，这份材料是某个为卡特工作的人主动交给里根竞选班子的。

时至 1984 年，不论联邦调查局还是国会调查小组都无法断定，卡特的竞选材料究竟是谁通过何种渠道送到里根竞选班子的，此案就这样有头无尾，不了了之。

除了"辩论门"，民主、共和两党总统和副总统候选人还留下不少互相讽刺挖苦的趣话，成为人们茶余饭后的谈资。

1988 年副总统辩论时，国会共和党参议员丹·奎尔（Dan Quayle）说，他与肯尼迪有相似之处，其对手、国会民主党参议员劳埃德·本特森（Lloyd Bentsen）说："参议员，我和杰克（按：约翰的昵称）·肯尼迪一起工作过，我了解杰克·肯尼迪，他曾是我朋友。参议员，你可不是杰克·肯尼迪啊。"

1992 年，副总统奎尔反过来抨击竞选总统的阿肯色州州长克林顿，因克林顿把自己只当过州长的情形与里根相比，奎尔说："比尔·克林顿，你可不是罗纳德·里根啊。"里根总统则套用本特森的话，讽刺克林顿用"杰弗逊"作自己的中名，他说："他们提名的那个家伙自称是新的托马斯·杰弗逊。我了解托马斯·杰弗逊，他曾是我的朋友。州长，你可不是托马斯·杰弗逊啊。"

候选人们在电视荧幕上争论、辩驳，而在荧幕背后，实际上还有人们意想不到的论争、申辩：究竟由谁来赞助、负责总统竞选电视辩论？对此问题，有关团体已经辩论了 20 多年之久。

此项竞选活动，在 20 世纪七八十年代由超党派组织妇女选民联盟（LWV）赞助，可到了 1987 年，该组织突然宣布退出这项活动，并向媒体发表声明说：

妇女选民联盟决定撤销资助总统竞选辩论，因为那两个竞选组织（按：指共和党与民主党）在欺骗美国选民。如今我们一目了然，候选人们的组织的目的是在竞选单子上塞进他们自己的私货，却回避实质问题、坦诚态度和对严肃问题的答案。本联盟无意成为那些欺瞒美国公众的东西的附属品。

经过持久争辩，共和党与民主党后来达成协议，两党联合组成"总统竞选辩论委员会"，共同导演这出要永远演下去的重头戏。

大选也是金钱的较量

1896年大选，共和党人威廉·麦金莱与民主党人威廉·布莱恩（William Bryan）竞选美国总统。布莱恩是个来自伊利诺伊州农业带的平民主义者，出色的演说家，在这年民主党代表大会上辩论政纲时发表著名的"金十字架演说"（the Cross of Gold speech），在说到"劳工大众正被钉死在金十字架上"这句话时，获得满堂彩声。麦金莱与之相比，不过是个平庸凡才，但最后还是他获胜当选，其主要原因就是他背后有大实业家马克·汉纳(Mark Hanna)为他撑腰。

汉纳因协助其岳父经营煤铁矿公司而发财致富，后成为俄亥俄州共和党党魁，善于筹款和组织竞选。他用自己的大笔钱，又用从其他大公司筹来的大笔捐款，通过散发广告、登报宣传、开会鼓吹等方式支持麦金莱，让他先当上俄州州长，然后为他铺平通往白宫之路，尽管他任期未满就遇刺身亡，但他毕竟在总统宝座上坐了将近4年，汉纳因终于有自己的心腹、代理人占据白宫而踌躇满志。

麦金莱当时所花的竞选经费是布莱恩的10倍，难怪汉纳留下了一句名言："在政治中有两件重要东西。第一件是金钱，至于第二件东西，我不记得了。"

大财主、大公司及其形成的特权阶层为影响大选而向竞选人捐款，对这种现象，美国的开国元勋们早有所警觉。第3任美国总统杰弗逊早就表示希望：应该遏制我们的拥有金钱的公司特权阶层的诞生，它们已经敢于向我们政府挑战，企图来一番力的较量，违抗我们国家的法律。

然而，杰弗逊的希望并不能轻易实现，19世纪末有鼓吹"政治即金钱""金钱即言论"的汉纳之流，20、21世纪又有新的汉纳，时至今日也没有断过，而且企业越来越多，公司越来越大，财大气粗，慷慨捐款，对竞选的影响就更大。另外，美国工会的力量也不能小看，工会组织善于争取职工捐款，积极开展各种活动，努力取得理想的选举成果。于是，"政治资金"问题，"竞选捐款"问题，都成了重要的社会议题，尤其在大选年，有更多人关注、议论。

政治捐款对竞选作用巨大，竞选其实也是金钱的较量。2016年大选中，在此年4月前，参选人分别获得的捐款数额为：民主党希拉里，16000万美元；桑德斯，14000万；共和党特朗普，3400多万；克鲁兹，6600多万。对竞选捐款，民主党与共和党各有忧虑。富人一般都支持共和党，所以民主党怕的是"肥猫"（fat cats），也即那些富裕的重要捐款人，也包括具有经济实力和政治影响力的媒体。共和党则害怕大大小小的工会，它们一般都支持民主党，拥有为竞选筹措的专款，这种专款甚至被称为"战争基金"（war chests），可见颇有威力。

该不该限制以及怎样限制竞选捐款？有关法律的不断制定和修正可以反映出这个问题源远流长而又难以定夺：1907年蒂尔曼法，禁止公司和国家银行为联邦竞选捐款；1925年联邦反腐败行为法，对竞选捐款和竞选经费均加以限制；1939年哈奇法案与1940年修正案，禁止官员贿赂或威胁选民，禁止政府雇员给竞选人捐款；1971年联邦竞选法，禁止公司和工会为竞选捐款，后又有1974年、1976年、1979年3个修正案，进一步限制竞选捐款和竞选经费。1974年成立联邦选举委员会，以加强贯彻联邦竞选法，并对个人捐款数额作出限制，即不能超过1000美元。2002年又有修正1971年联邦竞选法的两党竞选改革法（BCRA）的问世。

回顾历史，人们不得不感慨，一百多年来，一直在努力控制竞选捐款，却一直没有多大成效，相反，竞选捐款的名堂却越来越多。法律归法律，大公司也好，工会也好，总有法子钻法律的漏洞，想方设法给他们看中的候选人多送钱。不能以公司或工会的名义捐款？好，那就另搞组织。如今在美国有个家喻户晓的"政治行动委员会"（PAC），顾名思义你都猜不透这是一个什么样的组织，要搞什么样的政治行动。实际上，它们是由各公司、企业、工会、协会和社团分别成立的组织，通过筹款和捐款来支持分别代表其利益的总统、参议员和众议员候选人。根据法律，这些组织向每个候选人提供的捐款不能超过

5000 美元，但他们可以用雇帮手、召集会、拍影视、做广告等方式帮助候选人，而这些方式所花的经费是不受限制的。2010 年以来，甚至还不断出现"超级政治行动委员会"（Super PACs），也即由亿万富翁组成、讲究意识形态、能给候选人捐巨款的小组。2016 大选年，据 2260 个超级政治行动委员会于此年 4 月之前的报告，这些组织所筹捐款共达 61300 多万美元。

除了 PAC 捐款外，还有所谓"软钱"，也即不受联邦选举委员会控制的竞选捐款，其中由全国性政党（民主党和共和党）拨给州和地方党用于竞选的专款，通常超过法律限额，也未向选举委员会报告，州和地方党通过各种方式用此款支持联邦政府候选人。由于这种钱不同于直接交给候选者本人的"硬钱"，所以叫作"软钱"，对此非议的人，则称之为"阴沟钱"（sewer money）。

1988 年，《纽约时报》有一篇题为《软钱？不，阴沟钱》的文章，头一句话就是："首先，让我们不再称之为'软钱'。"那年共和党在任副总统老布什与马萨诸塞州前民主党州长迈克尔·杜卡斯基（Michael Dukakis）竞选总统，两人都从"肥猫"捐款人那里获得大宗金钱。如芝加哥商业交易所设晚宴为布什筹集了 110 万美元，迈阿密的筹款点多拉尔饭店给杜卡斯基提供了 100 万美元捐款。选举日前，两个候选人各得高达 5000 万美元的"阴沟钱"。

《纽约时报》的文章指出，"阴沟钱"有如洪水般涌进布什与杜卡斯基的竞选活动，完全违反限制竞选捐款的法律，联邦选举委员会却对这种"臭气"不闻不问，使总统竞选所需要的诚信、守法精神遭到破坏。

在美国，因竞选捐款问题引起的诉讼案屡见不鲜，官司打来打去，法院的裁决有时对，有时片面，舆论的纷争也就不绝于耳。最引人注目的案子应是 2009 年的"公民联盟诉联邦选举委员会"（Citizens United v. Federal Election Commission）。此案由政治纪录片《希拉里电影》（Hillary：The Movie）引起。2008 年，希拉里·克林顿与巴拉克·奥巴马竞选民主党总统候选人提名，保守的游说组织公民联盟决定放映这部批评希拉里的影片，并在电视上做了广告。联邦选举委员会及时指出，公民联盟这样做违反 2002 年两党竞选改革法，因为该法标明广播、有线电视、卫星电视都属"竞选通信工具"，并规定在初选前 30 天内、普选前 60 天内不能通过这些通信工具提及候选人，同时禁止公司和工会提供这方面的经费。

公民联盟先把状告到华盛顿地区法院，要求该法院宣布，不论限制公司和工会的竞选经费，或禁止播映《希拉里电影》，都是违反宪法的。地区法院支持联邦选举委员会的意见，拒绝公民联盟的要求，公民联盟便又把状告到联邦最高法院，这时已是 2009 年，奥巴马总统已经上任。

9 名大法官是什么态度？明显分成两派，难以仲裁，旷日持久，3 月份辩论了一次，半年后又辩论一次，直至 2010 年初才作出裁决。以安东尼·肯尼迪（Anthony Kennedy）为代表的一派认为，两党竞选改革法禁止公司和工会提供竞选经费违反宪法，也即违反保护言论自由的宪法修正案第一条；以约翰·史蒂文斯（John Stevens）为代表的另一派则持相反态度。由于前一派有 5 人，后一派是 4 人，最高法院最后裁决公民联盟胜诉，也即通过资助用广告方式（包括电视）批评候选人是合法的，并宣布取消对公司和工会竞选捐款的限制。公民联盟得意地宣称："今天美国最高法院的裁决允许公民联盟播映纪录影片和广告是一次重大胜利，不仅是公民联盟的胜利，也是每一个渴望参与政治进程的美国人的胜利。"

最高法院这一裁决有如一阵大风，引起轩然大波，反对声浪来自四面八方。

由美国广播公司和《华盛顿邮报》联合举行的民意调查说明，80% 被调查者反对这个裁决。

《纽约时报》发表社论说："最高法院赐予说客一种新的武器。游说者现在可以对所有当选官员说：你今后在决策投票时要格外小心，假如你投错了票，我的公司、工会和利益集团将会花掉没有限制的经费，直言不讳地反对你竞选连任。"

《基督教科学箴言报》讽刺说："最高法院公开声称，公司竞选经费不会腐蚀当选官员，对立法者的影响不是腐败，所出现的影响不会伤害公众对我们的民主制度的信赖。"

奥巴马总统在首次国情咨文演说（2010 年）中公开抨击最高法院的裁决，他说："最高法院把整整一个世纪的法律都倒置了，为特殊利益集团打开防洪闸，让他们在选举中无限制花钱。"听到这些话，首席大法官约翰·罗伯茨（John Roberts）一脸不悦，陪审法官塞缪尔·阿里托（Samuel Alito）连连摇头，坐在大法官们后面的民主党参议员们则站起来为奥巴马的话大声鼓掌喝彩。

从州府到白宫

美国每个州都有别称，阿肯色州（Arkansas）的别称之一是"机会之乡"。对比尔·克林顿这个生在阿肯色霍普（Hope）（"希望"）的人来说，这个美国中南部的小州确实是个充满希望和机会的地方。

尚在孩提时，他母亲就对他说，有一天他会当美国总统。17岁那年，他作为美国军团男学生会的阿肯色代表到华盛顿参加集会，在白宫玫瑰园见到肯尼迪，并有幸与这位他心目中的偶像握手、合影，正是这次与肯尼迪见面使他立志从政，先当州长，后当美国总统，而1963年7月的这幅照片后来成了肯尼迪的60年代与克林顿的90年代相连贯的象征。他勤奋学习，先后在华盛顿乔治城大学、伦敦牛津大学、新港耶鲁大学深造，在耶鲁法学院结识未来的妻子希拉里·罗德姆（Hillary Rodham）。后来他当过律师，也曾执教于阿肯色大学。1976年当选阿肯色州司法部长，终于走上仕途。

他身上有平民气质，立志当州长和总统后，更注意培养自己的亲和力，做到谦恭谨慎，平易近人，当官不摆官僚架势。他喜欢接触人，与人说话，爱跟人握手，即使对方是普通人，握手时也热情注视对方，发出会心微笑。他还爱用索引卡，随时记下他所遇见的人的名字。

1978年，32岁的克林顿当选阿肯色州州长，是美国最年轻的州长。两年后竞选连任受挫，但从中汲取了教训：一是"如果你输了，可你没有出局"，也即当别人以为你已完败时，你绝不放弃；二是政治上改变"我的路或高速公路"（my way or the highway），也即"要么听我的，要不就请走人"的态度，而采取"三角"态度，也即能容纳、团结左、中、右各派人士。

1982 年他再度当选州长，1986 年、1990 年获得连任。也正是以其明智的政治态度，1992 年获民主党总统候选人提名，击败共和党在职总统老布什和独立候选人罗斯·佩罗（Ross Perot），当选总统，艾尔·戈尔（Al Gore）当选副总统。

1993 年初，克林顿离开小石城，从阿肯色州府直接进了白宫。1996 年又击败共和党总统候选人鲍勃·多尔（Bob Dole），获得连任。

在当代美国，当过州长的总统远远不止克林顿一人。卡特、小布什也如克林顿，从州长官邸直接步入白宫，前者自 1971 年至 1975 年任佐治亚州州长，后者自 1995 年至 2000 年任得克萨斯州州长。里根曾任两届加利福尼亚州州长（1967—1975），1981 年当选总统，时年 70 岁，是美国历史上年纪最大的总统。

在 20 世纪 30 年代及之前直至 19 世纪初，有 13 名总统都当过州长：杰弗逊、门罗、范布伦、约翰·泰勒、波尔克、海斯、安德鲁·约翰逊、克利夫兰、麦金莱、老罗斯福、威尔逊、柯立芝和小罗斯福。杰弗逊是第一个赢得白宫的州长，这位弗吉尼亚州州长于 1800 年当选总统。

从华盛顿到奥巴马，美国共有 43 名总统，而当过州长的总统共有 17 名，也即占 40%。再看副总统，从亚当斯到拜登，共有 47 名，其中有 15 名，也即 32% 是由州长跃升，而这 15 名中后来又有 6 名当上总统。2012 年大选，有 6 名共和党在职州长或前州长参选，想有机会与在职总统奥巴马竞选，最后获提名的是马萨诸塞州州长罗姆尼。2016 年大选人数更可观，一开始有 10 名共和党在职州长或前州长、2 名民主党前州长参选，那 10 名共和党参选人一站在辩论台上，有人不禁疑惑是要开"州长大会"。

如果说有些军队将领因战功赫赫入主白宫，却因缺少执政经验而政绩平平，那么，由州长升任的总统却往往因有地方的执政经验而在华盛顿取得显赫业绩。实际上，各州政府几乎每天都要为一些重要事务与联邦政府合作，州长们一般都了解全国性的法律、中央政府的各种政策，熟悉全国性的事务，如老人医疗保险计划经费，联邦高速公路修建计划，内政部采矿法规，陆军工程兵团建筑项目，联邦紧急救济署的救灾援助工作，等等。对富有政治才华的州长而言，总统职务其实就是州长事务的扩大，也许除外交事务外，其他方面他们都不是一窍不通的生手。

老罗斯福在当副总统之前当过两年纽约州州长，其政绩包括改善劳工法、宣布在公立学校实行种族隔离为非法，所提出的修建公园、保护森林方面的计划尤其引人注目。他当总统后也就必然会大力倡导和推动自然资源保护运动，曾先后召开全国州长会议和全国自然资源保护大会，宣布"保护自然资源是国家的职责"，尤其重视保护森林，专设森林管理署，建立森林保留地、森林公园。他在任期间共建了 5 个国家公园，这一措施后来得到继承，如今全国有 58 个大型的国家公园。他因此被誉为"保护自然资源总统"（the conservationist president）。

小罗斯福当了 4 年纽约州州长，取得相当丰富的执政经验。1929 年华尔街股市崩溃，大批投资者倾家荡产，他建立了全国第一个州政府救援组织帮助解困，据此经验，他在当总统时设立联邦紧急救济署，以解决经济大萧条带来的困局。他在州长职位上深化了一个观念：要摆脱经济危机，政府应使用更多的权力，采取更多的措施，而不是像胡佛总统那样放任不管，以为"经济会自然恢复"。他在华盛顿正是充分利用政府权力实行"新政"，把国家带出战争和萧条的浓重阴影。

当了 12 年州长的克林顿也是当代总统中的佼佼者。在白宫的 8 年间，在这个由工业经济转入的信息时代，他尽量减少政府对经济的干涉，进一步发挥市场在国民经济中的作用，使财政赤字逐渐减少，通货膨胀率和失业率显著降低，全国服务工作、社会福利方面均有所改善，因而在政治上获得普遍赞赏。

有人说，克林顿是一个天生的"wonk"。此词有两个意思："刻苦用功的学生"和"政策专家"，而他确实曾是一个勤勉的学子，从政之后则是一个重视行动准则的政治家。州长职务给了他制定和推行政策的丰富经验，他在联邦政府的工作中因此能驾轻就熟，取得显著成效。新泽西州拉特格斯大学历史教授、尼克松和柯立芝总统的传记作者大卫·格林伯格（David Greenberg）说："比尔·克林顿也许是美国历史上在政府政策方面知识最丰富的总统，或至少是这样的总统中的一个。在州这一级政府内的工作，使他能掌握多方面有助益于他的政策。他认识到实用主义的重要性，能利用信息优势，为后工业时代倡导新型自由主义，具有对付其政治对手的强大能力。"

在职总统往往会在政务上与国会发生矛盾，出现对峙、僵持局面，但克林顿执政期间，即使在国会被共和党控制时，他也在许多方面与国会合作成功，皆大欢喜。不过也有一大失败，即由希拉里·克林顿主持制定的旨在使大多数美国人享有医疗保险的健康保护计划未能被国会通过，第一夫人固然用心良苦，可她在阿肯色州未经公众讨论就成功实施其计划的经验，在华盛顿并不适合。

当州长的人一般都能学会如何与立法机构合作，克林顿是这样，里根更是如此，有人甚至说，里根是州长与州议会合作成功的"最突出的典型"，而且他把这种合作态度带到了华盛顿。20世纪70年代加利福尼亚州众议院的先后两名议长都是民主党"政治巨人"，甚难对付，可共和党州长里根的政治才能使他把"柠檬"变成"柠檬汽水"，也即把坏事变为好事。后来20世纪80年代在华盛顿，他也就能对付国会众议院议长、民主党人托马斯·奥尼尔（Thomas O'Neill），此人曾激烈反对里根政府的许多政策和法案。

不论当州长或总统，里根在提出一些保守方案时，往往也表示他可能会妥协，愿与立法议员们仔细商谈。在加州，有一次他提出一个大砍福利的改革方案，就与众议院议长研讨、辩论了17个昼夜，一行一行字地修改，一个一个统计数字地核实。有时他因感到沮丧而发火，但还是坚持工作，常不顾疲惫，忙到深夜。那位民主党议长后来十分尊敬里根，称他既坚持原则，又能在细节上持灵活态度。

里根对人和蔼、殷勤，擅长与合作者作私下谈判，尽管双方在政治观念上可能迥然不同。有一名熟悉里根的记者说，他当州长时常与州议会打交道，这为他当总统在两方面做好了准备：一是他熟悉对立的立法机构如何对首席行政官的提案作出反应；二是他可以与立场对立的领导人建立私人关系，这对他政治上的腾达具有至关重要的作用。

作为共和党强有力的"右翼宠儿""右派北极星"，政治上极端保守的里根之所以能当选总统，主要是由于20世纪80年代美国保守思潮与势力的兴起。他的个性风度，谈吐幽默，善于演讲，也让许多选民产生好感，而他当州长的政治经验显然也是一个重要因素。

美国政治学者在讨论"白宫里的州长：他们当总统好在哪里？"这一问题时，

至少总结出如下几点：

当州长给予你处理政治问题的经验；

当州长教你如何与立法机构合作；

当州长迫使你采用务实的、不求浮华的政治手段；

当州长把你放在行政位置，帮助你组织一个由经过考验的最佳助手组成的团队；

当州长也给你提供一个犯错误的地方。

总统们的"新扫帚"

英语中有句俗话说："A new broom sweeps clean"，字面意思是"新扫帚大扫除扫个干净"，牛津词典则解释说："新任重要职务的人往往渴望进行重大而深入的改革。"这一解释使笔者觉得，中国俗语"新官上任三把火"也适用于历任美国总统，在他们上任伊始，不论用扫帚还是用火，都是一个目的，都要除旧布新，立功稳位。

美国总统一进白宫就会立马考虑国内外政策，急着要与其内阁讨论提出什么样的"计划"，与国务卿商量实施什么样的"主义"。就拿 20 世纪初以来的总统来说，老罗斯福提出了"大棒政策"和"公正施政"，威尔逊宣布他的"新自由"纲领和"十四点计划"，小罗斯福认真实施"新政"，杜鲁门有他的"公平施政"和"杜鲁门主义"，肯尼迪提出了"新边疆"口号，约翰逊要建一个"伟大社会"，里根有其"革命"和"经济学"，克林顿和奥巴马也都有其"主义"。

回顾历史，你会发现这些总统所用的"新扫帚"，有的效果很好，真是洒扫庭除，环境变得干净多了；有的则东扫一把，西扫一把，结果半途而废，把"扫帚"扔在一旁，去干别的事了。有的总统因有胆识、魄力，敢于冲破障碍，大力实施其施政方案，效益显著，社会面貌焕然一新；有的总统则言不由衷，或朝令夕改，声称要当"教育总统"，结果成了"战争总统"，给自己国家和别的国家带来深重灾难。

美国历史以开拓"边疆"著称，其领土逐渐往密西西比河以西的"西大荒"扩张，整个国家由起初的东海岸扩展到西海岸，这个过程中有大篷马车的闯荡精神，也有暴力、征服，有印第安人的眼泪，有别国的妥协，也在这个过程中设州、建城、立法、建序，开辟市场，发展文化。历史学家弗雷德里克·特纳（Frederick Turner）在其"边疆论著"中指出，开拓边疆是一个把欧洲人变为新人——美国人的过程，美国人的价值准则集中于平等、民主和乐观主义，同时也重视个人主义和独立自主。

肯尼迪明智地重提"边疆"精神，在 1960 年接受民主党总统候选人提名时发表演讲说：

今天我们正站在一个新边疆——20 世纪 60 年代边疆的边界上，一个不知其机遇和艰险的边疆，一个希望尚未实现、乐趣尚未享受的边疆。在此边疆上，有尚未探索的科学和太空领域，尚未解决的战争与和平问题，尚未克服的无知和偏见问题，尚未有答案的关于贫穷和过剩的问题。

他在 1961 年 1 月 20 日就职演说中留下了如何发扬边疆精神的名言：

不要问你的国家能为你做什么，而要问你自己能为国家做什么。

肯尼迪希望 20 世纪的美国人像 19 世纪的美国人一样敢于迎接新的挑战，于是把他的政府政策定为"新边疆"（the New Frontier）。该政策有许多重要目标，其中包括探索宇宙空间，加强科学教育，扩大民权保护，实行赋税改革，增加社会福利，改善老人医疗照顾，重视环境保护等。在他执政期间，国会通过的法律包括增加失业救济金，援助各城市改善住房建筑和交通运输，继续给艾森豪威尔当政时期开始的全国高速公路建造工程拨款，保护全国河流不受污染，增加农民收入。在反对贫穷方面，重要立法有增加社会安全福利、提高最低工资、建造低价住房、支援灾区和经济贫困地区。在社会安全福利方面的立法有修建医院，增加图书馆服务，向低收入美国人提供食品票，给学校增加牛奶和午餐经费，并规定最早退休年龄为 62 岁。国会还通过一项最全面的农场法，在农村供电、保护水土、农作物保险、农场信贷、市场秩序等方面作出一系列规定。

有趣的是，人们以为国会对肯尼迪不感兴趣，漠视他的提案，实际情况却相反。据统计，国会每年通过的总统提案比例都很高：1961 年 53 项通过 33 项，1962 年 54 项通过 40 项，1963 年 58 项通过 35 项，为富兰克林·罗斯福总统第一任期以来通过比例最高者。可惜肯尼迪遇刺早逝，否则他的"新边疆"会有更大成效。

继任肯尼迪的约翰逊继承他的"新边疆"精神，于 1965 年国情咨文中提出"伟大社会"（the Great Society）施政纲领，其总目标是在美国建立一个"向所有人提供富裕生活和自由""消灭贫困和种族不平等"的"伟大社会"，具体目标包括防止水和空气污染、扩大教育机会、增加社会福利、减少贫困和疾病等。1964 年，他又宣布"向贫穷开战"（The War on Poverty）这一政府行动计划，要使近 3500 万美国穷人摆脱贫困状态。同年，他还签署了由肯尼迪提出、国会通过的民权法，该法规定取缔在使用公共招待性设施、公共设备（如电影院、厕所、餐馆等）方面的种族隔离政策，禁止在就业、教育和选举方面的种族歧视。

然而，由于越南战争，约翰逊根本不可能完全实现其"伟大社会"目标，他实施其计划所取得的政绩也迅即为其越南战争政策造成的后果所掩盖。他于 1965 年下令轰炸北越，后不断向南越增派部队，1969 年增至近 55 万，由于战争消耗越来越多的联邦预算，改革计划和拨款数额不断缩减，而在这期间国内反战运动和黑人民权运动声势浩大，整个社会处于美国历史上罕有的严重动荡时期，所以，正如一名民主党人所说："除象征性姿态外，'伟大社会'已名存实亡。"也有人说，越南战争后来是结束了，而"向穷困开战"是一场没有结束的战争。

里根则到了 1987 年也未忘讽刺一下约翰逊的"宏愿"，有一天，在穿过白宫草坪去乘直升机的路上，他对跟随在身边的记者说："60 年代我们有反贫困之战，可结果是贫困赢了。"

如果说"伟大社会"曾是一把"新扫帚"，那么在里根眼里早已成了一把"破扫帚"，这个共和党总统必然会拿出自己的"新扫帚"，并且不止一把。他要干"里根革命"（the Reagan Revolution），要实施"里根经济学"（Reaganomics），对外则实行"里根主义"（the Reagan Doctrine）。

依据供给学派经济学，里根政府削减原旨在解决社会问题的联邦计划，也即削减政府预算，减少社会福利支出，而着眼于通过减税来刺激生产和投资，而所谓减税主要是尽可能大幅度减低高收入者和大企业的所得税税率，同时大幅度减少为贫民阶层和中产阶级提供的福利，所以有人称其经济政策为"劫贫济富"。

1980年老布什与里根竞争共和党总统候选人提名时，曾称里根既要减税、又要增加军费开支的经济政策为"巫毒经济"（voodoo economics）。"voodoo"即"伏都教"，流行于西印度群岛黑人之中，其宗教仪式和活动包括巫术和魔法。老布什后来否认自己用过此词语，全国广播公司（NBC）便播映一段录像带证明他确实说过此话，他也没有想到里根最后还选他当竞选伙伴，结果当上了副总统。里根革命及其经济学实施的结果是造成巨额财政赤字和40年内最高的失业率。

至于"里根主义"，其核心是遏制苏联扩张主义，防止苏联渗透，综合运用军事、外交、经济和宣传等各种手段，将苏联的影响遏制在苏联国境内，并从军事上支持第三世界国家（如阿富汗、安哥拉、柬埔寨和尼加拉瓜）中反对左派政权的游击战活动。里根执政期间，大力加强军备，对苏联采取强硬态度，称之为"邪恶帝国"（the Evil Empire），1983年提出所谓"战略防御倡议"的"星球大战"（Star Wars）计划，同年入侵格林纳达。1991年底，苏联解体，美苏之间的长期冷战终于停顿。

里根在外交上的强硬政策似是老罗斯福"大棒政策"（the Big Stick）的延续。老罗斯福喜欢西非谚语"说话温柔，大棒在手"，他敦促国会加紧建立起来的新海军就是他的"大棒"。他声称美国有权维持拉丁美洲的秩序，1903年下令出动海军舰队支持巴拿马脱离哥伦比亚宣布独立，以取得巴拿马运河开凿权。1907年他派出"白色大舰队"（the Great White Fleet），即一支由16艘战列舰和4艘驱逐舰组成的舰队巡航世界，历时14个月，停靠澳、亚、欧洲国家许多港口，向全世界显示其海军实力，大舰队返回出发地弗吉尼亚州汉普顿锚地时，他亲自检阅舰队。尽管他对外实行扩张主义政策，1905年却由于调解日俄战争有功而获诺贝尔和平奖。

应该说，在国内社会改革方面，老罗斯福与小罗斯福一样，旗帜鲜明，果断坚定，破除万难，成效可观。他们的"新扫帚"，前者是"公平施政"（the Square Deal），后者是"新政"（the New Deal），尽管对这些社会改革至今尚有争议，比较客观的历史学家却都能以比较肯定的态度将之写入史册。

贯穿老罗斯福整个执政时期的信条就是"公平施政"，也即在他的政策下，每一个公民都应得到公平的待遇。

由于工业革命迅速发展，工人队伍扩大，工会组织增加，资方管理问题也增多，劳资关系经常出现紧张状态。老罗斯福对此没有视而不见、听而不闻，而是密切关注，并以公正态度亲自去解决重大事件。他不像先前的政府那样一味"亲企业"，偏袒大公司，为大老板们撑腰，而是公平合理地去解决问题。为此，富裕阶层和保守势力对他猛烈抨击，骂他是"托拉斯炸弹"，广大民众却对他啧啧称赞，昵称他"泰迪"。在那些矿主看来，老罗斯福是"霸主"，但在公众眼里，他很公正。

老罗斯福自己这样表示："我在劳工问题上采取的行动，应当时时与我对资本家采取的行动联系起来考虑，而这两者都可概括为我所喜爱的一个公式：对每个人都实行公平施政。"

他还说："那些最富有者的愚蠢，他们的贪婪和傲慢，以及企业和政治中的腐败，已经趋向于在公众心目中造成一种极明显的激动和愤怒状态。"

他谴责那些"贪婪而傲慢"且"不诚实"的公司老板和企业主。他曾警告说："国家将不会容忍那些在我国全体人民的工业生活、因而也是社会生活中拥有巨大权力的巨富们完全无法无天。我们努力奋斗，以求为使国家兴旺发达的正义事业而斗争的人们把贪婪、欺骗和奸诈踩在脚下的日子早一点到来。"

任满两届总统退休后，老罗斯福曾总结其"公平施政"的体会。他说：

在每一个为改善人类生活的明智斗争中，重要目标之一，甚或唯一的目标，就是要在很大程度上达到机会均等。在为实现这个伟大目标的斗争中，国家从愚昧野蛮状态走向开化文明，在此过程中人们努力从一个启蒙阶段迈向另一个启蒙阶段。进步的主要因素之一是消灭特权。任何为正当自由所进行的斗争，其本质永远，或应该永远是取消一个人或一个阶级不是通过服务于他的或他们的同胞而得到的享受权力、财富、地位和豁免的权利。

老罗斯福这一系列言论，即使掷于 21 世纪的美国，掷于纽约华尔街，也依然铮铮有声。

小罗斯福用"新政"这把"新扫帚"花了更大的劲儿，因为反对他大扫除的一方人多势众，并不懈地用攻击、谩骂方式来阻挠他打扫。

他于 1933 年美国经济大萧条最严重关头出任总统，意识到自己是临危受命，身负重任。

他让自己先镇定下来，并在就职演说中希望全国人民镇定自若，指出"我们唯一不得不感到恐惧者就是恐惧本身"（the only thing we have to fear is fear itself）。在实施"新政"的最初阶段，他敦促国会通过 15 项旨在调整和恢复经济的重要法案，建立不少新的政府机构以加强金融、工农业生产管理。历史学家将这一阶段称为"百日新政"（the Hundred Days），有意无意地带有讽刺意味，因为拿破仑的"百日王朝"也是 100 天。

然后是第二次"新政"，根据 1935 年《社会安全法》建立"社会安全制度"（the Social Security System），小罗斯福说，他要的是"一个使每个公民从摇篮到坟墓的生活都安全有保障的法案"。为这个社会安全制度，政府每月要向因退休、失业、伤残或亲属死亡而无工资收入的人提供社会保险金，并向老人和残障者提供医疗保险，政府此项开支来自全国纳税人所交的社会安全税。

关于"新政"，小罗斯福曾通过竞选演说、国情咨文、"炉边谈话"（the fireside chat）发表许多言论，让人们知道他想做什么，为何要做，又如何去做。他宣布，他要"把重点放在为下层人民的利益实行大规模的政府干预"，因为无论从人道主义考虑，或从维持自己政权考虑，都有不顾企业界反对，大力实行社会改革以改善广大民众政治经济处境的必要。

他说："政府必须保护公众的利益，必须帮助经济金字塔底层被遗忘的人"，金融界和工业界的头面人物"必须在必要时牺牲这种或那种个人利益，不要因为不负责任和贪婪而使众多的人陷于饥饿和贫困"。

他又说："尽管我们做了努力，但我们还没有清除享有过多特权的人，也没有有效地提高无特权者的地位。这两种不公平现象阻滞了幸福的实现。"

在总结"新政"经验时，他说："我们国家在打一场伟大而成功的战争。这不仅是一种反对匮乏、贫穷与经济不景气的战争，而且更是一种争取民主政治生存的战争。我们正为挽救一种伟大而珍贵的政府形式而战，既是为我们自己，也为全世界。"

他所得到的回应是从右从左铺天盖地而来的抨击、咒骂。

前总统胡佛自己对经济大萧条束手无策，却攻击"新政"是"极权主义""法西斯主义"。工商界人士说"新政"是"潜滋暗长的社会主义"。

有个基督教牧师说"新政"是一场"犹太人的共产主义闹剧"。

反"新政"组织"美国自由同盟"谴责小罗斯福是"独裁者"，栽诬拥护"新政"者是"亲共产党分子"。还有人对小罗斯福厌恶到了不愿提其名字的程度，轻蔑地称他为"那人"（That Man）。

然而，"新政"也得到很多人的肯定、赞赏。北卡罗来纳州大学历史教授威廉·洛克藤堡（William Leuchtenburg）在其《富兰克林·罗斯福与新政1932—1940》一书中指出，"新政"不仅大大发挥了国家的作用，还"运用政府的权力，既管制企业界，又支持成立工会，给上了年纪的人发养老金，救助残障者，救济贫苦人，向被遗忘的人们伸出救援之手"，这种援助"不是作为施舍，而是作为政府职责，负起了保证每个美国人的最低生活水准的责任，以实现一种更公正的社会"。

2002 年初，前总统克林顿在《时代》杂志上发表文章纪念富兰克林·罗斯福。他回忆小时候常听他祖父讲故事，他祖父是一个只上过 6 年级的自耕农，经济大萧条时期靠卖冰块糊口，但通过听富兰克林·罗斯福的"炉边谈话"，相信这位总统了解他的生活状况，并正在操心怎样改善穷人的生活。

克林顿写道："在我当总统时，在另一个变化和不稳定的时代，我常常在罗斯福厅里仰望 FDR（按：罗斯福全名的缩略）的肖像，想起我祖父的故事。"

他还写道：

经济大萧条给了 FDR 机会，让他使用政府的权力来完成他远房堂叔的未竟事业：建立一个名副其实的中产阶级，帮助穷人逐渐进入这个阶层，给美国人以年老时的安全保障。作为我们最伟大的总统之一，他在第二次世界大战中的领导作用，他为联合国制定的计划，他为美国在世界舞台上所起的永久作用，凝成了厚重的遗产。

从两位罗斯福的政绩来看，他们不仅只在上任之初挥挥"新扫帚"，或点上"三把火"，而且一开始就看清国内外形势和社会问题，从而确定自己的政治改革目标，并锲而不舍地去实现这个目标。不管路途上有多少艰难险阻，他们也一定要扫除障碍，要焚毁渣滓，让社会变得纯净、美观，让人民生活得平等、幸福。老、小罗斯福至今在美国人心目中仍是两位伟大的总统。

有权而又无权的总统

　　美国总统很少在正式讲话中用"耻辱""可耻"这些词。富兰克林·罗斯福总统用过一次，他称 1941 年 12 月 7 日日本袭击珍珠港是"永志不忘的耻辱日子"。2013 年 4 月 17 日，奥巴马总统也用了一次，他说这一天是"华府非常可耻的日子"。说此话时，他怒目圆睁，停顿时，他嘴巴紧闭，一脸怒气。人们完全理解他的气愤心情，就如能理解他头年 12 月 14 日的悲伤心情。那天，康涅狄格州新城一个 20 岁青年杀害自己的母亲后，跑到桑迪·胡克小学开枪滥射，杀死 20 个 6、7 岁的孩子和 6 个成年人，然后自杀。奥巴马得悉后立刻发表电视讲话，伤心得流下眼泪，第二天亲自去该小学慰问受害者家属。

　　枪支失控、滥杀无辜事件频频发生，这次，奥巴马下定决心要改变这种状况，便立即发布行政命令，要求国会制定更严格的枪管法案。国会两党小组根据奥巴马的意见把法案写了出来，奥巴马前往好几个州演说，争取民众对新法案的支持，甚至动用总统专机"空军一号"把康州罹难儿童的家长请到华盛顿，向国会议员游说。2013 年 4 月 17 日，参议院投票，54 票赞成，46 票反对，比通过法案需要的 60 票差了 6 票，一项严控枪支、可大大减少枪杀事件的法案就这样被封杀了。投票结果一宣布，国会旁听席上就有人喊道："你们羞耻！"奥巴马即刻偕康州罹难儿童的家长召开临时记者招待会，愤愤地说："总之，这是华府一个非常可耻的日子。"

　　国会对奥巴马法案的封杀并不止此。奥巴马上任后的一个首要目标是医疗改革，提出了"合理医疗费用法案"(the Affordable Care Act)，简称"奥巴马医改"（Obamacare），旨在使低收入者买得起保险、身体健康者也须买保险，也即要使几乎所有国民都有医疗保险，却遭到由共和党掌控的国会的激烈反对，国会甚至抛出一个要废除"合理医疗费用法案"的法案。2016年初，奥巴马终于使用总统否决权否决国会的这个法案，他说："国会的法案会将使千百万美国人的健康和经济受到危害，值得我去否决。"

仅从奥巴马的这两个事例来看，可以说美国总统权力很大，也可以说没有多少权。他可以下行政命令，要求国会制定某项法案，国会听命制定，却又可投票否定；当国会提出废除总统法案的法案时，他又可加以否决。

事实上，美国总统并不等于美国政府，美国政府是行政部门、立法机构和司法系统三者的互相合作和制约，所以总统既有权，又无权。尽管他如今是世界上唯一超级大国的首席行政官，是27万多政府雇员的老板，是强大武装部队的总司令，但他时常受到各种掣肘，不能随心所欲，为所欲为。尽管他随身带着外号"橄榄球"的核按钮密码手提箱，但宣战权不属于他，而属于国会。不宣而战的总统，如卷入朝鲜战争的杜鲁门，扩大越南战争的约翰逊，入侵伊拉克、阿富汗的小布什，都不受公众喜爱。

国会更有一大高于白宫的权力，那就是所谓的"钱袋收口绳"——财政支配权、经费开支权，用"宪法之父"麦迪逊的话来说，就是"宪法可随时提供给人民代表们（按：指国会议员）的最完整而有效的武器"。历史上总统与国会之间因财政预算问题发生的争论、僵局可说层出不穷。20世纪90年代中期，共和党所控制的国会拒绝批准克林顿总统提出的预算计划，竟两次共28天关闭联邦政府，一百多万政府雇员待在家里不上班，千百万申请社会福利、商业贷款的民众，等着游览国家公园的旅客，心焦烦躁，怨声载道。1995年圣诞节前夕，克林顿在巴黎签署波斯尼亚停战协定，知道回国后又要面临预算之战，共和党国会议员已又一次让联邦政府关门大吉，他感叹说，回来一路上根本没有感到圣诞节在即，只有女儿切尔西参加芭蕾舞剧《胡桃夹子》表演的消息才使他感到些许欣慰。

宪法确实赐予总统很大的任命权，驻外大使、内阁成员、最高法院大法官和下级联邦法院法官都均由他提名。但这个权力也受国会限制，参议院有权否决总统的提名。据内华达州国会参议员哈利·里德（Harry Reid）2013年统计，美国历史上总统的提名共有 168 个被国会参议院否决，其中 82 个是奥巴马总统的提名，另 86 个是其他总统的提名，例子甚多：

1969 年，尼克松两次的最高法院法官提名均被参议院否决。

1987 年，里根提名罗伯特·博克（Robert Bork）为最高法院法官被抵制。博克在任联邦司法部副部长时曾错误地执行尼克松的命令，把"水门事件"特别检察官考克斯解雇。里根的提名在参议院引起强烈争议，并对博克作了详尽调查，结果提名被否决。"bork"或"Bork"因此成了司法用语，专指对被提名为最高法院或内阁成员的人进行详尽调查（包括其政治观点、人生观和生活方式），并有组织地反对此项提名。博克被否定，在英文中就成了"Bork was Borked"。

1991 年，克拉伦斯·托马斯（Clarence Thomas）被老布什提名为最高法院法官后，他的前助手安妮塔·希尔（Anita Hill）揭发他曾有"性骚扰"行为，参议院因此举行电视实况转播听证会，在全国引起轰动。

美国总统与国会的微妙关系、两者之间的矛盾冲突，在美国历史上可说屡见不鲜。每年总统在国会山庄作国情咨文演说时，人们都可以看到会场上全然不同的反响。大会厅过道的一侧坐着民主党国会议员，另一侧坐着共和党国会议员。总统在演说中往往要肯定一年来的政绩，讲到国家的发展方向，也给国会提出"该做之事"单子。当讲坛上是共和党总统时，共和党议员频频拍手，还不时激动得站起来鼓掌，民主党议员则默默无声；当讲坛上是民主党总统时，情况就完全相反。总统演讲后，对立政党总要选派一个人作电视讲话，评论国情咨文，而且总是否定式、抨击性的，不会讲一句好话。

美国宪法并未明确规定总统与国会的关系，开国的修宪者旨在建立一个保持权力平衡的政府体制，树立一个较弱的中心领导人，使总统与国会既能合作又互相制约，所以实际上给了国会更多特定的权力，因为他们担心权力太大的总统会重复像英国国王统治北美殖民地时所犯的错误。总统有权提出法案，但他的成功很大程度上取决于他与国会打交道、促使议员们服从他领导的能力。总统常把国会看成自己需要克服的障碍，总在考虑如何让国会通过他的法案。国会议员们则往往采取各种方式抵制他们不赞成的法案，这种不赞成有时仅仅是因为总统是另一个政党的人。

在国会参议院抵制总统法案或其他法案的方式中，有一种名叫"filibus-ter"，似可音译为"费力把死拖"，此词源自荷兰语"vribuiter"，原意为"海盗"，在美国英语中最初用来形容中美洲的军火走私贩，后来有一名国会议员指责以冗长演说阻挠提案通过的做法是"扼杀美国"（filibustering against the U. S.），此词便有了新的含义，中文不妨译为"冗长演说战术"。

由于参议院辩论时间历来不受限制，有的参议员便无休止地演讲，使辩论拖延下去以至无法投票表决。1953 年 8 月 30 日，外号"参议院之虎"的俄勒冈州独立参议员韦恩·莫尔斯（Wayne Morse）曾以 22 小时 26 分钟的演说反对一项拟将近海储备油田划归沿海各州的提案。1957 年 8 月 30 日，南卡罗来纳州民主党参议员斯特罗姆·瑟蒙德（Strom Thurmond）创造了这种马拉松演讲的最高纪录。他事前有所准备，带着止咳含片和麦乳精上讲坛，以长达 24 小时 27 分钟的演说反对艾森豪威尔总统提出的民权法案。他把 50 个州的选举法一份一份慢慢地朗读一遍，其演说自然就能"冗长"下去。在他演说结束后两小时，艾森豪威尔立即将此法案签署成法。

请别以为这种冗长演说已是一种过时而被废弃的"战术"，就在 2013 年 3 月 6 日，肯塔基州共和党国会参议员兰德·保罗（Rand Paul）以 12 小时 52 分钟的演说反对奥巴马总统提名约翰·布伦南（John Brennan）为中央情报局局长；2015 年 3 月 20 日，他又以 10 小时 31 分钟的演说反对修订 2001 年爱国法。

国会还有权力弹劾总统及政府其他官员，惩罚犯有"叛国、受贿或其他重罪、轻罪"的公务员，这就使得总统须时刻谨慎戒备，不去违法犯罪，不因受弹劾而丢失颜面。历史上有以下 3 名总统曾遭到国会的弹劾威胁。

1867 年，为限制总统权力，国会颁布任职法，禁止总统在获得参议院同意之前撤换某些政府官员，第 17 任总统约翰逊不顾此法，擅自撤除陆军部长斯坦顿的职务，国会因此通过弹劾总统的决议案，参议院并就弹劾案进行投票表决，结果离宣判有罪所需要的三分之二多数票尚少一票。

1972 年发生"水门丑闻"（the Watergate scandal），几名与争取尼克松连任委员会有密切关系的人夜闯华盛顿水门民主党全国委员会总部办公室，结果被捕并被起诉，经参议院调查委员会调查，证明白宫涉及"水门案"，尼克松藏有与有关人员谈话的秘密录音带，他起初拒绝交出，后来被迫交出前经过剪辑，留有 18 分钟空白。1973 年 10 月的一个星期六，他先后下令司法部长、副部长免除"水门事件"特别检察官考克斯的职务，但正、副部长都拒绝接受命令，并当场辞职，此即著名的"星期六夜晚大屠杀"事件（the Saturday Night Massacre）。众议院司法委员会举行的听证会揭发了白宫的许多非法活动，并建议对尼克松阻挠执法、滥用总统权力等行为进行弹劾。在弹劾势所难免的情况下，尼克松于 1974 年 8 月 9 日宣布辞职，成了美国建国以来第一个辞职的总统。

1998 年，克林顿因与白宫实习生莱温斯基的不正当关系面临严重的政治危机。独立检察官肯尼思·斯塔尔（Kenneth Starr）将调查报告呈交国会，众议院通过关于克林顿"作伪证"和"妨碍司法"的两项弹劾条款，第二年，参议院经过 5 周的激烈辩论和取证后，分别以 45 票对 55 票、50 票对 50 票否决此两项条款，由主持这次"世纪审判"的最高法院法官威廉·伦奎斯特（William Rehnquist）宣布克林顿无罪。

在这些事例中，国会对总统的威慑力显而易见。在 19 世纪，有些国会议员更是华盛顿政坛上的"巨神"，总统们都惧之三分。如来自肯塔基州的资深参议员亨利·克莱（Henry Clay），在杰克逊总统下令从合众国银行提取联邦存款时，他提出两项决议案加以谴责，而第 9 任总统威廉·哈里森在竞选过程中完全依赖他的决策。不过到了 20 世纪，由于老、小罗斯福总统建立了一种开明、积极的现代总统模式，所以总统在立法过程中有了更大影响力。到了如今媒体多元化时代，总统可以通过广播、电视直接面向国民，也使他们增强了得到国会支持的信心，但如奥巴马这位美国第一个黑人总统所受的国会牵制之多，似可说明要彻底根除美国历史上根深蒂固的种族歧视问题尚需时日。

总统与国会之间的纠葛、冲突将会长期存在，在宪法之下，或说在对宪法理解不同的情况下，这种紧张关系和权力斗争不可避免。其实民主制度若无冲突就不是民主制度，所以不论行政部门还是立法机构，都应深入了解社会上不同意见的冲突，然后采取必要的正确行动。

美国总统与联邦最高法院的关系也甚微妙，不妨回顾一下历史。

美国宪法没有具体规定最高法院的司法权究竟有多大，与国会的立法权、总统的行政权究竟是何种关系，所以建国初期，头 3 名首席法官都觉得自己没有多少权力，或说都不知如何行使权力，皆因觉得英雄无用武之地而辞职。直至19世纪初，首席大法官约翰·马歇尔（John Marshall）确立了司法审查原则，最高法院才俨然自重，自许为美国宪法的解释者，开始行使其重大的"司法审查权"，当他们认为国会颁布的法律或法令、总统的行政部门制定的规章制度违反宪法时，他们就有权加以推翻。

马歇尔以其强有力的个性，通过多起诉讼案的成功审理，使美国的三权鼎立政体显得更为明晰：立法归立法、司法归司法、行政归行政，彼此独立，互不干扰，但联邦最高法院有权裁决联邦和各州的法令是否符合宪法，对全国所有涉及宪法、法律和条约的案件拥有终审权。

美国《司法法》最初规定最高法院由6名法官组成，1869年以来，则由9人组成，1名为首席法官，另8名为陪审法官。最高法院法官均由总统提名，经参议院投票表决，获多数票方能被通过，由于这是终身职，整个批准过程并不草率。

对总统而言，提名最高法院法官是一件大事。他肯定要选择支持他的政治观点、代表他的党派利益的人。保守派总统要选择保守派人士，自由派总统要选择自由派人士，共和党总统一般不会考虑民主党人，民主党总统一般也不会考虑共和党人。当然也有总统失算的时候，如1990年获提名的戴维·苏特（David Souter），从先前老布什心目中的保守派人士变成了自由派法官。

由于大法官们是在不同时期由不同总统任命，所以这9个人中往往有一半是共和党保守派，另一半是民主党自由派，也往往有一个人立场不鲜明或摇摆不定，在投票时，此人便成了关键人物。如1987年由里根任命的安东尼·肯尼迪（Anthony Kennedy）虽是共和党人，却持有不少自由派政治观点，所以在法院5比4的裁决中，他常起决定性作用，故被称为"摇摆票"。

大法官们对任命他们的总统自然心怀感激，对其他同党同派总统也甚尊敬，而对非同党、非同派总统则常常有意显示其冷淡和不敬，总统每年发表国情咨文演说时，总有一部分大法官不出席。有时甚至为了特意显示最高法院的独立和威严，绝大部分人都不出席。1986年由里根任命的保守派法官安东宁·斯卡利亚（Antonin Scalia），甚至从未出席过总统国情咨文演讲会。大法官们即使出席在场，当其他听众向总统热烈鼓掌甚至起立欢呼时，他们都面无表情，正襟危坐，纹丝不动。所以有人说，总统似乎很有权，大法官都要由他们来任命，可待法官一旦坐稳位置，他们的"正襟"和"铁面"也会使总统惧怕三分。

当然也有尊重总统的法官，如1994年由克林顿任命的自由派法官斯蒂芬·布雷耶（Stephen Breyer）则每年都出席国情咨文演讲会，曾有两三年，他竟是唯一出席的大法官。他想以此说明，作为民主政府重要组成部分的司法机关，在这种重要场合不能缺席。有一年，他因感冒未能参加，结果造成国会大厅头排9个座位空无一人的冷清局面。

从历史上来看，联邦最高法院与总统之间的关系，时而平和，时而纠结，时而暗斗，时而明争。其间的矛盾在富兰克林·罗斯福执政期间达到了最尖锐的程度。1935年，最高法院9名法官的平均年龄为70岁，首席大法官查尔斯·休斯（Charles Hughes）73岁，故被称为"9个老头子"。这些保守老人都反对罗斯福旨在改革内政、改善国民生活的"新政"，在两年内宣布7项新政措施"违宪"，故被讽称为"九头圣乔治"（圣乔治为英格兰守护神）、"四骑士"（《圣经》中四名分别骑白、红、黑、灰马象征战争、饥荒、瘟疫和死亡的骑士）。罗斯福忍无可忍，决定实行司法改革，所提方案之一是：只要有一个现任法官年逾7旬还不退休，总统即可任命一名新的法官，也即要把最高法院法官人数增加到15名。此方案最后被国会否决，批评者称之为"向法院塞人计划"。

后来，罗斯福在其"炉边闲谈"广播节目中将这场斗争告诉全国民众，使最高法院受到强大舆论压力，终于在态度上有明显转变，确认了多项重要的新政措施。

至于"美国诉理查德·尼克松"（United States v. Richard Nixon）一案判尼克松败诉，说明最高法院并不祖护有违法行为的政府官员，总统也不例外。1974年，最高法院向尼克松发出传票，命其全部交出他与其顾问有关"水门事件"的谈话录音带，尼克松以"行政特权"为理由加以拒绝，最高法院裁决总统败诉，指出行政特权"不能凌驾于刑事审判工作中正当法律程序的基本要求之上"。

最高法院如今甚至能决定谁当总统，不过并不一定能得到全体选民的赞同。现在许多美国选民仍不能原谅的是，最高法院在 2000 年大选"布什诉戈尔"（Bush v. Gore）一案中裁决戈尔败诉。当时布什所得选举人票仅多戈尔 5 票，所得普选票比戈尔少 54 万多票，由布什的弟弟任州长的佛罗里达州计票混乱，许多选区需重新计票。联邦最高法院介入后下令停止重新计票，并匆促裁决布什胜诉。其实，最高法院内部也是两派，投票结果是 5 比 4，所以有人讽刺说，布什这个总统不是全民选出来的，而是由联邦最高法院内 5 名保守派法官中最后一个投票的大法官选出来的。也有人说，如果最高法院裁决戈尔胜诉，那就不会有伊拉克战争，就不会有那么多伊拉克人和美国人惨死伊拉克战场。明智的布雷耶法官表示说："我们没有充分注意到有必要制衡我们自身权力的行使。"

最高法院威严肃穆，所言似乎是"金口玉言"，但总统也随时可以冒犯顶撞几句。2010 年初，最高法院就"公民联盟诉联邦选举委员会"（Citizens United v. Federal Election Commission）一案作出裁决，宣布取消对公司竞选捐款的限制，这使奥巴马总统十分恼火，以致公开抨击这一裁决说："最高法院把整整一个世纪的法律都倒置了，为特殊利益集团打开防洪闸，让他们在选举中无限制花钱。"民主党议员们为这些话鼓掌喝彩，大法官们或一脸严肃，或频频晃脑。美国政治似乎就这样有趣，互相制约，互不讲情面，一个个事件就在有权而又无权的总统与国会议员、大法官之间的错综复杂关系中发生、进行，二三百年来如此，今后相信也会如此。

白宫内的"上帝"

尽管美国宪法上连"上帝"这个词也没有提及，但美国是一个基督教国度。

2015 年普林斯顿大学历史教授凯文·克鲁斯（Kevin Kruse）出了一本书——《一个上帝之下的国家》（*One Nation Under God*），这个国家指的就是美国。

英国作家 G.K. 切斯特罗恩（Chesteron）称美国是"一个具有基督灵魂的国家"。

关于总统，美国记者白修德（Theodore White）说，总统在美国人的普遍想象中就如一个起牧师作用的圣职者。

更有人视美国总统为"白宫内的上帝"，也即在白宫内秉承上帝意旨的人。

首任总统华盛顿重视宗教和道德在政治上的重要作用，在 1796 年向内阁发表的告别演说中说："在导致政治昌盛的所有意向和习惯中，宗教和道德是必不可少的支柱。……纯粹的政治家应同虔诚的人一样，尊重并珍惜宗教和道德。"

历任美国总统都信教，基本上都是公开的新教基督徒，但分属于众多不同的教派：浸礼会（又称浸信会）、公理会、圣公会、循道宗、长老会、贵格会和唯一神。有半数总统固定去圣公会或长老会教堂。肯尼迪是唯一的天主教徒，但天主教实际上也是基督教派，只是以罗马教皇为最高领导者。

政治与宗教的关系，杰弗逊早就分得很清楚。他说，宗教只是"人与上帝之间的关系"，"在宗教与国家之间应垒一堵墙"，所以美国宪法修正案第一条规定"国会不得制定任何法律以确立国教，或禁止信教自由"。宪法规定的政教分离原则使总统不得干预宗教事务，作为信教的总统，只要自己上上教堂、做做祷告即可。信教甚笃的里根尽管认为"道德的基础是宗教，宗教与政治必然相关"，可从未在国情咨文中引"经"（《圣经》）据"典"（基督教典）；福音传教士比利·格雷厄姆（亦译葛培理）（Billy Graham）曾为多名总统在就职典礼上做祷告，被称为"白宫牧师"，但决不会应邀出席任何白宫会议帮总统出主意。

由于个性不同、学识深浅不同，总统们在信仰程度上显然也有差别；宗教信仰反过来也影响他们的世界观及其政策的制定，但其影响程度也因人而异。无论何种情况，总统宣誓就职时都要手按《圣经》，在国情咨文演讲结束时都要说一句"上帝保佑美国"，每年2月的第1个星期四，都要与国会议员们一起出席"全国祈祷者早餐"。

在竞选总统过程中，选民们会注意候选人的宗教信仰状况。先后有4位总统在大选期间被人视为"无神论者"而受质问：杰弗逊、林肯、塔夫脱和奥巴马。但没有一个总统宣布自己相信无神论或不可知论，也不会有总统公开说自己对宗教不热心、不虔诚。

杰弗逊尽管是在圣公会教派环境中长大的，但后来却认为耶稣基督不是神，而是"常识教师"。他更相信自然神论（deism），这种哲学观点提倡以理性为宗教的基础，认为上帝创造世界后即不再干涉世界，任由世界按自然规律行动。他是《独立宣言》的撰写者，宣言中没有一处提及耶稣、摩西或《圣经》，所提到的"上帝"也是自然神论中的概念。他曾说自己是"真正的基督徒"，但又说明他"只是基督教义的门徒而已"，所重视的是教义中的道德寓意，而不是圣母玛利亚处女孕娠、原罪、耶稣复活等传统教义。他一贯反对基督教义的讹误和乱用。

有的历史学家认为，林肯一生基本上也是一个自然论者（deist），从未公开说自己信仰基督教，也从未参加过任何教会。他不相信加尔文主义的"上帝决定人的命运"之说，他的传记作者、曾与之长期相处的科洛内尔·拉蒙说："他从来没有让他的嘴或笔哪怕流露一点暗示，说明他有点儿相信耶稣是上帝的儿子、人类的救世主。"但他熟读并经常在演讲中引用《圣经》，使其讲话言简意赅，南北战争期间也用"上帝"来鼓舞士气，说过"上帝以有利于奴隶们的方式解决问题"一类的话。

第27任总统塔夫脱在进白宫之前，曾有机会当耶鲁大学校长，但他不愿去，因为该校当时属于公理会，他说："我不相信基督的神性。"1908年竞选总统时，他觉得有必要"辟谣"，声明自己"不是无神论者"，而是唯一神教徒，并在给朋友的信中写道："我感兴趣的是传播基督教文明，不管竞选失败与否，我不会去参加关于基督教义的教条式讨论。如果美国选举人狭隘到不给唯一神教徒投票的程度，好得很，我能忍受。"

有人说奥巴马是"地道的无神论者"，也有人说他是"穆斯林"，似乎因为他的父亲是无神论者、继父是穆斯林，还说他"假装信教"以能进入政界。奥巴马声明自己是基督徒，他小时候，他的白人母亲通过身教言教把基督教基本教义传给他。当总统期间，他确实参加了几个不同教会的活动，去得最多的是循道宗教堂。

美国总统中自然有十分虔诚的基督教徒。老亚当斯说自己是"上教堂动物"，小布什留有名言："我相信上帝要我当总统。"麦金莱总是按时上教堂做礼拜，在椭圆形办公室内常兴奋地唱圣歌，说自己身上的原罪已清除干净，不再饮酒，不再吸烟，不再说粗话，遇刺身死前所说的话也很"宗教"："再见，再见，所有的一切。此乃上帝之路。此乃他的，而非吾辈之意旨。与汝更近兮，与汝——吾之上帝更近兮。"

尤其值得注意的是，1954年，艾森豪威尔总统签署法案，将"under God"（在上帝指引之下）加入"效忠誓词"（亦称"向国旗宣誓誓词"）(the Pledge of Allegiance 或 the Pledge to the Flag)，两年后，又签署法案将国玺上的"IN GOD WE TRUST"（我们信仰上帝）移用于美国纸币上。效忠誓词便有了如下全文："我宣誓忠于美国国旗，忠于它所象征的共和国，一个在上帝指引下不可分割的、给全体人民以自由和正义的国家。"艾森豪威尔为此发表讲话说："从今之后，我们的数百万学生每天都将在所有市镇、所有村庄和郊区学校宣告，把我们的国家和人民奉献给万能的上帝。……以此方式，我们再次肯定宗教信仰在美国传统中、在美国的未来都超然存在；以此方式我们将不断强化精神武器，这些武器将永远是我们国家在战争与和平中最强大的力量源泉。"

据当年统计，80%的美国人赞成誓词加入"under God"，因为美国本是基督教国度。但表示反对的人说，开国元勋们严格遵守政教分离的原则，"在上帝指引下"是宗教语言，违反宪法修正案第一条所规定的"人民享有宗教信仰、言论、出版、集会和向政府请愿的自由"，也即人民有信教的自由，也有不信教的自由，不信教者不必求助于"上帝的指引"。

历史学家们曾研究分析，20世纪50年代初的艾森豪威尔和国会议员们为什么心血来潮，要请上帝出现在效忠誓词、纸币和硬币上？这显然与当时宗教界和工商界的保守思潮有关，许多保守派人士抵制富兰克林·罗斯福总统在二战期间实行的"新政"，并鼓吹应反对"新政"所导致的"极权主义倾向"，应通过官方广泛宣扬宗教，让人们热衷于宗教，使宗教成为强大的武器，既可用来反对国内主张集体主义的自由派人士，又可反对国外的共产主义者。艾森豪威尔说："除非政府建立在宗教信仰的深厚基础上，否则我们的政府就徒有其名。""在上帝指引之下"的法案便在国会全票通过。

有些总统研究专家说，在历任所有总统中，最笃信宗教的应是吉米·卡特。宗教信仰贯穿了卡特生活的各个方面，也与其总统职务紧密相连，他曾说："我们有责任努力使政府成为上帝的教义的例证。"有一位专家写道："卡特常被形容为给总统职务增光的最虔诚的教徒。"

卡特在南方浸礼会的环境中长大，每天做祷告，长期在主日学校任教，不论到哪儿都要上教堂，也从事传教工作。他对宗教虔诚，但不会苟同某些教会鼓吹的歪理。他与浸礼会教友一直同声相应，却于2000年退出南方浸礼会大会，因为他不同意大会的某些议题，其中包括"女人应附属于男人"。他严正声明道："最令人厌恶的是，女人应服从男人意志这一谬论等于为许多事情开脱：奴隶制度，暴力，逼良为娼，生殖器切割，国家法律不将强奸列为罪行。这也使千百万女孩和妇人丧失掌控自己身体和生活的权利，她们应享有的教育、医疗保险和就业机会也继续被否认。"卡特坚信政教分离原则，甚至认为《圣经》本身就主张政教分离。尽管他不认为上帝会赞成堕胎，但他觉得自己有责任执法，服从最高法院对堕胎问题所作的裁决。

值得注意的一个现象是，美国总统往往在对外政策中体现宗教精神，尽管由于个性不同、所属教派不同，他们的对外政策也有所不同，但都显见宗教信仰对他们的影响。美国的外交政策常被称为"doctrine"（主义），如"门罗主义""杜鲁门主义"，而"doctrine"的本义便是宗教的"教义""教理"，美国外交政策与宗教的关系由此也可见一斑。

《圣经》故事说，有一次上帝要派人去传讲他的话语，警告某教派不要犯罪。他问圣人以赛亚："谁将为我们而去？我将派谁去？"以赛亚答道："我在这儿，上帝，派我去。"以赛亚后因公殉职，被处锯刑。

这个故事至少有两个美国总统援用过，一个是克林顿，另一个是小布什，而且同是在美国遭到恐怖分子袭击之后。1998年，"基地"组织先后轰炸美国驻肯尼亚和坦桑尼亚大使馆，使223人丧命，为悼念死者，克林顿用以赛亚的话表彰他们为国光荣捐躯。2001年9月11日"基地"组织又在美国国内进行恐怖袭击，近3000人死亡，小布什便以赛亚的话号召美国民众去讨伐恐怖主义分子，去伊拉克、阿富汗战场打仗。

加拿大历史学家安德鲁·普雷斯顿（Andrew Preston）为此写道："同一个宗教故事却完全适用于两个政治观点迥异的总统，——一个是自由的民主党，另一个是保守的共和党，却都用宗教意象来回答恐怖主义和外交危机。与流行的看法相反，宗教始终是美国对外关系中的构成要素。从自由派的克林顿、罗斯福和杜鲁门到保守派的老布什、艾森豪威尔和里根，宗教一直是美国处理与外部世界关系的中心。"在对外战争中，"上帝派你去"一类的话便成了他们的国内祈使句和动员令。

普雷斯顿著有《精神之剑，信念之盾：美国战争与外交中的宗教》（*Sword of the Spirit，Shield of Faith：Religion in American War and Diplomacy*）一书，论述宗教对美国外交政策的影响。他回顾美国历史指出，华盛顿开创了通过宗教自由来促进和平与外交的传统，即使不很敬神的杰弗逊、麦迪逊也继承了这一传统。在现代，如小罗斯福，尽管他是自由的民主党，讨厌僵化的神学，但依然将宗教置于对外政策的中心。他还详细论述了20世纪七八十年代，尼克松、里根如何综合宗教观念与外交政策，通过"缓和关系"（détente）之策来对待冷战，处理与苏联的关系。里根在政治公开场合不便使用宗教语言，可在向宗教组织如全国福音协会演讲时，就满口是基督徒的话，说"这世界上有罪、有恶"，苏联是"邪恶帝国"，《圣经》和耶稣基督吩咐我们用我们的全力反对罪和恶"。

美国外交政策专家沃尔特·米德（Walter Mead）在《宗教与美国外交政策》
(Religion and US Foreign Polcy) 一文中将美国基督教义分为 3 派：右翼的原教
旨派，主张孤立主义，绝对遵循《圣经》；福音派，也笃信《圣经》，强调人权、
人可被"挽救"，积极传教布道，乐天而又急迫，近一二十年来，对美国外交
政策的影响最大；自由派，如小罗斯福、杜鲁门总统，信奉基督教基本教义，
但也接受宗教与国家职能分离、重视教育的世俗主义。

美国军事学院教授科尔尼·司各特（Kerney Scott）在一篇论述宗教与对
外政策关系的论文中，将卡特与小布什作对比，说明对《圣经》的不同诠释导
致个人政治信念的歧义，使两个总统实行了不同的外交政策。这两个总统属于
基督教的不同教派，卡特是传统的浸礼会，此教派多半支持民主党；布什是保
守的福音派，此教派通常支持共和党。

卡特信仰的传统教义是"有义务对所有人显示爱和同情心"。他曾公开说：
"一个国家的国内外政策应源于同样的伦理、诚信和道德标准，这些标准是一
个国家的每个公民所具有的特色。"

作为总统，他试图将基督教的人之义务、同情等理念在国外转化为人权、
社会改革的立法提案，对国际冲突主张以谈判、妥协方式来解决，其外交政策
比较缓和而富于同情心，因此遭到福音派的非议。巴拿马运河是 20 世纪初美
国怂恿巴拿马脱离哥伦比亚、又强迫巴拿马签订不平等条约取得运河开凿权和
"永久租借权"的结果，到了 1977 年，卡特政府与巴拿马政府签署了两项新的
条约：《巴拿马运河条约》确定巴拿马拥有运河和运河区的主权，美国须将经
营、维修、改建和保卫运河的权利逐步移交给巴拿马，至 2000 年全部移交完
毕；《巴拿马运河中立条约》则保证巴拿马运河永远中立，美国船只和舰艇有
无条件通过运河的永久权利。1978 年，卡特在戴维营充当埃及总统萨达特与
以色列总理贝京和平谈判的东道主，促成签订 1979 年埃及—以色列和平条约，
即"戴维营协定"。对以色列—巴勒斯坦冲突，卡特明确表示，巴勒斯坦应有
自己的主权。1979 年，卡特政府与中华人民共和国建立外交关系。卸任之后，
他关心世界某些地区发生的冲突，曾赴苏丹、朝鲜、前南斯拉夫和海地等国参
与调停工作。2002 年因"数十年坚持不懈寻求国际冲突的和平解决之路、倡

导民主和人权、促进经济和社会发展"而获得诺贝尔和平奖。

小布什自称"福音派基督徒"，2003 年发动伊拉克战争，除了政治、经济利益（如中东丰富的石油资源）的考量外，也应是受其福音基督教义的影响。他在得克萨斯州着手经商时，曾在《圣经》学习班听福音教会领导人讲课，开始接受这种教义，在决定竞选总统时则确定福音为自己的坚定信念，其竞选口号为"有同情心的保守主义"，并拜见福音派重要人物，寻求他们的支持。他从不讳言宗教是他决策的一个基准，所以当 2002 年似乎出现萨达姆·侯赛因的"严重威胁"时，也就用上了他的"福音派哲学"，自信可以拯救一个在独裁者统治下的伊斯兰国家的人民，便采用了急迫而有力的手段来惩罚侯赛因这个"无人性""不人道"的家伙，要把"民主""人权"尽快输入伊拉克，以致冒天下之大不韪，以假情报、大谎言发动了伊拉克战争，而他这种"福音派哲学"的缺陷还表现在根本没有制订维持伊拉克长期稳定的计划，其结局相当可悲。

应该说，企图"帮助""挽救"非福音基督徒的小布什没能帮他的共和党的大忙，在他之后进入白宫的是美国第一位黑人总统，民主党的非福音派巴拉克·奥巴马。

白宫内的"囚犯"

　　大选之年，竞选总统的政治家或政客们，激昂亢奋，浮想联翩，充满了对白宫的向往，想象着自己在椭圆形办公室内批阅文件，在蓝厅里接见外国元首，在玫瑰园向新闻记者发表谈话，即使也会想到未来4年工作的艰辛、肩头责任的沉重，那也不会因此而放弃竞选。不过，也只有在真正进入白宫、过上一段总统瘾之后，他们才会切身体会到总统是一种什么样的职业，白宫是一个怎样的"家"或一所怎样的"住宅"。——"The White House"中的"House"本无"宫殿"之意，却是"家"或"住宅"的意思。

　　在白宫内的感受，早先的总统与后来的总统有所不同，这与白宫安全保卫的松紧有关。林肯总统之前和他执政之时，白宫一直向公众开放，没有警卫，没有特工人员，不论是有事的，还是参观的，随时都可来，大家一拥而进，走廊里、楼梯上都挤满人，有的还从窗台上爬进来。林肯当时一心要去除民主党遗留下的官僚作风，所以乐意接近群众，以与民众在一起为乐。当时他的助手们主张限制公众来访时间，可他回答说："对我来说，尽管在我的时间工作很重，可我的每一天，只有带给我与人直接接触、与我们整个民族共聚的气氛的时候，才是我过得更好的时间。"那时候，他还可以每周两三次自己走出白宫，去接触民众，去洗他所说的"舆论澡"。事少冷清的时候，他会用心读书，或找助手们说笑话，或去剧院看戏。

　　后来，他的幕僚还是作出规定，要求来访者预先申请，并缩短了访问时间。林肯觉得有点对不起百姓，诙谐地说："这样的话，每个申请来访的人都得像在理发店里一样，为了刮胡子，久久等着。"

显然，林肯在白宫并未感到闭塞、孤寂，倒是他的长子罗伯特有另一种感受。罗伯特在上大学时，每年"回家"过寒暑假，可白宫又怎能是一个真正的"家"？父亲为国务而忙，又爱会见他人，家人之间不再像过去那样亲密，做儿子的只能怯生生地跟他说上几分钟的话，所以他把白宫称为"镀金监狱"（a gilded prison）。后来他当过律师，也在联邦政府当过官，可尽管有人恳请他竞选总统，他却全然不加考虑。

随着林肯及其他几名总统遇刺身亡，还有多次刺杀未遂事件发生，白宫的安全保卫自然得大大加强，总统也就不再有很多人身自由，不能单独出门，外出要由汽车接送、专机往返，保镖随时形影不离。这样，到了第 33 任总统杜鲁门，他在白宫的感受就不同于林肯，却与林肯的长子相似，罗伯特的"镀金监狱"到他嘴里成了"迷人的牢房"（a glamorous prison）和"大白狱"（the great white jail），——白色的总统官邸犹如一座白色的监狱。

从 1945 年接替病逝的罗斯福总统，后又连任，杜鲁门在白宫总统宝座上坐了将近 8 年，可才坐了两年，他就开始诅咒白宫。当时他甚至有个想法，希望艾森豪威尔将军能竞选下届总统，他则陪着当个副总统，不必再住在白宫。他在 1947 年 7 月 25 日日记里写道：

艾克（按：Ike，艾森豪威尔的昵称）应宣布以民主党选票竞选总统提名，我会高兴当第二把手，即当副总统。不过我也喜欢参议院。艾克和我若能当选，我的家庭和我本人就能高高兴兴离开这个被称为"白宫"的大白狱。

1952 年，杜鲁门的行政助理、巴拿马运河公司理事会成员爱德华·麦金满心希望他去游览巴拿马运河，对此他自然很有兴趣。可当时他已深有体会的是：总统就职典礼之后的日子，谁也不会觉得这个工作要比想象的容易，实际上，那整个世界的重量就如压在希腊神话巨人阿特拉斯的肩上一样压在总统的肩头，而他还得过一种拘于礼仪、严格得像监狱一样的生活，像肯塔基州诺克斯堡黄金贮存处的黄金一样被严加看管。他多么希望与自己的助手、朋友一起去看一看老罗斯福总统时代留下的那两大洋之间的通道，去穿越巴拿马大运河，可就是去不了。他在 9 月 23 日给麦金的信中又把白宫称为"监狱"：

> 我就像你一样感到遗憾，我不能作巴拿马之旅，但是，一旦我出了这个"监狱"，你和我就可拟订一个旅行计划，其中包括南下巴拿马。

监狱里的囚犯都会感到孤独、寂寞，历任美国总统不会都有杜鲁门的白宫就像牢房的感觉，却有不少总统都感到身处白宫的孤寂。他们要独自面临各种难题和危机，独自运筹决策，跟许多老朋友分开了，交新朋友又不容易，难免时有孤独感袭来。

第 27 任总统塔夫脱留下了一句"名言"："白宫是世界上最寂寞的地方。"离开白宫后，他感到自己自由了，发现白宫以外的世界并不寂寞，于是又重返律师生涯，并实现其毕生宿愿——当最高法院首席法官。他是美国历史上唯一既当过总统又当过最高法院首席法官的人。

有一次，有人问杜鲁门："您是否同意塔夫脱说的'白宫是世界上最寂寞的地方'这句话？"杜鲁门答道："是啊，他说得对。"接着他说："我这里有很多秘书、助理，他们给我很大帮助。我的负责约会的秘书可以决定谁能来谁不能来，而我，你瞧，不能见到我想见的所有人，我花了很长时间才弄明白这是怎么回事儿。"他回忆当参议员时，一天有时可以接见二三百人，而且是单独见面，"但总统不能这样做。他的访客要经过筛选，局限于真有事、总统真需要与之谈话的人。"

五星上将艾森豪威尔当上总统后也有同感，他曾说，当总统比他第二次世界大战中指挥盟军更寂寞。他倒是怀念在欧洲打完仗回来后，那几年在哥伦比亚大学当校长的校园生活，离开白宫后便回到自己在葛底斯堡的农场，像文人一样埋头撰写回忆录。

肯尼迪留下了一幅著名照片，题为"世界上最寂寞的工作"。那是 1961 年 2 月的一天，《纽约时报》记者乔治·塔姆斯采访白宫，在椭圆形办公室门口偶然摄取这个画面：肯尼迪的背影，孤身一人，站在窗旁的一张书桌前，低头弓背，两手撑着桌面。二战期间他在海军服役，他所指挥的鱼雷快艇在太平洋上被日军重创，在搭救艇上水手时他表现英勇，自己背部受伤，后来一直不能久坐，喜欢站着，站立时则要靠肩膀使劲，以减少背部受力，所以在这张照片上，他是站着读报，身体前倾，双臂支撑体重。在宽敞的椭圆形办公室里，这样一个孤独的身影，确实需要这样的题词："世界上最寂寞的工作。"

克林顿最喜欢这幅照片，他在白宫时把它挂在二楼条约厅，不仅因为肯尼迪始终是他心中的偶像，也因为他在白宫也有"最寂寞"之感。他把那种孤独感说得更为形象："当总统就像在公墓跑步：在你底下有许多人，可谁也不听你的。"

卡特总统在白宫的最后岁月更是孤独、寂寞至极，与一两个顾问枯坐在办公室里，一筹莫展——伊朗要求美国交还滞留美国、被废黜的国王巴列维，劫持扣留了许多美国人质，卡特采取经济制裁、军事行动都未能营救人质，他也就在这一严重危机中黯然离开白宫。

到了 2013 年，终于有人写出一本关于总统在白宫内的孤独状态的书来，题为《白宫内的囚犯——美国总统的孤独与领导危机》（*Prisoners of the White House–The Isolation of America's Presidents and the Crisis of Leadership*），作者肯尼思·沃尔希（Kenneth Walsh）是《美国新闻与世界报道》记者，有近 30 年时间负责报道美国总统，并与多名总统相识。

作者首先介绍美国总统享有特权而百般受宠的状况：白宫有多少房间、厕所，还有影院、网球场、保龄球道、国宴厅；一大批家务人员为他购物、做饭、洗衣服、擦皮鞋、接电话、修整草坪、送子女上学；他的年薪为 40 万美元，另有 10 万美元免税旅费，5 万美元交际费，1.9 万美元娱乐费。当然，还有"空军一号"——总统专用座机，总是随时准备着，他从不用在机场办理登机手续，他的专机可以随时起飞、降落，而且是世界上维修得最好、最安全的飞机。

作者接着指出，在如此优越的环境中，美国总统与其选民是被分隔开的，因而他们常是孤独的"囚犯"。他们有取得信息的渠道，但他们更多的时候被囹于白宫，很少机会直接接触民众，没法与"街上的人"面对面交谈，老百姓究竟怎样看待政府政策，他们往往懵然无知。作者对多名总统作了分析、对比，说明白宫内的总统会成为"囚犯"，也确实出现了不少"犯人"，但也可以不是"囚犯"，当他能与民众息息相通时，他便是一个自由、民主的人。

此书所议论的 11 名总统中，作者认为有 4 名完全脱离人民，有 2 名公开表示蔑视公众舆论，另 5 名尚努力联系群众。在那 4 名脱离群众的总统中，约翰逊"虽了解民意，却不予尊重，尤其在越战问题上"；尼克松"或许是当代最隔阂、最孤独的总统"，他的领域只是"一个只有敌我、黑白分明的摩尼教世界"；卡特的问题是，他"理解民意，却固执于不受人欢迎的观念"；老布什为人"正派、大度"，"可他也是个享受特权的人，不了解大多数美国人生活得怎样，不知道大多数人在改善经济方面希望总统做些什么，不知道在经济不景气时期如何为他们分忧"。

作者认为，肯尼迪和小布什是两个不按常规出牌的总统，他们都不大依赖于民意调查，而更相信关于国家需要什么和能接受什么的自我感觉。两人都是特权背景的产物，但他们的相似之处也仅止于此。肯尼迪"有教养，思想清楚，有魅力"；小布什"粗俗，思想常不清楚，倒也朴实"。肯尼迪当总统很成功，因为对公众能接受什么有一种准确的直觉，小布什当总统多方面失败，因为他缺少肯尼迪的这种直觉。肯尼迪博览群书，又喜欢与人交谈，不同意他的观点的人，支持他的人，或走在舆论（尤其在民权问题上）前面的人，他都可以与之倾谈，所以他能慢慢推动这个国家，而不是迫使国家顺从于他。小布什与之相反，他只看与他苟同的报刊，只爱听他喜欢的民意调查结果，他不像是一个积极向上的国家的领袖，却出于一种宗教神道的惊恐感，把国家拖入了战争。

沃尔希写道，小罗斯福，尽管是个地道的贵族，却能强烈感到美国的舆论，他非常重视来自全国各地的调查报告，他的妻子埃莉诺在传递信息方面给了他很多帮助；作为脊椎灰质炎患者，他对其他受苦受难者充满同情。杜鲁门，如今被视为一个伟大的或接近伟大的总统，他执政时的失败"不在于他误解这个国家，而是没能推动美国人在诸多方面，从民权运动到朝鲜战争，接受他的许多正确意见"。里根紧跟报刊、广播新闻，并紧紧依靠其主要顾问，"使他能以美国人的现实生活为根基"，能与他自己在美国中西部的"深根"保持联系。克林顿"也许比历史上其他总统更重视民意调查，也为自己能接近人民而感到自豪"。

到了 21 世纪第二个 10 年，从白宫西翼传出一个替代"镀金监狱"或"大白狱"的新词，那就是"bubble"——不是"气泡"的意思，而是此词的另一释义：

"透明圆形罩"。圆形建筑白宫至今仍然是白色，而且似乎是透明的白色，可它毕竟像个"罩"，把白宫"罩"在里面，把它与户外的清新空气、外界的日常生活隔离开来。白宫新闻秘书杰伊·卡尼说："我们说'透明圆形罩'，那是千真万确的，你很难进去，也很难出来。"

自从 2001 年"9·11"恐怖袭击事件发生后，白宫前的宾夕法尼亚大道永久关闭，"蚕茧式"保安措施更加严格，白宫就又像作茧自缚的"蚕宝宝"了。还有人把白宫说成是"金鱼缸"，说是总统们可以离开这个透明、漂亮而拘囿的鱼缸，离开华盛顿，去一百多公里以外的总统别墅，原名为"香格里拉"的戴维营（Camp David），当然，戴维营也可能是另一个"透明圆形罩"，但至少会有些不同的感觉吧。

奥巴马总统了解美国历史，自然知道历届总统在白宫内的感受。他上任不久接受哥伦比亚广播公司（CBS）记者采访时就说："历届总统都承认这个职务要承受某种孤独感，尽管你会得到建议、忠告，可你毕竟是最后决策者。你看，我现在就已有所感受。"他说，他现在不能独自出门散步，不能自己找理发店去剃头，这都不是一开始就能习惯的。

奥巴马当然不愿当白宫内的"囚犯"或被"透明圆形罩"套住，所以努力以多种方式抵制孤独，如多与媒体交往，每年都出席白宫记者协会晚宴，常选阅选民来信，旅行时多与人接触，与妻子和两个女儿亲密相处，立足于现实的家庭生活。他说："孩子们有办法闯出这个'透明圆形罩'，她们有办法过正常的生活。"

这个电子时代的黑人总统很爱用他的"黑莓"牌智能手机，曾传说为安全起见这个手机会被禁用。全国广播公司（NBC）《今天》新闻节目作访谈时问他，这个问题解决得怎样，他答道："我脑子里还在为这件事打架。我在想，我们周围的日常生活在流动，在前行，我怎样才能与之保持密切的联系呢？难道一定要等我届满离任之后？"

当总统如骑老虎

1945 年 4 月，副总统杜鲁门在罗斯福总统突然病逝后接任其位，顿时感到天塌地陷，他说："我仿佛觉得月亮、星星和所有的行星都压在了我的身上。"当了两年半总统后，他在白宫首次发表电视讲话，留下一句名言："当总统就如骑老虎，你得不断骑着，否则会被吃掉。"

当总统如骑老虎，这是杜鲁门的切身体会，当我们回顾美国历史，就会发现事实就是如此严峻。多名总统遇刺身亡，许多刺杀总统未遂事件发生，就最能说明当总统所冒的风险，他们骑在虎背上，跟着老虎跑，随时可能掉下来，让老虎吞噬。所以竞选美国总统的人都会意识到，入主白宫除了拥有权力和名声，还会有不测风云和死亡危险。

据统计，美国历史上共发生过 20 余个试图谋杀在任总统、前总统、当选总统的案件，有 4 名在任总统被刺身死：第 16 任总统林肯、第 20 任总统加菲尔德、第 25 任总统麦金莱、第 35 任总统肯尼迪。有 2 名总统遇刺受伤：第 26 任总统罗斯福、第 40 任总统里根。另有 10 多人遇到过未遂刺杀或刺杀威胁：杰克逊未被行刺者的枪弹命中，胡佛访问阿根廷时座车险些挨炸，杜鲁门收到过炸弹邮件，尼克松、卡特因行刺者被及时挡住或抓获而未受害，克林顿因出国访问而使行刺者的计划落空，小布什在格鲁吉亚第比利斯演说时有颗手榴弹给扔到讲台上，因用布包得太严实而未爆炸，针对奥巴马的刺杀阴谋计划则至少有 5 次。

谋刺总统者，有的出于政治动机，有的因精神失常。有的案子即使调查良久，案情、作案人及其动机，究竟是个人行为还是团体阴谋，到头来还是弄不清楚，只好不了了之。根据宪法，总统遇刺死亡后由副总统继任，近100多年来，由于副总统与总统都属同一政党，所以他们继任后在重大政策上都不会有变动，这也就能解释为何美国的政治组织一般都不采取谋杀总统行动，刺杀大凡是个人行为，美国政局也不会因总统死亡而发生动乱。

政治动机最明显的要数刺杀林肯总统的凶手、演员约翰·布思（John Booth）。他出身于英裔演员世家，其父为当时最杰出的悲剧演员，其兄埃德温及他自己均以成功饰演莎士比亚戏剧角色著称。他长得特别英俊，被誉为"美国最漂亮的男子"，艺术才华出众，曾在全国各大城市巡回演出，主演哈姆雷特、理查三世、勃鲁托斯等莎剧角色，到处受追捧。勃鲁托斯是《恺撒大帝》中的人物，起初似有人文主义理想，后来成了阴谋家，参与刺杀恺撒大帝的活动，他也就成了布思心中的偶像——"刺杀暴君的英雄"。

在这个演员世家，兄弟的政治态度互相对立。埃德温是个联邦主义者，支持林肯解放黑人奴隶，南北战争期间拒绝到南方演出，布思却是个白人至上主义者，蔑视黑人，强烈反对废除奴隶制。1859年，杰出的废奴主义者约翰·布朗（John Brown）率领众人袭击弗吉尼亚州哈珀斯渡口，占领联邦政府的军火库，被政府军包围、逮捕，他被处绞刑那天，布思本有戏要演，他却主动报名参加民兵，前往绞刑执行地，严防废奴主义者劫法场营救布朗。思想家、作家、诗人拉尔夫·爱默生（Ralph Emerson）写诗称颂布朗使绞刑架变得"如十字架一般荣耀"，有人谱写《约翰·布朗的遗体》一曲传唱全国，对比之下，莎剧演员布思显然就是一个极端的种族主义分子。

南北战争期间，布思狂热支持南部邦联，奔波于巴尔的摩与波士顿之间，与多名同伙策划绑架、刺杀联邦领导人的阴谋，其中包括林肯、副总统安德鲁·约翰逊（Andrew Johnson）和国务卿威廉·西厄德（William Seward）。他们曾计划在离白宫不远的总统别墅"老兵之家"胁持林肯，把他偷渡过波托马克河，一直绑架到里士满，把他交到邦联军手里，当作交换邦联军战俘的人质。整个绑架和刺杀计划，结果只有布思刺杀林肯得遂。

1865年4月14日，林肯与其妻子玛丽、他的军人朋友亨利·拉斯伯恩（Henry Rathbone）少校在华盛顿福特戏院观看喜剧《我们的美国亲戚》（*Our*

American Cousin）。蓄谋已久的布思事先已探询清楚，决定在这天晚上出手。先前他常在该剧院演戏，与戏院老板福特相熟，平时可随意出入剧院，对舞台里里外外都非常熟悉。林肯一家也常在这个剧院看戏，包括布思主演的戏。有一次布思演《雕塑家之梦》，一边念台词，一边把颤抖的手指向包厢座位上的林肯，林肯的小姨子发现后要林肯仔细看，他点头说："他在很机警地瞧着我，不是吗？"

就在《我们的美国亲戚》上演之时，布思突然溜进林肯的包厢（林肯也是在这个包厢观看《雕塑家之梦》），从背后举枪平射，击中林肯的头部，拉斯伯恩赶紧揪住他的外套，可他还带着匕首，一把拔出，凶狠地插入拉斯伯恩的胸部和手臂，然后纵身从包厢里跳出去，跌倒在下面舞台上，折断左腿腓骨，此时还不忘转身向观众，高举匕首，用拉丁文大喊那句勃鲁托斯刺杀恺撒时的台词："这是所有暴君的下场！"然后瘸着逃出剧院。另有个说法是，他掉到舞台上没有造成骨折，而是后来在骑马（有同伙接应）逃窜的路上摔下来弄断了腿骨。他的逃亡之路非常艰险，一直从华盛顿逃到弗吉尼亚州加莱特农场，途中曾躲藏在密林草丛之中。事件发生 10 多天后，布思在弗吉尼亚州博林格林附近被联邦军搜索队包围击毙。

林肯在昏迷 9 小时后于第二天清晨去世，噩耗传出，举国震惊、悲悼。4月 18 日，在白宫东厅举行向林肯总统遗体告别仪式。林肯头部上方放着由百合花编成的十字架，灵柩下方撒满了玫瑰花。成千上万送葬者前两天就乘专列火车从各地赶来，挤满了华盛顿，旅馆家家客满，有些人就睡在旅馆地板上，有些人带着毯子，露宿在国会大厦前的大草坪上。前往白宫瞻仰的队伍，7 人一排，长达一英里。

著名废奴主义者弗雷德里克·道格拉斯（Frederick Douglass）发表演讲说，林肯被暗杀，这对非裔美国人来说是"一场痛苦得难以言表的大灾难"。各报痛骂布思，说他是"疯子""恶煞""魔鬼"。当时存有布思留影的"追星族"，此时都把照片撕了、烧了。

大诗人惠特曼自视与林肯是"精神双胞胎"，写了《啊，船长，我的船长！》一诗，激情悼念这位宣布废除奴隶制的"伟大解放者"，又在另一首诗中深情地写道：

当紫丁香在庭院开放，那颗巨星从西方的夜空陨落，

我悼念，并将随每一个重返的春天永远悼念。

在那里，在芳香的松杉和幽暗的柏树林深处，

紫丁香、星星、小鸟和我内心的赞歌都交融在一起。

詹姆斯·加菲尔德是美国历史上第二名遭行刺而死的总统。他生于俄亥俄州一个贫苦家庭，年轻时在自家农场和运河驳船上干活，外号"船夫吉姆"（Boatman Jim），但向往校园生活，终于能读到大学毕业，并当上大学教师，教授希腊文和拉丁文，还当过校长。南北战争中曾是俄亥俄州志愿军军官，后晋升为联邦军少将，随后走上仕途，长期担任国会众议员。1880年作为"黑马"获共和党总统候选人提名，击败民主党对手、联邦军将军温菲尔德·汉考克（Winfield Scott），当选总统。

1881年7月2日，加菲尔德总统上任还不到4个月，就在华盛顿的巴尔的摩—波托马克火车站遭枪击，一枪击中右臂，另一枪击中背部，11个星期后伤重不治去世，由副总统切斯特·阿瑟（Chester Arthur）继任。凶手查尔斯·吉托（Charles Guiteau）当场被捕，经公开审讯后被判处死刑，于行凶一周年前两天被绞死。

吉托是伊利诺伊州人，因谋官职不遂而得躁郁症，声称自己未被任命为驻法国大使是政府犯下的错误，扬言自己要进行巡回演讲，将于1884年竞选总统。当躁郁症愈加严重，便冒出了暗杀总统的念头。他买到一把左轮手枪后多次跟踪加菲尔德，终于在火车站行凶，被抓时大喊："我是坚定派中的坚定派，现在切斯特·阿瑟是总统了！"所谓"坚定派"（the Stalwarts）是19世纪80年代共和党的一个派别，支持政党分肥制，反对海斯总统实行文官制度改革，而吉托正是由于这项改革而未能谋得官职，因此对政府不满，以致精神失常。

麦金莱与加菲尔德有不少相似之处：均为俄亥俄州人，出身都贫苦，南北战争中都参加志愿军，后都长期担任国会众议员，都获共和党总统候选人提名，当选总统，最后都被行刺而死。他执政时期对外关系上有两件大事：在1898年美西战争中吞并菲律宾、关岛、波多黎各和夏威夷；1899年支持国务卿海约翰（John Hay）提出的对华门户开放政策（the Open Door Policy），促

使中国开放市场、所有重要贸易国在中国享有贸易均等权利，这是美国向海外扩张总政策的一部分，出于美国自身利益的需要，但在某种程度上对企图瓜分中国的列强尤其是俄国和日本具有制衡作用。

1900年麦金莱再度当选总统。1901年9月他到纽约州布法罗（亦译水牛城）参观泛美博览会，突遭近距离枪击，腹部连中两枪，第二枪正中其胃，8天后伤口发炎身亡。凶手里昂·乔尔戈什（Leon Czolgosz）当场被群众制服殴伤，后经两天审判，被判处死刑，在监狱内坐电椅丧命。

乔尔戈什出生于底特律，父母是波兰移民，母亲早亡，他14岁便去玻璃厂当童工，17岁当碾压机厂工人，在1893年经济危机中失业，他常去的波兰天主教会也无助于他，便参加激进的工人俱乐部活动，终于对无政府主义发生兴趣，常读宣传这种政治思想的报纸。1901年，他在克利夫兰第一次听著名无政府主义者爱玛·戈德曼（Emma Goldman）演讲，并请她推荐有关书刊，后来在芝加哥无政府主义报纸《自由世界》发行人家里，他又见过她一次。戈德曼与另一个无政府主义者亚历山大·伯克曼（Alexander Berkman）办有宣扬无政府主义的报纸《地球母亲》，伯克曼因刺杀一个企业家未遂被捕入狱，戈德曼便成了无政府主义运动的主要发言人，鼓吹废除私有财产、政府、军国主义和宗教，人称"红色爱玛"。

《自由世界》发行人后来发现乔尔戈什行为诡异，到处打听秘密社会，便发表一则"告同志书"，不点名地描述乔尔戈什的外貌特征，要求大家警惕他可能采取的"暴力行为"，并可根据现场情况对他"采取行动"。

乔尔戈什当时认为，美国社会极不公正，允许有钱人剥削穷人发财致富，政府的体制结构是造成社会不平等的主因。1900年7月底，意大利无政府主义者布雷西刺杀翁贝托国王的消息迅即传到美国，也就是这个事件促使乔尔戈什下决心做"美国的布雷西"。知悉麦金莱总统要去布法罗参观泛美博览会，他提前一周到了那里，买了一把"安全自动"手枪。9月6日那天，麦金莱在音乐厅欢迎观众，排在队里的乔尔戈什终于到了总统跟前，总统向他伸出手来，他急遽掏出手枪，朝麦金莱的腹部连开两枪，他当场被抓，麦金莱还说了一声："孩子们，别对他过分。"

在审讯过程中，乔尔戈什的地区检察官和辩护律师都说他行凶时"精神错乱"，是个"有病之人"，因而"无罪"，他自己却承认"有罪"，在法庭上则不说一句话，结果被判死刑。他死前说："我杀死了总统，因为他是好人——劳动人民的敌人。我不为自己的罪行后悔。"坐上电椅后，他说："我唯一的遗憾是没能见到我的父亲。"

爱玛·戈德曼因被怀疑与此案有关而被捕，后因无确凿证据而释放。后来她在《布法罗的悲剧》一文中将乔尔戈什与刺杀恺撒大帝的勃鲁托斯相比（有如布思自喻），称麦金莱为"金钱国王们和托拉斯强人们的总统"。其他一些无政府主义者和激进分子并不赞同她支持乔尔戈什，认为刺杀行为对无政府主义运动有害无益。1919年戈德曼与伯克曼一起被驱逐至苏联。

麦金莱总统的继任者罗斯福就职后发表声明说："与克服无政府状态相比，其他任何问题都无关紧要。"

2013年，距1963年肯尼迪总统被刺已有整整半个世纪，康涅狄格州纽黑文长码头剧院上演了一出新戏——《骑着老虎》（Ride the Tiger），又一次说明美国总统确实有如骑虎一样冒着生命危险，随时都可能遭到不测，也说明对当年众说纷纭的肯尼迪遇刺一案，至今还有人在怀疑，在追究。

1963年11月21日，肯尼迪总统偕夫人，由副总统约翰逊陪同，前往得克萨斯州活动，主要目的是促进该州民主党内部的团结。22日中午乘坐未安装防弹罩的敞篷汽车，从达拉斯机场进入市区后，在迪利广场（Dealey Plaza）被两颗子弹击中头部和颈部，半小时内即告死亡。同车的得州州长约翰·康纳利（John Connally）也受重伤。子弹发自得克萨斯学校教科书仓库6楼窗户。一个多小时后，一个名叫李·哈维·奥斯瓦德（Lee Harvey Oswald）的男子被捕，但他反复否认行刺总统。24日当他由警察押送从达拉斯转往县监狱时，被夜总会老板杰克·鲁比（Jack Ruby）击毙。康纳利当时说，其实他才是奥斯瓦德的袭击目标，因为奥斯瓦德误以为他是海军部长，曾就自己从海军陆战队退伍的问题写信给他，要求将其鉴定"不合时宜的退伍"改为"光荣退休"，而海军陆战队未予照办，所以他恼恨在心。

肯尼迪遇刺身亡消息即刻传开，举世震惊。美国人沉重悼念这位年轻有为、富于魅力的总统，11月25日前往华盛顿国会大厦瞻仰、告别其遗体的群众多达25万。奥斯瓦德是新奥尔良人，曾参加海军陆战队，自称相信马克思主义，1959 年投奔苏联后，他的"苏联乌托邦"情结却被那里冷漠的官僚主义社会风气所败坏，1962 年携苏籍妻子玛丽娜回国。著名作家诺曼·梅勒（Norman Mailer）后来写了《奥斯瓦德的故事》一书。

1963 年，约翰逊总统任命最高法院首席法官厄尔·沃伦（Earl Warren）为肯尼迪总统被刺案调查委员会主任，该委员会简称"沃伦委员会"，成员包括参议院和众议院代表、中央情报局局长等。1964 年，该委员会公布调查报告，其结论称，不论是刺死肯尼迪的奥斯瓦德，或杀死奥斯瓦德的鲁比，均非与人共谋，而都只是个人行为，"政治是奥斯瓦德一生中重大的支配力，直至他因谋刺而被捕的最后日子"，"他曾要求一个以代表共产党著称的律师来代表他"。报告还提及，奥斯瓦德在苏联与古巴学生交友，因此喜欢古巴，认为卡斯特罗领导的革命是更真实的社会主义，打算今后投奔古巴。达拉斯的陆军将官沃尔克公开攻击卡斯特罗，奥斯瓦德无法容忍，便去开枪刺杀沃尔克，因子弹被窗框挡住而未遂。

对此，有人分析补充说，肯尼迪抨击卡斯特罗，批准入侵古巴猪湾，又解决古巴导弹危机，这些都可能是奥斯瓦德起意刺杀他的因素。

不过，"沃伦报告"也遭很多人质疑，所以后来又经国会众议院刺杀案调查特别委员会进一步调查，其 1979 年调查报告称，根据"音响"和其他一些证据，"很可能"有一个刺杀阴谋集团，或许有犯罪集团介入。

1991 年奥利弗·斯通（Oliver Stone）所导影片《JFK》（肯尼迪全名的缩略）支持"有阴谋集团"的说法。

2007 年历史学家戴维·凯泽（David Kaiser）所著《通往达拉斯之路》（*The Road to Dallas*）引用许多新解禁的肯尼迪遇刺案档案资料，说明美国联邦调查局和中央情报局早就与有组织犯罪集团合作，企图推翻卡斯特罗及其他拉丁美洲国家领导人，所用手段包括政变计划和行刺阴谋，在卡斯特罗的革命成功之前，这些犯罪集团在古巴通过开赌场大发其财。肯尼迪没有能力推翻卡斯特罗，因此遭到犯罪集团记恨，容易狂热的奥斯瓦德便是在犯罪集团怂恿下行刺肯尼迪的。

2013 年上演的《骑着老虎》一剧是剧作家威廉·马斯特罗西蒙（William Mastrosimone）的作品，他于 20 世纪 90 年代采访弗兰克·西纳特拉（Frank

Sinatra），这位著名流行歌手、电影演员曾是肯尼迪的好友，他认为行刺肯尼迪是由黑手党头头萨姆·吉安卡纳（Sam Giancana）策划，该剧所表现的便是黑手党如何策划这个刺杀阴谋。剧中杀害奥斯瓦德的鲁比有句台词：为了使奥斯瓦德沉默，"我没有别的选择"。

肯尼迪遇刺案，迷雾重重，看来要到 2017 年有关的重要档案解禁后，才能真相大白。

有两个美国总统遇刺而未死：老罗斯福和里根。

老罗斯福在麦金莱遇刺身亡后继任，后又连任，当了近 8 年总统。在离开白宫 3 年半之后，他又想当总统，便改以进步党身份再度竞选。1912 年 10 月中旬的一天，他在威斯康星州密尔沃基发表竞选演说时，胸部突然遭到枪击，一般情况下必死无疑，可他侥幸存活。这是因为他胸部口袋里有一份 50 页折叠的讲演稿，还有一个金属眼镜盒，这两样东西减缓了子弹的穿透力，救了他的命。由于觉得没有受致命伤，尽管子弹仍在胸部，他还是演说完，然后去附近医院，医生在其肋骨间发现那颗子弹，立刻取了出来。他休养两周后又踏上竞选之路。虽然毅力可嘉，这次竞选却未能成功，结果是威尔逊进了白宫。

向老罗斯福开枪的是一个精神病患者，名叫约翰·施兰克（John Schrank），他在审讯时说，麦金莱到他梦里来拜访他，要他杀死罗斯福，为这个遇刺身死的总统报仇雪恨。施兰克后坐牢直至去死。

里根总统遇到的是另一个精神病患者，当时他上任不久，正跃跃欲试，准备好好当一回白宫之主。1981 年 3 月 30 日，他在华盛顿希尔顿饭店发表完演说，在饭店门口要上车时，他和他的新闻秘书詹姆斯·布雷迪（James Brady）突然遭到枪击。有一颗子弹打断里根的一根肋骨，打穿一叶肺，造成内脏流血。他被送到附近的乔治·华盛顿大学医院紧急抢救，后住院两周，复原甚速。生性幽默的里根刚被送到医院就对妻子南希说："亲爱的，我只是忘了像鸭子那样扎水闪躲"（Honey，I just forgot to duck）。这是拳击运动员杰克·邓普西（Jack Dempsey）在一次重量级比赛中失败后对他妻子说的一句话，里根引用得恰到好处。

行刺里根的名叫约翰·欣克利（John Hinckley），俄克拉荷马州一个石油富商家庭的孩子，迷恋在电影《出租汽车司机》中饰演雏妓的演员朱迪·福斯特（Jodie Foster），在作案前写信给她说，他要像影片中那个司机行刺总统候选人那样刺杀里根。陪审团裁定他精神失常而无罪开释，但被送入精神病院。

1987年，遇刺受重伤、下肢瘫痪的布雷迪提出一项控制枪支法案，老布什总统曾予否决，后经7年争论，1993年由国会通过、克林顿总统签署成法，规定购买手枪者需等5个工作日后方能取货，以便由地方执法机关检查其背景，看其有无犯罪记录或精神不稳定状况。这一法律使许多罪犯、逃犯和凶手买不到枪，挽救了许多人的生命。

奇怪的是，鉴于全国持枪滥杀行为愈益严重，奥巴马总统提出了更严格的枪支控制法案，却不能在国会通过。这就意味着，美国总统也好，老百姓也好，都可能有机会骑老虎，让老虎奔驰，而为自己的命运发愁担忧。

传自白宫的丑闻

美国人似乎不太在乎"家丑外扬",在他们看来,事实就是事实,即使丑不可闻,也否认不得;外扬出去,倒也能惩前毖后,防微杜渐。

发生在白宫里的丑闻,起初可能出于"为尊者讳",要竭力保密,可实际上最易外泄,往往会有轰动效应,且写进历史,作为训诫留给后代。如今检索互联网,你可发现"10大总统丑闻"或"白宫内7则丑闻"之类材料,有丑闻的已故总统已无可奈何,现任的或未来的总统则可引以为戒,严正持身。

从建国至今,从白宫传出不少绯闻。第一则发生在第3任总统托马斯·杰弗逊身上。尽管他是个名声赫赫的"尊者""贤者",但在他进白宫的第一年,就有关于他与一个黑人女奴生有私生子的传闻。那是1802年,政治记者詹姆斯·卡伦德(James Callender)在报上发表文章说,杰弗逊有很多年把一个名叫萨利·赫明斯(Sally Hemmings)的奴隶当作"小老婆",生了好几个孩子。杰弗逊的政敌自然以此为攻击材料广为散布,弄得尽人皆知,但并未影响他继续执政7年。后来,又有传说:杰弗逊与赫明斯的子女共有6个。

此事究竟是真是假?对此,杰弗逊不论在公开场合或私下里都未发一言,赫明斯可能是个文盲,也没有留下片言只语。在杰弗逊家族一部口述历史中,赫明斯的孩子中有两个说,他们的父亲是杰弗逊,但似乎无证据加以证实,有关杰弗逊的绯闻就这样流传、争议了两个世纪。到了1998年,有一批遗传学家认为,此事既不能证实,又不能否定,便建议做亲子鉴定(DNA)。科学的发达超乎杰弗逊这位博学者的想象,他生前哪能想到20世纪的生物学家可

105

用他的已故族人的 Y 染色体来验证他是否清白。通过对他叔父、他侄子的女儿以及曾说自己是他儿子的伊斯顿的染色体的检验，遗传学家们确定，生于 1808 年的伊斯顿·赫明斯（Eston Hemmins）是杰弗逊的儿子。

2000 年，杰弗逊基金会宣布说，根据亲子鉴定以及陆续搜集到的其他证据——原始文件、书面和口述材料、统计数字，伊斯顿极大可能是杰弗逊的儿子，赫明斯的其余 5 个孩子的父亲也有可能是杰弗逊。但杰弗逊传统协会随即否定这些说法，并说杰弗逊的弟弟才可能是赫明斯的几个孩子的父亲。不过，许多人认为，这个维护杰弗逊"传统"的协会还在"为尊者讳"，他的"清白"不可玷污。

第 22、24 任总统格罗弗·克利夫兰被公认为一个诚实、清廉的民主党政治家，但也有"失足"之处。他与一个寡妇生有一个儿子，也一直出钱抚养这个私生子，后因其母亲有病不能再带孩子，便给送入孤儿院。1884 年克利夫兰竞选总统时，共和党候选人的支持者嘲讽他，喊口号说："妈，妈，妈，我的爸在哪？"支持他的民主党人答以"他去白宫啦，哈，哈，哈！"克利夫兰自己公开承认此事，反倒有利于他两次隔届当选总统。

19 世纪初出生的伊斯顿·赫明斯是杰弗逊的私生子，20 世纪 20 年代出生的玛丽莲·梦露（Marilyn Monroe）是被遗弃的私生女，曾在孤儿院和 10 多个寄养家庭生活。这个金发性感女郎后来成了好莱坞明星，先后与著名棒球运动员乔·迪马吉欧（Joe DiMaggio）、剧作家阿瑟·密勒（Arthur Miller）结婚。令人觉得意外的是，她后来与肯尼迪总统也有瓜葛。关于肯尼迪与梦露的神秘关系，20 世纪 60 年代传言甚多。据梦露的传记作者唐纳德·斯波托（Donald Spoto）说，他们俩都认识宾·克罗斯比（Bing Crosby），在这位歌唱家、电影演员家里相识，后来发生了性关系。肯尼迪因虑及对自己名声的影响，最后中止与她来往，她因此感到难堪，甚至威胁要公开谴责他背信弃义，但不久便因服过量安眠药致死，被判为自杀，但其真正死因似乎仍是个谜，在很多揣测中也有人指控与之有干系的肯尼迪兄弟。

如果说肯尼迪与梦露的关系一直蒙着神秘面纱，克林顿与白宫实习生莫妮卡·莱温斯基（Monica Lewinsky）之间的绯闻则很快传得沸沸扬扬，给克林顿造成严重的政治危机。莱温斯基曾把自己的这个"秘密"告诉国防部的一个

"朋友"，这个"朋友"偷偷录音，并将录音带交给独立检察官肯尼思·斯塔尔（Kenneth Starr）。在传讯过程中，两人开始都否认有过性关系，后来莱温斯基为获准免予起诉全面交代了她与克林顿的关系，克林顿也即向联邦大陪审团承认两者关系，并通过电视讲话向公众认错。斯塔尔作完调查，用两辆面包车将18箱证据及调查报告运至国会大厦。1998年12月，国会众议院通过克林顿"作伪证"和"妨碍司法"两项弹劾条款；第二年2月，国会参议院经过5周激烈辩论和取证，分别以45票对55票、50票对50票否决众议院的弹劾条款，由主持这次"世纪审判"的最高法院首席法官威廉·伦奎斯特宣布克林顿无罪。

这一持续一年多的事件受到全国民众的关注，许多人对共和、民主两党在此案中表现出来的强烈的党派斗争色彩表示反感和厌倦。人们对克林顿的道德行为感到失望，但仍肯定其政绩，民意测验对他的支持率始终保持在65%左右。对独立检察官的权力过大，舆论也表示不满。斯塔尔的案件调查费高达4400多万美元，由于他对此案猛追穷打，有人把他喻为赫尔曼·麦尔维尔（Herman Melville）小说《白鲸》（Moby-Dick）里报仇心切的捕鲸船船长亚哈（Ahab）。

关于白宫的政治丑闻，本书在《总统应以诚实为上策》一文中提及尼克松的"水门"事件，在《从绰号知总统》一文中提及里根的"伊朗—孔塔拉事件"，在《总统与燕尾服和裙带风》一文中提及杰克逊、格兰特的"裙带风"。这些都是美国历史上有名的政治丑闻，而关于沃伦·哈丁及其政府通常被视为美国历史上最差的总统、最腐败的政府，似乎需在此稍加补述。

第29任总统哈丁生于俄亥俄州小镇马里恩，上过只有一间教室的小学，参加过小镇乐队，上了俄亥俄中心学院，曾任校报编辑，毕业后与两个朋友买下即将破产的《马里恩星报》，使该报起死回生。其妻促使他走仕途，先当上俄亥俄州议员、副州长，后当选国会参议员，任期内表决中有三分之二未去投票。1920年共和党全国代表大会上对总统候选人提名僵持不下，结果哈丁成了"黑马"。第一次世界大战期间美国社会出现了比较严重的混乱状态，哈丁以"恢复常态"的政纲当选总统。由于他仪表堂堂，有人说，他的音容笑貌"就像一个总统"。在其任期内，他也确实做了些事情，如召开限制军备国际会议，创建实行现代预算制度的预算局，由查尔斯·道威斯(Charles Dawes) 任局长，由这个局长主持制定的关于德国赔偿问题的"道威斯计划"在柯立芝上任后通过实施，因此获 1925 年诺贝尔和平奖；另建有审计局，推行为富人减税的税制；前总统塔夫脱由他任命为最高法院首席法官。

在不少人看来，哈丁具有"华盛顿式高贵气质"，英俊而富魅力，其微笑"有如解冻的春风"。他跟来访者亲切握手，说话文雅，连对他的宠犬也温情脉脉，称它为"老弟"。可不久之后，这股"春风"就成了"寒风"。他竞选总统时保证要"任命最佳人选""依靠最佳智囊"，到头来"最佳"成了"最差"。他自己能力有限，甚至有点愚笨，不善于识别人，却爱搞裙带关系，结果其内阁除了 3 名得力人选——国务卿查尔斯·休斯（Charles Hughes）、财政部长安德鲁·梅隆（Andrew Mellon）、后来当选总统的商业部长胡佛之外，其余的人形成了一个"俄亥俄帮"，无廉耻，无操守，贪污腐败，丑闻频传。他给他的小舅子、私人医生、旧友、老部下都封了官。另有一批说客，利用与他的关系，影响政府制定政策，为私人企业谋利。

哈丁政府的众多贪污腐化事件统称为"哈丁丑闻"。他的"好哥们儿"、司法部长哈里·多尔蒂曾两次被起诉犯有欺骗政府罪，遭国会多次弹劾，后在柯立芝执政时被迫辞职。投机商福布斯曾出钱陪哈丁去夏威夷旅行，哈丁就把退伍军人局交给他管，此人便以选择退伍军人医院地址为名到全国各地去公费旅行，实际上医院地址早已选好，更恶劣的是给医院建筑公司最低的费用，而将大笔资金收入自己的腰包。

哈丁丑闻中以"茶壶丘丑闻"（the Teapot Dome Scandal）最为轰动。位于怀俄明州茶壶丘、加利福尼亚州埃尔克丘的海军储备油田原由海军监管，而哈丁一上台就签署行政命令，把油田监管权移交给内务部。1921 年，内务部长艾伯特·福尔未经招标，便将这些储备油田秘密租赁给几家私营石油公司，后经国会参议院调查小组反复调查证实，福尔及其家属曾接受大量贿赂，其中包括 26 万美元自由公债和 10 万美元现金。福尔及两家石油公司的行贿者均被捕入狱，最高法院并宣布哈丁转移储备油田管辖权是非法行为。"茶壶丘"自此后便成了政府腐败的同义词。当年有一幅漫画画得很出色：一辆巨大的茶壶形压路机滚滚而来，壶嘴冒着浓浓油烟，滚轮上"石油丑闻"几个大字十分醒目，轮前油滑的路面上几名政客仓皇奔逃，几乎要摔倒被轧死，旁边路牌上写着"白宫公路"。

哈丁因丑闻频传而惶恐不安，曾说："他们让我夜里睡不着觉，在楼上来回踱步。"其实，他睡不着觉也是为自己担心。权力腐蚀掌权者，这在哈丁自己身上早有体现。进入白宫后，他与其妻过着20世纪20年代典型的优裕生活，在幽美的花园里，在豪华的派对、隆重的国宴上，得意地享受人生乐趣。禁酒时期，他在白宫用各种好酒招待私人朋友，也常溜出去，到H街俄亥俄帮俱乐部跟他的哥们儿一起享受指夹雪茄、开怀畅饮的乐趣。每周两次跟哥们儿打扑克，还常去打高尔夫球、乘游艇、钓鱼。

悠闲的哈丁不禁使笔者联想起21世纪的小布什总统。有媒体称小布什是"美国历史上最悠闲、最会休假的总统"，据统计，他休假的时间比所有总统都长，在其任期的头5年内，他在家乡得克萨斯庄园休假339天，平均每年68天，而大部分美国人每年平均休假13—16天。2001年8月，就是在得克萨斯牧场上休假6周期间，他收到国务卿康多莉扎·赖斯（Condoleezza Rice）的一份备忘录，题为"本·拉登决意攻击美国"，9月11日便发生严重的恐怖分子袭击事件。晚上和周末他一般都不工作，周一至周五，他每天花两小时慢跑步和做其他运动，休假旅行时爱带上爬山自行车，"空军一号"机务人员会小心翼翼地把这辆价值3000美元的自行车从机舱里卸下来。

有记者问小布什："总统先生，你怎么有那么多闲情逸致？"他答道："正像有人所说，我是那种自由散漫的人。"报上有专栏文章写道，布什从来不熬夜，不必努力工作，每当他的车胎瘪了，他"老爸"的那些哥们儿会替他打气；当总统在山清水秀之地骑车驰骋之际，又有70多名美国士兵倒在硝烟弥漫的伊拉克战场。笔者见互联网上一份材料——"美国历史上最腐败的政府"，所列前3个是格兰特、哈丁、尼克松，第4个便是小布什。

再返回来说哈丁。1923年夏天，为挽回自己的名声，哈丁及其妻子前往西部作"政治之旅"，在从阿拉斯加返回的路上他病了，被急忙送至旧金山，但病情恶化，终因心脏病发作去世。在他死前，关于他的婚外情持续不断的丑闻，在白宫内已人人皆知，他死后，便很快传将开去。有一个姓"布里顿"的女人在他死后出了一本书，说他在当参议员时就和她生了一个女儿，可是她已根据哈丁的要求销毁了他写的所有情书，所以没有任何书面证据，出书后反遭责难和羞辱。直至 2015 年所作的基因检测才证实，她的女儿是哈丁的亲生女儿，从而结束了布里顿与哈丁两家族之间将近一个世纪的宿怨。1963 年，哈丁与另一个女人之间的情书被发现，说明两人之间有长达 15 年的性关系。

哈丁究竟是怎么死的？在他的绯闻被传开后，很多人开始相信早先有过的传说：为免除哈丁因腐败曝光而丧失体面甚或遭控告，也可能出于嫉妒，他妻子在游轮上让他吃含毒的阿拉斯加蟹肉把他毒死，并不让做尸体解剖，迅即火化。

历史学家们在总结历史教训时指出，哈丁是一个没有抱负、没有责任感、也没有能力的总统，他注重所谓"哥们儿精神"（the spirit of brotherliness），信任、依赖那些不称职的、品性低劣的"朋友"，跟他们嘻嘻哈哈，一团和气，让他们无法无天，为所欲为，结果使整个政府陷于贪贿腐化的卑污境地，有如一艘船开进了污泥浊水。他的所谓"恢复常态"政纲结果成了乱局、闹剧。有幸的是，副总统柯立芝不同于哈丁，他为人谨慎、稳重，在接替哈丁成为第30 任美国总统后，未将船只驶入不明水域，甚至迎来了一个"柯立芝繁荣时期"。

总统与燕尾服和裙带风

　　美国总统并不穿燕尾服，也不系"裙带"，这里要说的是美国政治中的"燕尾服效应"和"裙带关系"，总统们又如何对待这种政治现象。

　　燕尾服，作为男子的西式礼服，前身较短，后身较长，下端分开则像燕子尾巴，如果你跟着身穿燕尾服、甚有身价的人走，那真是"尾随"，并有可能得到"尾随者"的好处。所谓"燕尾服效应"（coattail effect）即指政治上的提携能力及其产生的效果。在每4年一次的大选中，有的候选人不仅能吸引选民支持自己，选他当总统，也吸引选民支持自己的竞选伙伴，同时有助于与他同党的国会议员候选人获胜，而他入主白宫后，又能任命内阁部长、最高法院法官，所有那些受其"提携"的人也就是其"尾随者"。尾随者当中，自然有确实符合资格、有条件当选的人，也可能有仅因受益于"燕尾"而当选的滥竽充数者。

　　政治"燕尾服"因林肯的一次演讲而成了著名俚语。那是1848年，辉格党提名扎卡里·泰勒为总统候选人，他一生戎马40年，参加过1812年反英战争、1832年反印第安人的黑鹰战争、1846年墨西哥战争，在墨西哥战争中屡打胜仗，并在一次战役中取得决定性胜利，因此成了驰名全国的英雄。民主共和党（民主党前身）讽刺辉格党（共和党前身）选择泰勒当总统候选人，说是辉格党人都企图在泰勒的军事"燕尾服"的掩护下赢得大选，大家一起升官发财。林肯当时是辉格党人，对民主共和党的这种攻击非常反感，便于1848年7月27日在国会的讲话中进行反击，指出民主共和党曾尾随杰克逊将军的军事"燕尾服"。他说：

> 那个来自佐治亚州的绅士（按：指一民主共和党人）说，我们辉格党抛弃了我们所有的原则，在泰勒将军的军事燕尾服下掩护自己……难道他不知晓杰克逊将军的宽松肥大的军事燕尾服？难道他不知晓他自己的党在前 5 次总统竞选中都受杰克逊的燕尾服掩护，而现在是第 6 次，在同一套燕尾服之下？

"燕尾服"从此成了政治讽刺语。1960 年，尼克松与肯尼迪竞选总统，由于艾森豪威尔总统没有表示支持其副总统尼克松，甚至说一下子想不起来他有什么政绩，肯尼迪的支持者艾德莱·史蒂文森（Adlai Stevenson）便嘲笑说："尼克松失望地发现艾森豪威尔的外套上没有燕尾。"

约翰逊（LBJ）因肯尼迪被刺身亡而继任，1964 年竞选连任又获得压倒性胜利，其"燕尾服"因此显得很长，一大批民主党人进入了国会，顺利通过他的"伟大社会"政纲的许多计划，如医疗补助计划、"向贫穷开战"、1965 年选举权法，但后来他扩大越南战争，"伟大社会"纲领名存实亡，民心因此低落，对"燕尾服"印象深刻的尼克松便以此来讽刺约翰逊，他说："有一套新款式服装流行全国：超短裙，紧身裤，而 LBJ'燕尾服'已经过时了。"

里根的"燕尾服"虽比约翰逊的要短些，但在发动"里根革命"——减税、减少福利开支、加强国防之后获得连任，他的共和党"燕尾服"就变得很长，国会参议院结果受共和党控制，更便于他实行"里根经济学"。

奥巴马在 2008 年时的"燕尾服"尚短，但他善于巩固和活跃民主党"基地"，吸引大批年青和独立的选民，所以他的"燕尾服"后来变长了，国会内增加了不少民主党议员。

从当代历次大选来看，凡取得压倒性胜利的总统，总是有比较长的"燕尾服"，真是"一衣带水"，有更多同党人被"带进"国会、州府、市府和法院。二战之后，先后有 5 次大选因总统候选人大胜而产生显著的"燕尾服效应"，他们是 1948 年的杜鲁门、1952 年的艾森豪威尔、1964 年的约翰逊、1980 年的里根、2008 年的奥巴马。

险胜当选的总统的"燕尾服"自然短得多，另有"负面燕尾服效应"（negative

coattail effect），其结果是"燕尾服"无尾巴。如 1964 年，国会参议员、共和党右翼代言人巴里·戈德华特（Barry Goldwater）竞选总统，声称"为捍卫自由而采取极端行为并不是罪恶"，选民们因此担心其极端态度可能导致核战争，大选结果约翰逊以压倒性优势获胜，一大批共和党国会众议员也因戈德华特这件"负面燕尾服"而落选。1992 年，老布什因其任上经济不景气竞选连任失败，《时代》杂志说"布什总统的外套上没有尾巴啊"。

"燕尾服效应"往往令人联想到我们中国人常说的"一代天子一代臣"、"裙带风"。有意思的是，英文中有与"裙带风""裙带关系"贴切相应的词语："petticoat influence"（裙子影响），"petticoat"意为"衬裙""短裙"，可见不论在何处，"裙子"带来的"风"也好，"影响"也好，都是有害无益的。

不过，"裙带关系"在英文中常用的还是"nepotism"，此词源自拉丁文 nepote，也即 nephew（侄甥）的意思。据传说，古罗马的皇帝和将军们常指定他们的侄甥担任帝国的高级官职，而在 14 世纪至 17 世纪，法国贵族也常把他们的侄甥任命为高级教士或高级官吏。后来，"侄甥"就渐渐成了中文里"裙带关系"的意思，也即凡在政府或企业内，雇用、重用、任命自己的家庭成员、亲戚、亲信、故友、情人的做法，均为"侄甥"行为，政府里的"侄甥官"就是"裙带官"。

有搞裙带关系、刮裙带风的，也就有反对者，英文里也有专门名词"anti-nepotism"，即指不允许亲人、亲戚因血缘或婚姻关系而在同一政府部门或公司工作，也反对"建立王朝"现象，即不允许同一政治家庭的成员们同时竞选官位，利用其名门望族身份捞取选票。

早期欧洲移民一家又一家来到北美，自然会把家庭关系带来新大陆。当时家庭农场支配美国的农业经济，一代接一代务农；商业家庭成员继承家庭生意，一代接一代经商。这种密切的家庭关系日后自然会容易形成政治或经济上的裙带关系。但在政治上，美国一开始就没有建立裙带关系的极致——世袭制度，开国元勋们一开始就不想效仿英国，不想建立君主立宪制，所以美国社会始终没有由世袭制度带来的严重危害，没有发生过争夺皇权、骨肉相残的惨剧。

美国要独立的时候，从英国来了个政论作家托马斯·潘恩（Thomas

Pain），发表了引起轰动的小册子《常识》。他在书中斥责英王为暴君，支持美国独立革命，指出君主立宪制不是一种好的政治制度，他写道：

> 在英国，一个国王所做的事情，往往不外乎挑起战争和卖官鬻爵。世袭则是对我们子孙的侮辱和欺骗，为蠢人、恶人和下流坯大开方便之门。

潘恩的政治观点对美国立国理念的影响甚大。美国总统这一最高权力职位从不世袭。老哈里森及其孙子小哈里森，老罗斯福及小罗斯福，老布什及其儿子小布什，都先后当上美国总统，但都不是世袭，而是经过自己竞选、全国选民投票的结果。

然而，不是世袭制，不等于刮不起裙带风。有时候，由于自私和贪婪，这种风甚至还会刮得很猛，如 1829 年安德鲁·杰克逊当上第 7 任美国总统后，就刮了一阵裙带狂风。杰克逊使用他的任命权，把大官小官、政府公职都封给他的亲友、部下和支持者。他的拥护者威廉·马西当上了参议员，十分赞赏他那种使用任命权的狂热劲头，为他辩解说："从敌人那里缴获来的战利品属于胜利者，这个规则没有一点儿错。"后来，"战利品制度"（the spoils system）成了美国英语里的一个政治术语，中文通常译作"政党分肥制"。

任命正式内阁成员后，杰克逊觉得意犹未尽，还有一些人要笼络、要重用，便把他们作为非正式顾问安排在自己身边，其中有政客、报刊主编等，其影响力甚至大于内阁，故被讽喻为"厨房内阁"（the kitchen cabinet）。美国英语里便又多了"厨房内阁"这个政治术语，用来泛指为总统当非正式顾问、对总统深具影响力的一批人，实际上这就是变相的裙带风。

第 18 任美国总统尤里西斯·格兰特也是一个大刮裙带风的总统。他因在南北战争中任联邦军总司令指挥有功当上总统，政治头脑十分简单，以致宣称自己"履行总统职务可以无拘无束"。尤其在 1873 年连任后，他更是随心所欲任命官位。他的内阁原来只有 7 个部，可他任命了 25 人入阁，为此又增设了 5 个新的部。他让他的小舅子当新奥尔良港的税收官，在这个小舅子贪赃枉法的丑闻频传之后，还第二次任命让他继续当下去。他的"心腹"、哥伦比亚特区市政工程主管谢弗尔德已被指控有严重腐败行为，他还任命其为准州州长。

他提名司法部长威廉斯当最高法院首席法官，结果威廉斯用公款为老婆买马车的事给揭发了出来。

裙带关系显然会导致腐败。在格兰特执政期间，尤其是在南北战争之后的"南部重建"时期，由于"裙带官分肥"所造成的政府内部腐败无能的状况达到了惊人程度，层出不穷的丑闻包括贿赂、贪赃、欺诈、抛售黄金等，涉及财政部、内务部、战争部等许多政府部门。在铁路建筑公司"莫比利埃信托公司"行贿事件中，许多名国会共和党议员受贿，其中包括众议院议长布莱恩、未来的总统加菲尔德，在职副总统科尔法克斯也因受贿而离职。

更有一个"威士忌集团"事件说明格兰特总统及其裙带官的腐败程度。所谓"威士忌小集团"是一批威士忌酒制造商，为了免交酒税而贿赂税收官，还与某些政府官员达成秘密协议，把部分税款转移给共和党，其中主要策划者之一是格兰特的私人秘书奥维尔·巴布科克，他曾去圣路易斯亲自与酒商密议。在南北战争中，巴布科克曾当过格兰特的侍从副官，格兰特当总统后，将之视为亲信而重用，所谓"私人秘书"就是相当于如今的"参谋长"。当时圣路易斯一名"威士忌小集团"头目已因确凿证据而被定罪，可格兰特根本不相信，就因为这个头目是巴布科克的哥儿们。在巴布科克的罪证被公布后，格兰特认为这是有人用他的私人秘书来打击他的政治阴谋，在巴布科克受审时，他甚至打算出庭作证说他无罪，后被其内阁劝阻。巴布科克最后被清除出白宫，而格兰特为了报复，逼迫此案的主要调查人、公正而诚实的财政部长本杰明·布里斯托辞职。

在纽约市哈得孙河畔的晨边高地，有一座北美最高最大的陵墓，这是格兰特之墓。但此墓并未因其壮观而成为纽约的景点，始终很少有游人前来拜谒。这是因为这个墓主是一个庸碌无能之辈，一个用裙带风、分肥制把他的政府搞得腐败不堪的总统，后人并不怀念他，甚至还蔑视他。

由裙带关系和政党分肥制带来的危害，终于使人意识到要用法律来约束、取缔那些任人唯亲、瓜分权益的行为，因此而有1883年"文官改革法"（亦译"公务员改革法"）的问世。该法规定政府职务应由品质好、有能力的人担任，高官手中的任命权不能滥用；规定设立文官委员会，以便建立和实施一种对不少联邦官职进行竞争性考试的制度。该法因提案人是民主党参议员乔治·彭德尔顿（George Pendleton）而亦称"彭德尔顿法"，他曾坚决反对当时的裙带式任命制度。后来该法经多次修订，最后使大多数政府公务员均需通过考试遴选。

美国虽然至今尚无全国性反裙带关系法，但所有 50 个州或有严格禁止裙带行为的法律，或有限制裙带风的准则，或设有道德委员会，违反者均须受罚。

美国人关注工商界、学界的裙带关系，更关切政界的裙带风问题。一谈到这个问题，人们就会提及当年约翰·肯尼迪总统任命他的弟弟罗伯特·肯尼迪当司法部长，认为总统不该这样做，尽管这两个最后都被行刺身亡的兄弟至今仍受到美国人的普遍尊敬。每一届总统和州长上台伊始，往往都会任命关系亲近的人担任内阁及其他重要政府部门的职务，市长们会把他们信得过的人选进公民委员会。此时，选民们便会格外注意这些政坛新人是否真合格，真有能力，是否只是因为支持某政党、某候选人而受重用，对事实证明并不称职的新官，他们会毫无保留地公开非议，甚至要求撤销其职务。

一般而言，美国总统及其他高官大吏退休之后都不谋求新的官位，不再在别处掌大权；其子女一般也不会受荫庇而升官发财、飞黄腾达。在美国，因裙带关系出现的现象，如官位换坐、变相终身制、变相世袭、隐形世袭、亲缘曲线等，一般来说比较罕见。

历任总统中，只有第 27 任总统威廉·塔夫脱在离开白宫后还去当最高法院首席法官，实现了他的毕生夙愿。其他一些总统或退休在家，不再过问政事，或成立自己的基金会或研究中心，从事自己想做的有益于国计民生和国际事务的事情。如吉米·卡特，他退休后仍从事各种社会活动，尤其致力于帮助解决亚特兰大穷人的生活问题，如为无家可归者建造房屋，自己还为之当木匠；对世界某些地区的冲突也十分关心，曾赴苏丹、朝鲜、前南斯拉夫和海地等国从事调停工作，因此荣获 2002 年诺贝尔和平奖。他还著书、写诗。他做这一切只是以美国公民、前美国总统的身份，而不以任何新的官衔和职称，不向政府领取更多报酬。

美国历任总统的子女几乎没有在政坛占据高位、在大公司当大老板的，大多低调生活，不追逐自己的声誉名利，这与"第一家长"对这些"第一子女"

的教育有关。互联网上一篇题为《总统历史——总统的孩子们》的文章写道："不少第一家庭尽最大的努力，使他们的子女不仅少在公众面前曝光，而且也不受到冲着他们而来的恭维和奢华生活的影响。切斯特·阿瑟显然要让他的女儿内尔遁世隐居。肯尼迪夫妇希望媒体不要把聚光灯打在他们的女儿卡洛琳身上。比尔和希拉里·克林顿也同样强烈要求媒体放过他们的独生女切尔西。"

这篇文章介绍了不少事例，说明很多总统子女不仅没有享受特权，反而为重大事业作出自我牺牲，如有多名总统之子在战争年代从戎上战场，有的受伤，有的死亡。西奥多·罗斯福的幼子昆廷死于第一次世界大战法国战区的一次空战，另两个儿子也在战场上受伤，当爸爸的因此自豪地说："我的棒小子们，一个死了，两个在医院。"后来在第二次世界大战中，他的 57 岁的二儿子小西奥多，随第一批盟军在诺曼底登陆，一个月后死于心脏病。富兰克林·罗斯福的 4 个儿子也都上了第二次世界大战战场，并都参加过激战。——美国人在议论政坛和商界的裙带风导致腐败行为的同时，也为不少总统的廉正自守感到欣慰。

总统与美钞的故事

　　旅居美国已 30 余年，可从未细看过美国钞票，只知有一张上是华盛顿总统的肖像，其余的则不甚了了。绝非清高，而是天性，不以发财为人生宗旨，也确无赚大钱之本事，对钞票的兴趣也就不浓。去欧洲旅行，各国都用欧元，去未入欧盟的挪威却要用挪威克朗，照理应有兴味看看各种不同的纸币，我却因当会计师的妻子负责一切钱财事务，就没有碰过这些如今尚非身外之物的东西。

　　那么为什么忽然要写总统与美钞的故事？且听我解说。那是我撰毕《"最佳职务"副总统》一文之后浏览报纸，发现《华尔街日报》某日《评论》版上有篇文章题为《首先是艾伦·伯尔，现在是杰克·卢》。我在"副总统"一文里刚提及副总统艾伦·伯尔（Aaron Burr），他因忌恨亚历山大·汉密尔顿（Alexander Hamilton）挡其仕途而与之决斗，结果枪杀了这位美国第一任财政部长。那么这个"杰克·卢"（Jacob Lew）又是谁呢？难道他也有谋害汉密尔顿的行为？一查才知他是美国现任即第 76 届财政部长，他的"谋害"与钞票有关。

　　这就迫使我去熟悉一下美国纸币，并通过 *dollar bill* 来了解一些美国政治经济历史。

　　美国人爱取外号，连钞票也不例外。你会常听美国人大声说"巴克"（buck），说的就是钞票，当年印第安人交换货物时用的是鹿皮，公鹿（buck）后来便成了美元的代称。因为不同票面上印有多名已去世总统的头像，所以在美国钞票又叫"已故总统"（dead presidents）。还有把美钞叫作"绿背"（greenback）或"绿票"（greenmail）的，南北战争（1861—1865）开始时林肯总统为解决北方的战争经费问题要求发行绿色法定纸币，1861 年美国第一次发行的纸币就叫"绿背"或"绿票"，现成了钞票的别称。南北战争之后甚至出现过"绿背党"（the Greenback party），要求取消硬币支付，扩大纸币发行量，后来硬币便成了次要的支付手段。

美钞上的格言原来用的是美国国玺上的拉丁文"合众为一"，1957 年由国会通过、艾森豪威尔总统签署的法律规定以"我们信仰上帝"（IN GOD WE TRUST）代替"合众为一"。这名第 34 任总统说，他愿以"我们信仰上帝"这一格言"重申美国传统宗教信仰的超然存在，以此不断强化精神武器，使之成为我们国家在和平与战争中最强大的力量源泉"。自此之后已有多起诉讼案，起诉者中有律师、医生、无神论者等，他们指控这一"格言"违背政教分离原则，也违反美国宪法修正案第一条，因为这条修正案规定对宗教有信仰的自由，也有不信仰的自由。

美国联邦储蓄系统先后发行过 12 种纸币，那些大票——10 万、1 万、5000、1000、500 元一张的，笔者从未见过，但如今电脑上都有显示。小票——从 1 元、2 元、5 元、10 元、20 元、50 元到 100 元，倒是都用过，去商店有时递上 100 元钞票，要经是否伪币的检查，我不禁担心，一旦查出是假钞，除自认倒霉外，又该如何辩解清楚？

这 12 种纸币上各有人物肖像或白宫、鹰、自由女神像等图案。威尔逊总统面子最大，出现在 10 万元大票上。这一印行于 1934 年的大票，连同当年印行的 100、1000 和 1 万元，其实都不是流通币，而属"黄金证券"系列，只在联邦储备银行内流通使用。

为何威尔逊独占鳌头、居高临下？这是因为 10 万元黄金证券当时主要用于教育款项，第 28 任总统威尔逊一生都离不开学校，上过普林斯顿大学法学院，在约翰·霍普金斯大学修政治学，1886 年获博士学位，先后执教于布林·玛尔女子学院、卫斯里大学，1890 年始任普林斯顿大学法学和政治学教授，教学之余写了许多论文及 9 种著作，1902—1910 年任该校校长，可见他真是个"教育总统"，确实有资格在教育黄金证券上亮相。

不过，这种票面如今也许只有在博物馆里才能见到。

在18、19世纪印行、从500元到1万元的大票面上先后亮相的人数甚多，其中有多名在南北战争中立功的将领，多名联邦最高法院首席法官，多名国会参议员和国务卿，还有开国元勋罗伯特·莫里斯（Robert Morris）和汉密尔顿。

美国总统也有多名：亚当斯、林肯、麦金莱在500元票面上，这种票面为"法定货币"，即由法律规定在所有公私债务的支付中必须接受的货币，所以有人开玩笑说，当你捡到一张500元钞票时，不用担心，尽管市场上已不流通，你不能拿它去买一台新的iPad，但你可卖给货币经销商或搜藏家，售价不菲；克利夫兰在1000元票面上，这一票面现可高价拍卖，2013年一张千元钞票以250万破纪录高价售出，不过这张钞票上的头像还不是克利夫兰，而是南北战争时期联邦将军乔治·米德（George Meade）。"宪法之父"麦迪逊则曾出现在5000元票面上。

如今流通的从1元到100元的票面上，除10元上是汉密尔顿、100元上是本杰明·富兰克林（Benjamin Franklin）外，其余都是总统。富兰克林是杰出的政治家、作家、科学家和发明家，既是开国元勋，又被誉为美国"最博学者"。

华盛顿最谦卑，甘居1元钞票上。从1869年开始，美国人几乎人人都有，天天都见，似可说明他确实是"在同胞心目中居第一"的平民总统。

2元上的是杰弗逊，5元上的是林肯，这都没有异议，只是连中央银行也不明白，为什么2元票面始终是流通最少的纸币之一，尽管银行一直督促大家多用。

20元上的是杰克逊，由于其复杂个性，有些组织早就呼吁政府把这个第7任总统撤下来，但这个"老山核桃"倒还很"顽固"，一直源源不断地从自动取款机中跑到美国人手里。

50元上的是格兰特，这个第18任总统因其政府腐败名声也不佳，前几年曾有人提出用里根取代他的法案，结果被否决。他在接受南部邦联军投降时要求的是"无条件投降"，所以有人取笑说，钞票上的格兰特是"有条件的不投降者"。

《华尔街日报》文章把杰克·卢与艾伦·伯尔相提并论，就是因为这位现任财政部长宣布，10 元纸币上将出现一个女性形象，究竟是谁，尚未最后确定。杰克·卢并没有说要取消汉密尔顿肖像，也没有说新钞将如何设计，究竟是汉密尔顿与女性形象一起出现在正反票面，还是两人单独出现，尚在研讨之中。尽管如此，在维护传统、崇敬开国元勋的人看来，那也是对汉密尔顿的不敬，是对其历史地位的贬损，简直不异于伯尔向汉密尔顿开枪；美国政治一向是男性俱乐部，美国纸币也是男性俱乐部，为何现在要终结这个俱乐部而让女性介入？

这种把杰克·卢喻为艾伦·波尔的态度，我们从中似乎能隐隐觉察到有些人对女权运动的某种抵牾。财政部长之所以宣布这一重要决定，自然不是他个人心血来潮。财政部一方面出于货币安全、冲击伪币的考虑，有必要设计新钞，另一方面决不能对国会女议员们、"20 世纪妇女"等强大妇女组织的反复呼吁置若罔闻，另外也不能无视当前的国际趋势——有 10 多个国家已经或即将在纸币上添加女性形象，如英国已宣布，女作家、《傲慢与偏见》的作者奥斯丁将于 2017 年出现在 10 英镑纸币上，正面是伊丽莎白女王，背面是奥斯丁，她将取代达尔文，成为女王之后英国钞票上的第一个女人。

美国历史上的女权运动一波接一波，一浪高一浪，1920 年国会终于通过宪法修正案第 19 条，保障妇女享有与男子平等的选举权，有女性形象的美钞定于 2020 年问世，正是为了纪念这条具有重大历史意义的修正案颁布 100 周年。

美国人关心时事，也爱辩论，对钞票的事儿更会议论纷纷。有些人表示没有必要改变现有纸币模式，没有必要添加别的形象，更不能取代现有形象。有些人则在哪种纸币上加女性形象表示不同意见，这就涉及对总统和其他历史人物的评价，有关钞票的争论也就成了对历史的回顾，成了一场政治大讨论。

值得注意的是，不少人郑重指出，不应在 10 元而应在 20 元钞票上加女性形象。20 元上的是美国第 7 任总统杰克逊，有人甚至认为可用女性形象取代他，因为这个凭在反英战争中的战功当上总统的人品性不正，口碑甚差。他们历数杰克逊的所作所为：个性粗暴，心狠手辣，曾处死许多逃跑士兵；曾逼迫印第安人迁徙，在他们流浪、逃亡途中形成一条条"眼泪小道"；他家里的数百名黑奴被任意欺压；他当总统后扩大实行"政党分肥制"，以官职奖赏其同党，其手下一批非正式顾问形成"厨房内阁"，比正式内阁更有权势；他与副总统约翰·卡尔霍恩（John Calhoun）政见分歧，使卡尔霍恩成为美国历史上唯一自动辞职的副总统（尼克松的副总统阿格纽则因受审查而辞职）；他实行的所谓"杰克逊民主政治"运动造成严重的政治斗争，结果在美国形成两个政党：民主共和党（即后来的民主党）和国家共和党（即后来的共和党）。

不喜欢杰克逊的人又历数汉密尔顿的功绩：独立战争时期任华盛顿将军的秘书和随从参谋，在约克敦战役中起过重要作用，华盛顿退休时的"告别演说"由他代笔；对美国宪法的起草和通过贡献巨大，尤其是与杰伊、麦迪逊合写《联邦党人论文集》（The Federalist Papers），阐述制宪思想，此书至今被认为是政治经典著作，五分之三的文章由他执笔；作为第一任财政部长（1789—1794），他挽救了这个新国家的债务危机，并提出创办国家银行法案，在国际事务方面则寻求建立与英国的友好关系。他与杰弗逊之间产生政治分歧后，杰弗逊曾怀疑他腐败，暗中调查他，结果所有调查材料都证实他"未犯任何错误"，他的行政管理"完美无缺"。

因钞票引起的争论涉及对总统和其他历史人物的臧否，而究竟把哪个女性放上新钞，就又需通过回顾历史来讨论确定。这方面的建议很多，候选人不少。显然，不论哪位妇人将亮相于美钞，都是对美国男性俱乐部的又一次叩门，该俱乐部的门将开得更大，将有更多女性活动其间，为建立一个更平等的社会而奋斗。

笔者未曾料到，半年之后，财政部长杰克·卢便于2016年4月正式宣布，哈里特·塔布曼将作为美国纸币上的第一个女性形象，出现在20元票面的正面，杰克逊将被置于背面，而不是先前所说出现在汉密尔顿的10元票面上。显然，财政部听取群众意见，作出了这个调整。另有人说，正在百老汇公演、刚获普利策戏剧奖的音乐剧《汉密尔顿》或许也是这一"调整"的促进因素。

有意思的是，塔布曼与杰克逊，一个是奴隶、废奴主义者，一个是奴隶主、奴隶制维护者。美国历史上对立最严重、最尖锐的双方将出现在同一张钞票上，从前的被统治者出现在正面，统治者出现在背面，这似乎是历史的一种重写。

哈里特·塔布曼（Harriet Tubman，约1821—1913），生于马里兰州，父

母是黑人奴隶，约于 1822 年，她按北极星方向逃离家乡获得自由，后往返于北方与南部蓄奴区，先后带领 300 余名奴隶（包括其父母）投奔自由，成为"地下交通网"（the Underground Railroad）的传奇性人物，外号"摩西"，曾被以 4 万美元悬赏通缉，南北战争中为联邦军从事炊事、护士、间谍和侦察工作。

财政部长同时宣布，有 4 名女性将先后出现在 10 元票面的背面，她们是：

苏珊·安东尼（Susan Anthony，1820—1906），妇女选举权运动领袖，创办全国妇女选举权同盟，宪法修正案第 19 条亦称"苏珊·安东尼修正案"，1979 年已发行铸有其头像的 1 美元硬币。

伊丽莎白·卡迪·斯坦顿（Elizabeth Cady Stanton，1815—1902），男女平等主义者，社会改革家，曾在纽约州塞内卡福尔斯（Seneca Falls）召集美国历史上首届妇女权利代表大会，宣读《感伤宣言》，后大力开展妇女选举权运动。

卢克丽霞·莫特（Lucretia Mott，1793—1880），废奴主义者，男女平等主义者，曾协助召集美国妇女反对奴隶制大会，与斯坦顿一起召集首届妇女权利代表大会，参与创办美国权利平等同盟。

艾丽斯·保罗（Alice Paul，1793—1977），宾夕法尼亚大学经济学博士，1916 年创办全国妇女党，总部设于国会大厦附近，为争取妇女选举权曾组织在白宫前的抗议活动。奥巴马总统称她是"出色的社会组织者和政治战略家"。

索琼娜·特鲁思（Sojourner Truth，约 1797—1883），非原名，所改名字意为"旅居者·真理"，生来便是奴隶，曾逃亡到纽约市，杰出的黑人和妇女利益代言人，演讲富有魅力。

将先后出现在 5 元票面背面的有 2 名女性和 1 名男性：

玛丽安·安德森（Marian Anderson，1897—1993），杰出的黑人女低音歌唱家，享有国际声誉，1939 年"美国革命女儿会"（DAR）禁止她在华盛顿宪法厅演唱（该厅"仅供白人艺术家用"），罗斯福总统夫人为此辞去 DAR 职务，并通过内政部安排，让她在林肯纪念堂前举行户外复活节音乐会，她站在台阶上演唱，在场听众 7.5 万人，电台广播听众则达数百万。

埃莉诺·罗斯福（Eleanor Roosevelt，1884—1962），杰出的社会活动家，常赴各地访问、演讲，撰写专栏文章，举办电台节目，定期举行女记者招待会，其主要宗旨即为妇女和黑人争取平等权利。

一名男性是马丁·路德·金（Martin Luther King，1929—1968），杰出的黑人民权运动领袖，诺贝尔和平奖获得者。1963年组织"向华盛顿进军"活动，在林肯纪念堂前20万群众集会上发表影响深远的演讲《我有一个梦想》（I Have a Dream）。遇刺身亡，现每年一月第三个星期一为其纪念日。

总统与美钞的故事，女性形象将与总统形象一起出现在纸币上，这说明社会在改变，在进步，社会上有男人、白人、强人，也有女人、黑人、其他少数民族和弱势群体，

不论是谁，今后都应平等，应受到同样的尊重。依然是《独立宣言》上的那句老话："人人生而平等"，尽管在此宣言问世240年之后，才有将女性形象加入美钞的重要决定。

话说总统图书馆

英语"library"的含义比中文的"图书馆"要广。"图书馆"一般就指我们借阅图书、报刊的地方，而"library"除此含义外，还指为个人所建、为研究所用的收藏有关档案资料的机构，所谓"美国总统图书馆"就是此类图书馆，里面当然有图书，但只包括与该总统有关的书和总统自己写的书。总统图书馆一般也附有"博物馆"，收藏与总统执政时期有关的各种文物、实物。

笔者想到写此文，是因为前总统小布什的图书馆和博物馆在得克萨斯州达拉斯循道宗大学正式落成，引起许多美国人一番议论，我便想乘机也"话说"一番。

前总统卡特、老布什、克林顿和小布什及其夫人们，现任总统奥巴马及其夫人，都出席了这个落成典礼，近万名宾客观礼，场面盛大。在这种场合，不论党派异同，不论政敌与否，都要说些好话。奥巴马就尽量把小布什夸赞了一番，讲他站在纽约世贸中心废墟"归零地"（Ground Zero）时所显示的力量；讲他在全球反艾滋、霍乱之战中，向世界上最偏僻、最穷角落的人民所显示的美国的关怀和帮助；讲他关心教育，要帮助所有的而不是少数的学生，不让一个孩子落在后面。奥巴马甚至很幽默，讲了小布什小时候的故事，说有一次他参观博物馆回家，朝他母亲指指自己的口袋，得意地说，他在博物馆里偷了一条小恐龙的尾骨，把他母亲吓了一大跳。

不过，社会上因小布什图书馆落成而非议小布什的言论还真不少，这里暂且不谈，不妨先说说美国总统图书馆的历史。

　　在美国最先建总统图书馆的是富兰克林·罗斯福总统。他的海德公园图书馆是美国第一个总统图书馆，建于1939—1940年间，其博物馆建于1941年。在他执政之前，与总统有关的档案文件往往都随意处置，最有价值的一部分自然归国家所有，但重要行政首长们的文件资料大多算私人所有物，在他们离职时都带回家去。这些资料后来有被出售的，有被销毁的，有的散落，有的丢失。有些存在官员自己家里，政治学者、历史学家都无法接触。

　　罗斯福始终认为，总统文件是国家遗产的重要部分，应该让民众接触。为建自己的图书馆，他自立一个制度，即完整保存他政治生涯——当纽约州参议员、海军部助理部长、纽约州州长和美国总统期间的所有文件，还保存他私人收藏的有关美国海军历史的报纸、书籍和纪念物。为帮助他建图书馆，他的朋友们曾专门成立公司，为之募捐筹款，图书馆建成后交予国家档案局管理。罗斯福因自己的文件资料成了国家财产而感到高兴，相信今后学者们均有机会接触使用。当时一名档案专家说："富兰克林·罗斯福代表国家对历史学家们的祈求做出了回答。"

　　罗斯福此举开了先例，1955年国会因此通过《总统图书馆法》，规定为当时还健在的胡佛总统及其之后的每一位美国总统建立由私人筹款、国家管理的图书馆。1978年颁布的《总统档案法》则规定总统的所有档案为国家财产。

　　位于纽约州海德公园区的罗斯福总统故居和图书馆，是我们纽约人的近水楼台。笔者曾前往参观，一进馆内，只见众多文字、图片、影片和实物重现历史，使人仿佛回到20世纪三四十年代，回到经济危机黑潮汹涌、世界大战乌云密布的美国，而罗斯福以其政治气魄逆流而上，力挽狂澜，为美国历史写下了彪炳千秋的篇章。参观者自然会拿这个"小罗斯福"与"小布什"相比：一个克服了经济危机，打败了法西斯；另一个侵略了伊拉克，制造了经济危机，同为总统，均有图书馆，两者相差之大却如天壤之别。

　　包括最新的小布什图书馆在内，美国现有13个总统图书馆，这些总统是：胡佛，罗斯福，杜鲁门，艾森豪威尔，肯尼迪，约翰逊，尼克松，福特，卡特，里根，老布什，克林顿，小布什。

　　奥巴马总统将告别白宫，这个美国第一位黑人总统的图书馆将建在何地？曾有多个竞标：哥伦比亚大学，奥巴马曾是该校本科生；夏威夷大学，夏威夷州是他的诞生地。后经一年多寻访，确定为芝加哥南区。芝加哥是他政治生涯的肇始之地，有其宽泛的人脉网，所以最适合建其图书馆。

奥巴马自己曾说："在我移居芝加哥之后，我生命的所有肢体都聚拢在一起，我真的成了一个人。"这个逐渐成熟的政治家，曾在芝加哥南区从事社区组织工作，也在芝加哥大学教过法律，先后当选伊利诺伊州参议员、国会参议员，最终由国会山走进了白宫。他的妻子在芝加哥南区长大，曾是芝加哥大学行政官员。他们的两个女儿也生在南区。

芝加哥市市长宣布说，未来的"巴拉克·奥巴马总统中心"将包括图书馆、博物馆和奥巴马基金会办公室。至于具体地点，究竟在南区何处，尚在研讨之中。芝加哥南区历来失业率高、犯罪率高，总统图书馆或许会使该地区大大改观。

胡佛之前的美国总统有些也有图书馆，但分别属于其他机构，不由国家管理。如华盛顿研究图书馆由弗吉尼亚州芒特弗农妇女协会管理，2005年建成的林肯图书馆和博物馆为伊利诺伊州所有。有些总统始终没有图书馆，如西奥多·罗斯福，但也并非永无机会。几年前北达科他州议会通过法案，决定拨款给迪金森大学建造老罗斯福图书馆。总统图书馆一般都建于总统家乡州，这位第26任美国总统生于纽约市，北达科他并非其家乡州，能在离世90多年后在该州享有图书馆，显然是因为他在26岁时母亲和妻子相继去世后，只身赴达科他州过了两年牛仔生活，既逐渐排除了内心忧伤，又强健了他原本羸弱的身体，以致后来强健得像雄麋，甚至还创建了"雄麋党"。老罗斯福不仅是个粗犷善武之人，而且还是个贪心的书迷，曾博览群书，善于速读，且有惊人记忆力，又爱写书，一生著有30余本关于历史、政治和旅行的书，所以更有必要为其补建总统图书馆。

总统图书馆分别建于各总统的家乡州，均由国家档案管理局管理，大多由著名建筑师设计，位于马萨诸塞州多切斯特的肯尼迪图书馆和博物馆由华裔建筑师贝聿铭设计。

根据《总统图书馆法》先后建立的13个总统图书馆收藏十分丰富，共计有：4亿多页文字材料，近1000万幅照片，1500万多英尺（5000多公里）长的电影资料，近10万小时的唱片、录音带、录像带，约50万件博物馆存物。

　　如此丰富的藏品使每个图书馆都能成为有关总统的信息库和研究中心，可供政治学家、历史学家和作家们检索、使用他们所需要的信息资料。各图书馆里最重要的文字档案都由总统及其班子于任职期间执行公务时创建。其他重要藏品还有与总统有关的个人所提供的私人文件和历史资料，这些个人包括内阁官员、驻外使节、政党同僚、总统家庭和个人朋友等。有些图书馆藏有录音的口述历史，有的图书馆还收藏有总统家庭的祖传遗物、总统及其家人收集的物品、竞选纪念物、奖品、美国公民和外国显贵赠送的礼品等。

　　国家档案管理局在其告示中写道，美国总统图书馆欢迎民众前来参观，以便了解改变我们生活、使我们形成这个国家的历史事件；为研究学者提供最大可能的用途，保证他们能使用那些不可或缺的重要档案资料；举办各种教育活动，如讲座、研讨会，使学生们增加历史知识，让年青一代有志于重大社会事业。

　　在 13 个总统图书馆和博物馆中，参观人数最多的是里根图书馆和克林顿图书馆。位于加利福尼亚州锡米谷市的里根图书馆，2012 年参观者近 37 万；位于阿肯色州小石城的克林顿图书馆，2009 年建成后一年内参观者近 45 万，2011 年 30 多万。他们一个是富于魅力的共和党人，另一个是富于魅力的民主党人，都曾是许多美国选民心中的偶像。克林顿图书馆内仿造的同样大小的白宫椭圆形办公室尤能吸引参观者。

　　克林顿曾在其图书馆开幕仪式上说，他的图书馆标志他执政 8 年期间美国所发生的变化，"我们从冷战时期转入了相互依存的时代；我们从工业经济转入了信息时代经济；我们终于离开了那个饱受奴隶制度和种族歧视困扰之苦的时代"。

　　当时 3 位前总统在仪式上称赞克林顿不仅是一个敏锐精明的政治家，而且是一个可以和广大民众亲近的人。老布什赞道："比尔·克林顿是当代历史中最富天才的美国政治人物之一。说实话，我很难学到。"

　　那天有一个孩子问他父亲，为什么他那么喜欢克林顿，那个父亲回答说："儿子，他会看着你的眼睛，他会握你的手，他会抱你的小孩，他会搂你的狗，——他会同时这样真诚地对待你。"

　　克林顿图书馆基金会主任鲁瑟福特说："总统图书馆不是重写历史，而是保存历史。好和坏，成功和挫折，胜利和失败，都要如实反映。"莫妮卡·莱温斯基的名字在此也未被抹掉，馆中"权力之争"专题讲述克林顿与独立检察官肯尼思·斯塔尔、国会共和党议员之间的法律之战，自然不会没有那个绯闻女主角的名字。此事件的叙述用的是克林顿的观点，历史学家们说，任何总统图书馆都会这样做。

克林顿图书馆的建造花费私人捐款 16500 万美元，小布什图书馆的造价更高达 25000 万美元，后者不仅有图书馆和博物馆，还有一个政策中心，一个研究所，建筑面积多达 20 万平方英尺（1.9 万平方米），规模之大仅次于里根图书馆和博物馆，正应了一句俗谚："在得克萨斯州啥东西都要大一些。"

花钱多、规模大的小布什图书馆一建成，舆论立刻作出负面反应。

全国广播公司新闻节目在报道时发出疑问："大一些，就好一些？"

小布什建图书馆得到的捐款高达 5 亿美元，网上《哈福邮报》质问道："布什的 5 亿美元图书馆：我们应该不应该知道谁是他的超级捐赠者？"

有个国会工作人员撰写题为《总统图书馆是大失败》的文章，指出"战争总统"布什图书馆陈列的是他的"战利品"，绝不会像肯尼迪、里根和克林顿图书馆拥有那么多参观者，因为他不能像里根那样得到英雄般的崇拜，不能像克林顿那样用感性语言来激发人们的热情，也不能像肯尼迪那样引起人们深思、幻想。

小布什图书馆的落成开放甚至成了许多人"清算"布什政府执政谬误的机会。博客"进步思想"指出，第 43 任总统及其助手们企图利用图书馆来美化他的形象，为其取消管制华尔街、入侵伊拉克等错误政策辩护，以巩固其历史地位，但是，"我们还是有 13 个理由为布什不再是总统而感到高兴"。文章列举"13 个"理由，显然要和"第 13 个"总统图书馆相呼应。

独立媒体研究所"改革网"所刊载的文章标题是：《你鄙视乔治·W. 布什总统任期的 50 个原因：他的总统图书馆落成之日唤起的记忆》。文章还真洋洋洒洒，列举了从"2000 年他窃取总统席位"到"他或许也窃取 2004 年大选"的 50 个原因，俨然是一份声讨书。

诺贝尔经济学奖获得者保罗·克鲁格曼的《纽约时报》专栏一向令人注目，布什图书馆揭幕后，他在其专栏发表自己的看法。他写道，近来他一直在关注经济政策问题，所以对大力恢复布什形象、加速落成他的图书馆这件事有点儿疏忽；也因为自己是个"反布什分子"，当大家都在颂扬布什是个"伟大领袖"时，他却说他是一个糟透的总统，所以他对总统图书馆这样的事也就不屑置喙了。他写道："但确实有必要说，布什先生是一个糟透的总统，大概也是一个最差的总统，不仅因为许多人已经指出过的原因。"

他说，一般人只觉得布什的政策很坏：在伊拉克造成大灾难，取消联邦紧急救济署，挥霍财政预算盈余，抬高老人医疗保险价格，等等。事实确是如此。然而，他认为，有一种比他政策失败更为严重的东西：布什先生把一种达到前所未有程度的有系统的欺骗行为带进了美国的政治生活，以致或许永难纠正。减税和伊拉克战争，就算是他的两大"政绩"吧，给我们国家的命运蒙上了漫长阴影，而我们要记住的关键问题是，这两者都是靠说谎来兜售的。他的减税政策只有利于富人，只能加剧社会不平等，他却从来不承认这一事实。他用谎言把我们引入残杀了数万人的伊拉克战争，他也许有不止一个理由，但有一点他从来不敢透露：为了在 2004 年大选中竞选连任成功。

克鲁格曼认为，这是美国人民要求他们的领导人多多少少可以信得过的时候了，谁也不期望他们成为圣人，但是我们希望他们在大事上不要说谎。他的文章的标题是《对乔治·W.布什无赎罪之道》，意即布什无法用其图书馆和博物馆来抵消自己的错罪。

建总统图书馆是美国的一大发明，是一件大好事。一个国家的政府要透明，其总统更要透明，建图书馆这一制度会促使在职的和未来的美国总统们更诚实、更公正地执政，从而能为自己在历史上留下好名声。历史学家们也可以借总统图书馆把历史研究得更清楚、更透彻，使自己的国家能在好总统领导下变得更文明、更先进、更昌盛。

话说第一夫人

　　美国总统，从华盛顿到奥巴马，共44任，43人（克利夫兰当了两任），那么第一夫人似乎也应是43位。但事实上，由于单身、死亡等因素，有些总统在任期内没有妻子，个别人终生未婚，所以历届第一夫人的总数少于43名。白宫不能没有女主人，无妻或丧妻的总统便由他们的女性亲属担任女主人。

　　杰弗逊的妻子在他当选总统前18年就已去世，所以由他的女儿玛莎当白宫女主人，至于为他生了多名孩子的黑人女奴赫明斯自然只能当"隐形人"。

　　范布伦的妻子竟也是在他当总统前18年去世，其儿媳妇安吉莉卡便成了白宫女主人。

　　杰克逊的妻子雷切尔是个重婚者，未与前夫离婚就嫁给了已当选总统的杰克逊，可不幸在他宣誓就职前病逝，白宫女主人就由她的侄女担当。

　　阿瑟的妻子艾伦是个女低音歌唱家，在他进白宫前20个月，她在一场音乐会之后患肺炎去世，阿瑟的妹妹玛丽当了白宫女主人。

　　布坎南一辈子单身，以前自然不能提其性倾向，但如今至少可以这样说："如果有任何一个美国总统被认为可能是同性恋者，那就是布坎南。"在他当驻俄公使、国务卿、驻英公使和总统时，均无妻子陪同。他的侄女哈里特·莱恩（Harriet Lane）是个孤儿，从小由他这个叔叔培养，她曾随他去英国，女皇误以为她是"公使夫人"。她长得妩媚，性格开朗，当白宫女主人后，善于应酬，谈笑自若，一扫皮尔斯总统当政期间白宫内的阴郁气氛，以致口碑载道，被誉为"第一夫人"。皮尔斯的妻子简（Jane）一直不赞成丈夫从政，对他当选总统不以为意，对自己当第一夫人也毫无兴致，他们进白宫前两个月，她又眼见其独子惨死于火车车祸，精神受重创，所以心情始终郁郁寡欢，白宫内也就一直死气沉沉，直到哈里特接替才变了样。

不爱当第一夫人的不仅是简，扎卡里·泰勒的妻子玛格丽特（Margaret）也一样，她曾跟丈夫住在西部边远地区，喜爱野外生活，学会骑马打枪，白宫对她而言无异于杜鲁门所说的"大白狱"，所以拒绝当女主人，结果由他们的女儿代劳。

约翰逊的妻子伊莱扎（Eliza）愿意教丈夫读书，指导他拼写，纠正他发音，但因患肺病，不能当女主人，便由他们的女儿玛莎担任，每天清晨玛莎都在白宫挤牛奶。

白宫内红白喜事都有。克利夫兰进白宫时还是单身汉，由他的姐姐罗斯当白宫女主人，后来他与最年轻的第一夫人弗朗西斯（Frances）（21 岁）结婚，他是唯一一个在白宫举行婚礼的总统。有多名总统子女也在白宫举行婚礼，其中有小亚当斯的儿子、门罗的女儿、尼克松的大女儿和小布什的孪生女之一。"白事"是有 3 个第一夫人病逝于白宫：约翰·泰勒的妻子利蒂希亚（Letitia）、哈里森的妻子卡罗琳（Caroline）和威尔逊的妻子、画家艾伦（Ellen），威尔逊后娶伊迪丝（Edith）为第二任妻子。

美国选民对总统竞选人的婚姻状态十分重视，离婚或婚外情，在很多人看来是不忠于配偶、不忠于家庭的行为，这样的人就不适于当总统，那些离过婚或有婚外情的人也就不敢竞选，也有人敢，可正如英语谚语所说，"闷住的火烧得更烈"，隐瞒的事情一旦暴露，在政治上的失败就更惨重。如前国会参议员约翰·爱德华兹（John Edwards），2004 年被提名为民主党副总统候选人，2008 年宣布竞选总统，后又宣布取消，那就是因为被他"闷住的火"烧起来了——他与一个女性电影制作人有染甚久，并有一私生女，他起初不诚实，加以否认，并将竞选捐款用于掩盖真相的活动，结果遭起诉受审，尽管最后因陪审员意见不一成了未决审判，但爱德华兹这颗"政治新星"从此也就不再闪亮。

在美国总统中唯一离过婚的是里根，但那是很久以前的事，而他与演员南希（Nancy）结婚后，两人一直恩爱不渝，传为佳话。他患早老性痴呆症后，南希一直悉心照顾。

小罗斯福和克林顿都因婚外情而面临婚姻危机，前者与秘书"小姐"有染，曾想抛弃妻子埃莉诺。克林顿与白宫实习生的绯闻惊世骇俗，假如希拉里因此与他分手，克林顿就有可能被迫辞职。但由于各方都考虑到婚变的政治代价，故能继续维持其婚姻状态，希拉里自己后来也就能当参议员、国务卿，并两度竞选总统。

在第一夫人中，在其他许多方面也是"第一"或"唯一"。

华盛顿的妻子玛莎（Martha）是第一个出现在美国邮票上的第一夫人。

艾比盖尔·亚当斯（Abigail Adams）是第一个既是一个总统的妻子又是另一个总统的母亲的妇人。

麦迪逊的妻子多莉（Dolley）是第一个接到电报发明家塞缪尔·莫尔斯（Samuel Morse）发出的电报的美国人，也是唯一获得国会荣誉席位的第一夫人。

小亚当斯的妻子路易莎（Louisa）是唯一一个生在国外（英国伦敦）的第一夫人。

安娜·哈里森（Anna Harrison）是唯一的既是一个总统的妻子又是另一个总统的祖母的第一夫人。

波尔克的妻子萨拉（Sarah）为他当秘书，不拿工资，禁止在白宫跳舞、打牌。

林肯的妻子玛丽（Mary）在他遇刺身亡后参加"降神会"（Séances）（与鬼魂通话集会），说是林肯出现在她的面前。

格兰特的妻子朱莉娅（Julia）眼睛内斜视，南北战争期间，林肯任命格兰特为联邦军总司令，她在家里仍使用黑人奴隶。

海斯的妻子露西（Lucy）是第一个在白宫严禁所有酒精饮料的第一夫人，在白宫草坪上主持第一次白宫复活节滚彩蛋活动。

海伦（Helen）是第一个有汽车又能开车的第一夫人，她开车送其肥胖的丈夫塔夫脱出席就职典礼。

哈丁的妻子弗洛伦斯（Florence）是第一个参加选举、乘坐飞机、使用电影摄影机、有无线电收音机、邀请电影明星到白宫来的第一夫人。她被怀疑毒死了自己的丈夫。

胡佛的妻子娄（Lou）是第一个获得斯坦福大学地质学位的女子，曾随她的矿业专家丈夫前去中国，因义和团运动被困在天津租界。夫妇俩在前往中国的太平洋客轮上就抓紧学讲中国话，到中国后更努力学，据说，娄比胡佛学得好。

米歇尔·奥巴马（Michelle Obama）是第一个非裔美国人第一夫人，名校普林斯顿大学、哈佛大学法学院毕业生，曾任职于芝加哥大学。

20世纪30年代以来，从埃莉诺·罗斯福开始，第一夫人们发挥更大作用，更具社会影响，并非作为花瓶一般的摆设，而是作为活跃的社会活动家，令人钦佩。

埃莉诺·罗斯福（Eleanor Roosevelt，1884—1962），生于纽约市，父母早逝，由祖母抚养成人，小时候很自卑，自称"丑小鸭"。15岁时，由其姑母支持，她去伦敦附近的艾伦斯伍德女子学校学习，校长器重她，帮她学会说流利的法语，并影响她懂得自尊并树立独立思想。

1902年在前往纽约州蒂沃利的火车上邂逅她父亲的远房堂弟富兰克林·罗斯福，两人一见钟情，后来"秘密"通信、约会、订婚。富兰克林的母亲反对接受埃莉诺，要他一年内不公开订婚消息，但他在给母亲的信中写道："我知道我自己的想法，已经知道很久了，而且知道我不可能再有别的想法。"两人的婚礼日子后由在任总统西奥多·罗斯福确定于1905年圣帕特里克节，并由他在婚礼上把埃莉诺送交给他的远房堂弟富兰克林。两人婚后的婆媳关系不好，同住在纽约州海德公园镇公婆家里，婆婆掌管一切，包括抚养其7个孙儿女，她对其长孙说："你的母亲只生了你，我比你的母亲更母亲。"而在儿子有婚外情想与埃莉诺离婚时，她却能以断绝母子关系相威胁。罗斯福夫妇后来因心中各有另人，尽管两人在政治上志同道合，但在夫妇感情上并不和谐。

1933年，埃莉诺成为第一夫人。她并不喜欢担任传统的白宫女主人角色，而更希望有自己的社会活动。后来她受到美国人的普遍尊敬，确实不仅因为总统夫人的身份，而且因为她自己是一个杰出的社会活动家，被视为美国历史上最活跃的第一夫人。她常赴各地访问、演讲，参加劳工集会，下矿井探望矿工，还常年撰写报纸专栏《我的一天》，与读者心心相印，并把演讲费和稿酬都捐给慈善机构。她还定期举行女记者招待会，举办电台广播节目，创办平民保护办公室。作为罗斯福"新政"的"眼睛和耳朵",她的活动宗旨是维护人权,为妇女和黑人争取平等权利,其观点对总统及其政府的决策具有重要影响,"新政"因而能充分照顾弱势群体的利益。在南方种族隔离严重时期,她在公众场合与黑人拥抱,给人以深刻印象。1939 年,保守组织"美国革命女儿会"阻止黑人女低音歌唱家玛丽安·安德森在华盛顿宪法厅演唱,埃莉诺因此辞去该组织的职务,并在她协助安排下,安德森在林肯纪念堂前面举行了一场隆重的户外音乐会。

第一次世界大战退伍军人曾组织"补助费大军"(the Bonus Army),在华盛顿多次举行示威活动,胡佛总统命令出动骑兵和步兵,并动用催泪弹驱散游行队伍。罗斯福总统上任后,"补助费大军"又一次上街,埃莉诺亲自去退伍军人的满地泥泞的临时营地,听他们一个个诉说,回答他们的问题,跟他们一起唱军队歌曲,从而缓解了他们与政府之间的紧张关系。有一个退伍军人说:"胡佛派来军队,罗斯福派来妻子。"

罗斯福去世后,作为外交家,她两度担任美国驻联合国代表,并参与《世界人权宣言》起草工作。死后葬于海德公园罗斯福墓旁,前总统杜鲁门和艾森豪威尔出席了葬礼,政治家艾德莱·史蒂文森(Adlai Stevenson)致悼词说:"对她而言,与其诅咒黑暗,不如点亮蜡烛,她的光辉温暖了世界。"

杰奎琳·肯尼迪(Jacqueline Kennedy),1929 年生于纽约长岛,父亲是华尔街股票经纪人,她于 1951 年毕业于乔治·华盛顿大学,取得艺术(法国文学)学士学位,后任报纸文字和摄影记者。1952 年在一次晚餐派对上与国会众议员肯尼迪相识,第二年两人结婚,曾生有 4 个孩子,其中两个死于幼儿时期。作为第一夫人,她协助丈夫的行政管理工作,陪同他参加各种社会活动,尤其令人瞩目的是,她主持白宫全面重新装饰工作,使白宫面貌焕然一新,以致被誉为展示美国历史和艺术的国家博物馆。她希望在华盛顿、在白宫都有更浓的艺术气氛,故在白宫东厅设置活动舞台,先后邀请华盛顿歌剧院、女中音歌唱家格拉斯·巴姆布里(Grace Bumbry)、西班牙大提琴演奏家卡萨尔斯等前来演出。装修工程结束后,她在哥伦比亚广播公司的白宫之旅电视节目中担任导游,观众多达 8000 万,她因此获得电视界"艾美金像奖"(Emmy Awards)荣誉奖。

1963 年 11 月 22 日肯尼迪在达拉斯遇刺时，她也在车队里，葬礼后她与孩子们不再出现在公众前。1968 年她与希腊船王阿里斯托尔·奥纳西斯（Aristotle Onassis）结婚，改姓奥纳西斯。1975 年奥纳西斯病逝后，她在纽约从事出版社编辑工作。1994 年逝世，葬于阿林顿国家公墓肯尼迪墓旁。1999 年，其 39 岁的儿子，记者、律师、杂志发行人小约翰·肯尼迪自己驾机失事身亡。

莱蒂·伯德·约翰逊（Lady Bird Johnson，1912—2007），第 36 任总统林登·约翰逊的妻子，其名"Lady Bird"意为"小瓢虫"，是其幼时保姆为她取的绰号，结果替代原名成了正式名字。

她是得克萨斯人，父亲是个富商，母亲是歌剧爱好者。她在得克萨斯大学修得艺术和新闻两个学士学位，原打算从事媒体工作，但因约翰逊很早求婚，婚后生育两个女儿，便成了家庭主妇。丈夫后来历任国会众议员、参议员、副总统，肯尼迪遇刺后接替总统职务，她便成了他的得力助手。他竞选国会议员，她给他提供竞选资金；二战期间他应征参加海军后备队，她破例为他代理国会工作，甚至雇有自己的新闻秘书；丈夫与记者发生冲突，她为之婉言调解。她以继承的遗产购下一个广播电台和一个电视台，并与多名重要政治人物合伙，成了百万富翁。

1960 年，肯尼迪挑选约翰逊为竞选伙伴，因杰奎琳怀孕在身，故请莱蒂·伯德一起参加竞选活动，在 70 多天里周游 11 个州，行程 5.6 万多公里，出席 150 次竞选会议，有助于肯尼迪和约翰逊赢得南方 7 个州的选票。约翰逊任副总统期间，作为"第二夫人"，她常替代杰奎琳参与很多活动，也发现副总统并无权力。肯尼迪遇刺那天，她和约翰逊都在肯尼迪后面的车队里。

作为第一夫人，莱蒂·伯德创立"为首都更美丽协会"（Society for a More Beautiful National Capital），主持首都华盛顿美化工作。她说："哪里有鲜花开放，哪里就有希望。"她与美国园丁协会合作，倡导并实施保护野花、在公路沿线种花计划，其影响遍及全国。后来，由于她积极推动，国会制定颁布了《公路美化法》，要求在全国公路两侧植树种花、限制广告牌，此法因此又名"莱蒂·伯德法"。她是第一个有自己的新闻秘书和参谋长的第一夫人，白宫从此还专为其雇佣人员，协助完成第一夫人的工作计划。

1964 年大选，约翰逊起初不想竞选连任，也以为民主党不再需要他，他的同僚劝他竞选也无用，但结果还是听了莱蒂·伯德的劝说。这一次，她乘坐洛克希德公司提供的涡轮螺旋桨专机前往中南部各州，独自为其丈夫开展竞选活动。约翰逊接着又当了4年总统。1970年，她出版《白宫日记》一书，回顾从1963年11月至1969年1月的白宫大事。

南希·里根（Nancy Reagan，1921—2016），生于纽约市皇后区法拉盛（Flushing），该社区自20世纪80年代以来发展为繁荣的"中国城"，她当演员时，有制片人说她"长得像中国人"，1984年她随里根总统访华。她的父母很早离异，她随母亲跟继父去了芝加哥，继父视她如己出，她视继父为父亲，后来她对里根与前妻的孩子也视如己出。她曾在马萨诸塞州史密斯学院修读英语和戏剧，1943年毕业后，曾在纽约百老汇演音乐剧。1949年进入米高梅电影公司（MGM），成为好莱坞演员，不过对她而言，心目中"等待的人"比她演戏更重要，结果等来罗纳德·里根，自称其生活"始自里根"。两人于1952年结婚，生有两个孩子。

对第一夫人南希，美国选民有褒有贬。她企图像杰奎琳一样重新装饰白宫、撤换4000多件瓷器等做法令人非议。1981年美国经济尚不景气，她花重金备行头，赶往伦敦出席查尔斯王子和戴安娜王妃婚礼，平时爱时髦服饰，甚至向时装公司"租借"昂贵服装，有人因此说她"浅薄""虚荣心强"，对里根的决策也多加干预，故被称为"南希女皇"。

她所做的最值得肯定的事情是积极参与缉毒之战，1982年发起"就说不"运动（Just Say No）。对这场运动，她可谓尽心尽力。她说："假如你只能挽救一个孩子，那也值得。"她出门远行，四处演讲，行程40万公里，接受采访，撰写文章，拍摄纪录片，23次上电视访谈节目，都为反对吸毒这一目的。有关社团响应其号召，制作了大批绘有南希·里根肖像的"就说不"告示牌，各地学校和青少年组织成立了5000多个"就说不"俱乐部。1985年，她向其他国家推广这场运动，曾邀请30个国家的第一夫人前来华盛顿，出席白宫的"第一夫人反吸毒讨论会"。她后来成了第一个在联合国发表演讲的第一夫人。在她的影响下，英国的"就说不"运动开展得尤有成效。1986年，里根总统签署《反对嗜用毒品法》，为缉毒之战拨款11.7亿美元，分别用于反毒教育、戒毒治疗和建造新监狱。在其执政期间，社会上吸毒现象确实显著减少。

希拉里·克林顿（Hillary Clinton），1947 年生于芝加哥一个基督教循道宗信徒的保守家庭，父姓罗德姆（Rodham）。父亲为威尔士和英格兰人血统，经营小型纺织企业，母亲操持家务，为英格兰人、苏格兰人、法语加拿大人和威尔士人的后裔。她上学时喜欢游泳、打棒球，得过许多奖章，在"太空竞赛"时期曾写信给国家航空和航天局，要求当宇航员，得到的回答是宇航员不接受女子。1965 年入韦尔斯利女子学院（Wellesley College），曾当选该校政治协会主席，在马丁·路德·金遇刺身亡后，她在全校组织了为时两天的罢课，并吸收更多黑人学生加入政治协会。她曾参加"韦尔斯利在华盛顿"暑假活动，旁听国会共和党会议。1968 年，她参加在迈阿密举行的共和党全国代表大会，见会上浓厚的种族主义气氛而脱离了共和党，开始倾向于民主党。1969 年毕业，取得艺术学士学位，并成为该校第一个在毕业典礼上演讲的学生，听众站起来喝彩、鼓掌达 7 分钟之久。

1969 年，希拉里入耶鲁大学法学院，重点学习有关保护儿童的法律。1971 年与同校学习的比尔·克林顿相识。1973 年她获得法学博士学位，后又在耶鲁儿童研究中心研究一年，其第一篇学术论文《法律保护下的儿童》发表于《哈佛教育评论》。离校之后先后在马萨诸塞州剑桥、华盛顿从事法律工作，曾参与国会司法委员会关于"水门事件"以及是否弹劾尼克松等问题的研究讨论。1974 年，在未通过哥伦比亚特区律师资格考试却通过阿肯色州律师资格考试后，她决定迁居阿肯色。1975 年与比尔·克林顿结婚。

1978 年克林顿当选阿肯色州州长后，希拉里作为小石城玫瑰法律事务所合伙人一直工作到 1992 年克林顿当选总统。1980 年生下女儿切尔西（Chelsea）。克林顿竞选总统期间，有小报刊登克林顿与一女歌手有婚外情的消息，克林顿夫妇俩一起上哥伦比亚广播公司《60 分钟》节目，以示其正常家庭关系。由于她发表了关于愿意追求自己的事业而不愿当家庭主妇的言论，至少有 20 篇报刊文章批评她，称她为"小石城的麦克白夫人"。

作为第一夫人，她不仅在白宫东翼有传统的第一夫人办公室，而且在西翼也有办公室，并像埃莉诺·罗斯福一样公开显示其权力，对此，有人赞许，有人非议。根据循道宗教义，她认为自己参与政治是因为看到"美国灵魂的昏睡病态"，所以"要促使人们有意愿在由 20 世纪过渡到新世纪之际以新的精神改造社会"。她与参议员特德·肯尼迪（Ted Kennedy）等人一起促使国会通过"国家儿童健康保险计划"。她成功地为国家健康研究所增加了前列腺癌和儿童哮喘病的研究经费。有人反对 1996 年《福利改革法》，并要她劝克林顿加以否决，但她始终支持该法案。她与司法部长一起在司法部创设"反对暴力施予妇女办公室"。1997 年，她提出并由国会通过《领养和安全家庭法》，这被她认为是她当第一夫人期间的最大成就。她在白宫还多次主持有关儿童、青少年的学习、健康和培养问题的讨论会。由她主持制定、旨在使大多数美国人享有医疗保险的医疗照顾计划则未能被国会通过。

作为第一夫人，她共出访 79 个国家，打破了尼克松夫人的出访纪录，在许多场合为世界各国妇女的平等权利说话。

经过多种所谓"门"和"事件"的威胁和审查，承受丈夫绯闻引起的巨大压力，希拉里在政治上并未软弱、退缩，相反，她雄心勃勃，在克林顿卸任后，开始闯自己的仕途。1998 年，国会中一名纽约州参议员宣布退休，她敏锐感到这是一个好机会，便决定与丈夫迁居纽约州查帕夸（Chappaqua），2000 年以纽约州居民身份竞选国会参议员，2006 年竞选连任，都获成功。2008 年竞选美国总统提名，败于奥巴马，2009 年奥巴马上任后任命她为国务卿。2015 年，她宣布竞选第 45 任美国总统。关于 2016 年大选，本书在《2016 年大选》一文中会有介绍。她著有《要用全村之力》（*It Takes a Village*）（1996）、《希拉里·罗德姆·克林顿的独特声音》（*The Unique Voice of Hillary Rodham Clinton*）（1997）、《白宫请柬》（*An Invitation to the White House*）（1997）、《亲历历史》（*Living History*）（2003）、《艰难抉择》（*Hard Choices*）（2014）等书。

对自己的特殊身份，对政治和家庭，历届第一夫人见仁见智，不妨将她们中有些人的看法引述如下，由此或许能增进对她们的了解。

小亚当斯夫人说："在这座非社会的府邸里，有一种不可言喻的压抑我精神的东西，使我不可能感到是在家里，或想象在家里。"

约翰·泰勒夫人在给母亲的信中写道："我亲爱的母亲，我知道每一双眼睛都盯着我，我今后做事得规规矩矩。"

菲尔莫尔夫人写信给丈夫说："沃尔什女士礼拜一来访，希望我写信给你，请你以你的影响为她的堂兄……你看，我已经被求官的人围住了。"

皮尔斯夫人说："哎，我多希望他（皮尔斯）摆脱政治生活！对他而言，这无论如何要好得多！"

林肯夫人说："我不属于公众生活，我的性格完全是热心于家事的，跟公众毫无关系。"

安德鲁·约翰逊夫人说："对喜欢白宫的人来说，这一切都很好，可我根本不喜欢公众生活。我常希望我们早点回到我们所属的最好的地方去。"

格兰特夫人说："我成了热衷政治的人。"

塔夫脱夫人说："我总是很满意，知道在任何复杂的政治情况下他都有办法，所以我的生活里充满对奇闻趣事的兴趣。"

威尔逊前妻说："我其实是一个最无野心的女人，白宫中的生活对我没有吸引力。"

哈丁夫人说："我知道什么对总统最好。我把他推进了白宫。他听我话就做得好，不听我话就很差劲。"

小罗斯福夫人说："我从未想当总统夫人，现在也不想。你不相信我，是吗？很可能谁也不信，除非有人当了这个角色。"

肯尼迪夫人说："我想，第一夫人的主要责任是照顾好总统，使他能最好地为人民服务。不有负于她的家庭，她的丈夫，她的孩子们。"

林登·约翰逊夫人说："第一夫人永远是一个无薪公仆，是由一个人——她的丈夫选举出来的。"

卡特夫人说："我不认为有任何疑问，第一夫人们会对她们的丈夫们有些影响，因为她们跟他们很亲近，她们一直和他们说话，她们又是他们的耳朵。"

里根夫人说："我想，照顾总统的健康和生活是第一夫人的重要而正当的任务。……第一夫人，首先是一个妻子。"

克林顿夫人说："美国人民使第一夫人的工作成为这个国家里最重要的工作之一。这是对美国妇女的尊重，她们来自不同的社会和经济背景，来自不同的地区，具有相异的教育准备，每个第一夫人都很好地服务于我们的国家，每人留下了自己的痕迹，每个人都教给我们一些有关我国历史的东西。"

显然，要了解美国历史，不能不了解美国总统，也不能丝毫不了解第一夫人，因为她们确实在美国历史上留下了不可忽视的印痕。

"最佳职务"——副总统

受老布什启发，想到要写写美国副总统。这位前总统接受其传记《天命与权力》（*Destiny and Power*）作者采访，对其儿子小布什的副总统迪克·切尼（Dick Cheney）公开表示不满，谴责他"建立自己的帝国"，"搬进自己的国务院"，以其"强硬路线"影响小布什的白宫，迫使他们在全世界使用武力，而切尼自己又受他的"死硬保守派"老婆和女儿的影响。

美国历史上，老、小亚当斯父子先后当总统，老、小哈里森祖孙先后当总统，然后又有老、小布什父子先后当总统，这都已成为历史，可一个老总统抨击儿子总统的副手，却是一件新鲜事。老布什一提切尼，笔者就立刻想起切尼行猎的故事。那次切尼在得克萨斯州一个牧场打鹌鹑，结果误伤其老年猎伴，其鸟枪子弹伤了这个老人的面孔、脖子和胸部，还因弹丸触及其心脏而引发心力衰竭。

当时媒体免不了调侃，某电视台记者就说："据最佳情报，有只鹌鹑藏于灌木丛中，众人皆信，副总统更信，结果，那只鹌鹑变为78岁老翁惠廷顿。"切尼是个打猎迷，每年都要去狩猎，故有网络文章说，当美国士兵在伊拉克战场上一个个倒下去时，他们的副总统正在青山绿水间兴致勃勃地追兔逐鹿。切尼自己是"鸡鹰"，好战却怯懦，越战期间逃避兵役，却鼓动小布什攻打伊拉克，送年青一代去当炮灰。

《纽约时报》记者以今比昔，说切尼是美国历史上第二个开枪打人的副总统，此话很对。第一个开枪打人的是艾伦·伯尔（Aaron Burr），他是第3任总统杰弗逊的副总统，一直有当总统的野心，1800 年总统选举中他和杰弗逊所得票数相等，由于受时任财政部长的亚历山大·汉密尔顿（Alexander Hamilton）的意见的影响，众议院投票让杰弗逊当总统，伯尔就已怀恨在心。1804 年他竞选纽约州州长，也因汉密尔顿所起的作用而落选，便向汉密尔顿提出决斗挑战。这场手枪决斗在新泽西州威豪根举行，汉密尔顿有意不命中对方，却被伯尔击中胸部，30 小时后去世。

事实证明，伯尔野心勃勃，1805 年与英国公使密谋路易斯安那独立，企图在俄亥俄河流域至墨西哥的广大西部地区建立一个帝国，并得到英国和西班牙政府的资助。第二年，伯尔在肯塔基设立总部，开始招募人员，路易斯安那总督詹姆斯·威尔金森（James Wilkinson）将军向杰弗逊告发其阴谋，伯尔被捕受审，尽管证据确凿，法院却认为他只是意图谋反，没有叛国，故无罪释放。慑于民愤，伯尔后在欧洲匿居多年。杰弗逊在私人信中气愤地写道："我们将以何种正当的言辞论及此事，难道法律的一切原则都可以被曲解，使其有利于存心颠覆国家的罪犯？"

老布什指责切尼"建立自己的帝国"时，不一定会想到伯尔图谋建立的"帝国"，因为这两个"帝国"的含义不尽相同，但政客们的个人野心应属同一性质。

老布什说，他执政时期的内阁成员切尼与副总统切尼判若两人，此人后来变得顽固、专横，简直是个"iron-ass"。美国人都不知这个词语，查遍牛津、剑桥辞典也查不到，后来有人在网上解释说，iron-ass 极罕用，用 iron-butt 稍多，是给长距离驾车的摩托车手的外号。"butt"在俚语中与"ass"同义，所以这两个词语显然都可译为"铁屁股"或"铁臀"。

这倒又使我想起老布什另一句与"臀部"有关的话。那是 1984 年，他作为在职副总统，与民主党候选人杰拉尔丁·费拉罗（Geraldine Ferraro）竞选下一届副总统。在跟这个美国历史上第一个女副总统候选人的第一场辩论后，他得意地说："昨天晚上我们给那个小屁股踢了一脚。"布什说话显然有点粗俗，这可能与他二战期间在海军服役、当过轰炸机驾驶员有关，因此也可理解他老年后还多次参加跳伞表演，勇武可嘉。

1988 年布什竞争共和党总统候选人，纽约地产大亨特朗普特别想当他的竞选伙伴，布什没有考虑他，而选了丹·奎尔（Dan Quayle）。奎尔副总统闹过多次笑话，在网络上都留有影像记录。一次在与民主党副总统候选人劳埃德·本特森（Lloyd Bentsen）辩论时，他说，他觉得自己跟肯尼迪很相似，本特森马上笑他说："参议员，你可不是杰克·肯尼迪啊。"另一次在新泽西州特伦顿访问一所学校时，教师叫一名学生在黑板上拼写"potato"，这孩子明明写对了，奎尔却拿起粉笔，上前去给黑板上的那个"土豆"加了个尾巴，"potato"成了"potatoe"，造成一场全国大笑话。1992年老布什竞选连任时，他的小儿子杰布（Jeb）劝他甩掉奎尔，可他碍于情面而没听儿子的话。

如今网上还有文字说奎尔是"美国最差的副总统"，这显然失之偏颇，因为历史上显然有更差的副总统，而且不止一个。如尼克松手下的斯皮罗·阿格纽（Spiro Agnew）就是其中之一。尼克松原以对政敌使用尖刻言辞著称，当总统后努力树立"新尼克松"形象，可阿格纽却像"老尼克松"一样以刺耳语言攻击政敌，故被讽称为"尼克松的尼克松"（Nixon's Nixon），也即比尼克松还尼克松。他曾公开攻击反对越战的示威群众，说他们是"一支由自诩为知识分子的无耻小人组成的无能队伍"，称新闻界是"卑劣的骑墙派"，舆论为之哗然。后来，因在任马里兰州州长及副总统期间的受贿、逃税行为被揭露，阿格纽不得不宣布辞职。面对逃税指控，他采取既不辩护又不认罪的态度，联邦法官认为"不辩护就等于服罪"，最后判处3年缓刑，罚款1万美元，马里兰州法院则令其为所得贿款偿还24.8万美元。

阿格纽是美国历史上唯一因受审查而辞职的副总统，几年后，尼克松因"水门丑闻"又成了美国建国以来第一个辞职的总统，副总统福特因此而坐进椭圆形办公室。福特又挑谁当副总统呢？企业家、大老板约翰·洛克菲勒的孙子纳尔逊·洛克菲勒（Nelson Rockfeller）。这个小洛克菲勒20世纪60年代三次竞选总统提名，均未成功，不料当上VP（或veep），不过，他这个副总统当得不愉快，曾抱怨说："我的活儿就是去葬礼，去地震灾区。"

别说小洛克菲勒，就是亚当斯、杰弗逊、老罗斯福当副总统时也觉得自己无足轻重。第1任副总统亚当斯说："这是人所创设的官职中最不重要的一个。"杰弗逊说这是个"平平淡淡、不得罪人的职位"，他很多时间都待在他的蒙蒂塞洛庄园。老罗斯福说副总统"不能做任何事情"，只是"一块踩不到哪儿去、只能踩空而被遗忘的踏脚石"。他当总统时的副手约翰·加纳（John

Garner）更是蔑视自己的职务，说副总统"只有一桶热尿的价值"。纽约州州长丹尼尔·汤普金斯（Daniel Tompkins）原想当总统，后来门罗入主白宫，他当了8年副总统，深感自己无用武之地，结果嗜酒如命，挪用公款，成了"堕落的酒鬼"，国会不得不扣发他的薪水。

无职无权、无所事事即意味着轻松、悠闲，所以幽默作家、"牛仔哲学家"威尔·罗杰斯（Will Rogers）曾说："在这个国家，最佳职务就是副总统，他要做的事情就是每天早晨起来问一句：'总统怎么样啊？'"

美国副总统的权力确实不大，兼任参议院议长似乎颇有权，其实也就是在两派意见投票成平局时投上关键一票而已，故被戏称为"二号香蕉"，就如滑稽演员中"头号香蕉"下的低一等角色。连美国宪法也没有说明副总统的权力范围，也没有条款规定在副总统去世或未届满就离职的情况下，由谁来接替，所以在美国历史上有38年没有副总统。100年以前，副总统需自付房租、修车费和娱乐费，后来可住政府宿舍，不过直至20世纪70年代，才有了位于华盛顿34街与马萨诸塞大道交界处的官邸，也是一座白楼，当然，白楼不等于白宫，上班则是在白宫的西厅。

政治学家们在分析副总统职务为何显得无足轻重这个问题时指出，一方面是宪法没有赋予他们足够的职责，另一方面副总统人选往往是在所谓"烟雾弥漫的房间"（smoke-filled room）里，也即在党派人士密商候选人的密谈室内匆忙推选出来的，而并不像总统候选人那样经过自己的艰苦竞争，所以副总统候选人往往比较平庸。

副总统之中当然也有有才华的人，不过副总统职务本身发挥不了他们的作用。

如柯立芝总统的副总统查尔斯·道威斯（Charles Dawes）是个金融家，1925年因主持国际专家委员会制定有关德国赔偿问题的道威斯计划，与英国外交大臣张伯伦（Chamberlain）共获诺贝尔和平奖，但在作为不多的柯立芝手下，他也只能无所作为。

另如胡佛总统的副总统查尔斯·柯蒂斯（Charles Curtis），一个混有印第安人和欧洲人血统的人，曾长期担任国会众议员、参议员和参议院多数派领袖，能力甚强，声望也不低。不知怎样当上了副总统，胡佛在就职演说里连他的名字也不提。他在任上经常无所事事，百无聊赖，结果当了百老汇戏剧里的模特儿。1932 年，也即柯蒂斯卸任前一年，剧作家乔治·考夫曼（George Kaufman）与歌词作家艾拉·格什温（Ira Gershwin）、作曲家乔治·格什温（George Gershwin）兄弟一起创作了音乐喜剧《吾颂汝》（"Of Thee I Sing"），嘲讽华盛顿政府官员，其中包括一个名叫亚历山大·思罗特尔博顿（Alexander Throttlebottom）的副总统，其姓氏似可意译为"掐屁股"。他无能，不称职，甚至荒唐可笑，连自己的名字也不会拼写。作为副总统，他只能乘公共汽车去白宫上班，有一次车上有个导游，未能认出他，无意间跟他聊起副总统这个话题，问副总统干些什么事儿，他答道："哎，他坐在公园里给鸽子和松鼠喂花生仁，然后散步，去电影院。上礼拜他想加入图书馆，可需要两个推荐人，所以他进不去。"

也就这样，柯蒂斯以在公园里用花生米喂鸽子和松鼠的形象"深入人心"，"思罗特尔博顿"则成了无能的副总统或其他政府官员的代名词，美国副总统的地位和声誉即可见一斑。

如今总统卸任之后都要建"总统图书馆"，而副总统是没有这种福分的。不过，现在印第安纳州亨廷登倒有一个"美国副总统博物馆"。有人说，美国副总统是被遗忘的历史，而这个博物馆显然要让人们记住那些"二号香蕉"。印第安纳州显然因历史上该州共有 5 人担任副总统并为此骄傲而办了这个博物馆。前副总统奎尔是印第安纳州人，曾在亨廷登上中学，所以亨廷登现有一个"丹·奎尔中心"，而副总统博物馆就设于该中心。不过，印第安纳州人也知道，在这 5 个前副总统中，至少有一个是不能为之骄傲的，他就是格兰特总统的副手斯凯勒·科尔法克斯（Schuyler Colfax），在莫比利埃信托公司丑闻（the Credit Mobilier scandal）曝光后，他接受该铁路建设公司贿赂的问题也被揭露，几乎遭到弹劾。

可也别小看副总统，在总统死亡、辞职或被免职时，他们就有机会当总统。先前基本上都是这个程式，1967 年通过的宪法修正案第 25 条更加以明确规定。美国历史上有 8 位副总统因总统去世而入主白宫，福特因总统辞职而晋升。另有 4 位副总统，在现任总统任期满后自己竞选，顺利当上总统，他们是华盛顿的副总统亚当斯，亚当斯的副总统杰弗逊，杰克逊的副总统范布伦，里根的副总统老布什。

　　第 9 任总统哈里森总统手下的副总统约翰·泰勒（John Tyler）任期最短，因为哈里森宣誓就职后 32 天即去世，他就马上继任。半世纪后，哈里森的孙子当上总统，他一直为爷爷惋惜，觉得他不该冒着暴风雪发表了历史上最长的总统就职演说（1 小时 45 分钟），结果受凉得感冒转肺炎而死，成了任职时间最短的美国总统，而让泰勒当了"意外陛下"（His Accidency）。

　　约翰·泰勒因总统猝死变为第 10 任美国总统，而扎卡里·泰勒（Zachary Taylor）当第 12 任总统仅 16 个月便病逝，让副总统米勒德·菲尔莫尔（Millard Fillmore）当上第 13 任总统。有历史学家怀疑扎卡里·泰勒有可能被人下毒谋杀，1991 年，也即他死后 140 年，其遗骨由肯塔基卫生官员化验，结果证明并非被毒死。

　　先后遇刺而亡的三个总统，自然不用再开棺化验。林肯被暗杀后由安德鲁·约翰逊继任总统，肯尼迪的接班人是林登·约翰逊，两个原先都是副总统的约翰逊，使美国有了两个约翰逊总统。麦金莱总统在纽约州水牛城博览会欢迎仪式上被无政府主义分子枪杀，接替他的是副总统西奥多·罗斯福，这个老罗斯福，还有他的远房亲戚小罗斯福——富兰克林·罗斯福，先后成了大刀阔斧改革、政绩卓著的总统。小罗斯福病逝后，杜鲁门副总统接任，继续执行小罗斯福的"新政"，并提出自己的"公平施政"纲领和"杜鲁门主义"外交政策。

　　奥巴马总统挑选乔·拜登（Joe Biden）当副总统，显然是借重他在外交事务和国家安全方面的丰富经验。拜登与第一位黑人总统相处融洽，所以也受黑人选民喜欢。时至 2015 年总统竞选开始，不少人希望拜登参选，他却迟迟不决，最后表示因丧子等原因放弃。

　　本文似可以威尔逊总统的副总统托马斯·马歇尔（Thomas Marshall）的几句"名言"作结尾。此人故居位于印第安纳州"副总统高速公路"（the High-way of Vice Presidents），另有两名前副总统也曾居住在这条公路附近。肯尼迪总统和他的助手们不大喜欢副总统约翰逊，嫌他土里土气，说他是"玉米面包大叔"（Uncle Cornpone），也即"乡下大叔"，马歇尔却有幽默感，说话诙谐，被誉为"乡土哲学家"（the homespun philosopher）。在参议院一次大辩论中，他提出一个解决美国存在的弊病的"办法"："这个国家需要的是一根 5 分钱的

好雪茄。"这自然是一句挖苦话，不过，有一次谈到副总统职务，他讲了一个
故事，说的倒是实话：

"有两个兄弟去了不同的地方，一个去了海上，一个当选副总统，后来，
两人都杳无音讯，再也听不到他俩任何一个人的声音。"

总统们的不同性格

一个人能不能当选总统，一个总统能不能当得出色，并不完全取决于他的性格，但其个性也确实能影响他能不能当选或当好总统。尼克松就常被当作例证，说明总统的个性对其仕途有重要影响。

记者、作家伊凡·托马斯（Evan Thomas）在其传记《尼克松：一个分隔的人》（*Being Nixon：A Man Divided*）（2015）中分析了尼克松的性格，说他其实是一个内向、胆怯而谨慎的人，别看他在公共场所显得武断、强硬，可在他的顾问、同僚们面前完全是另一个人，他不敢得罪他们，听凭他们干不道德的非法勾当，结果出了"水门丑闻"。尼克松还是个多疑又易怒的人，"他时常为恐惧所驱使，总觉得自己周围都是敌人"，"希望与害怕总在尼克松身上混战，在其任期末尾，恐惧获胜"。

尼克松的性格使他不能正视现实，不能做到诚实、坦荡，结果只能辞职下台。肯尼迪的个性就不同于尼克松，尽管他是爱尔兰后裔、天主教徒，却仍能自信地竞选总统，与时任副总统的尼克松辩论时毫不胆怯、畏缩，以其机智、诙谐和超逸风度轻易取胜。

普林斯顿大学历史教授朱利安·泽利泽尔（Julian Zelizer）在评论《尼克松：一个分隔的人》时写道："我们需要注意候选人的政治态度、领导经历等等，但从托马斯对尼克松的分析中我们认识到，对我们大家都很重要的是识别我们要投其票的人的性格。对媒体而言，至关紧要的是不搞恶意的人身攻击，而是真实地介绍我们将赋予权力的候选人的性格。"

2016 年大选中参选人甚多，除了注意他们的政纲外，许多选民确实十分重视他们的个性。支持希拉里·克林顿的人说，她是个有心人，性格坚强，敢于斗争，面对严峻挑战不会轻易退让，民主党需要她来对付由共和党控制的国会，她将是个杰出的领袖。不支持她的人则质问，她是不是总能说老实话，是否能让人信赖。佛蒙特国会参议员桑德斯原来不大有名，可参选后得到许多人支持，一是因他为中产阶级着想，二是因他的性格讨人喜欢，有人说他像是"一个在家庭餐桌上说心里话的大伯或爷爷"。老布什的长子杰布参选后不久就消失不见，据说"缺乏个性"是他的主要弱点，大家都知道他分别是两个前总统的儿子和哥哥。他自己是怎样的一个人？性格上有何特点？谁也不清楚。至于亿万富翁特朗普居然出乎人们意料能在共和党参选人中独占鳌头，看来首先是他的口无遮拦、直言不讳的狂妄个性得到许多选民的喜欢，而反对他的选民首先也是因为不喜欢甚或厌恶他的性格。

早在 1972 年，杜克大学政治学教授詹姆斯·巴伯（James Barber）写了一部政治心理学著作——《总统性格：预示其在白宫的表现》（*The Presidential Character：Predicting Performance in the White House*），引起人们很大兴趣和争议。他指出，一个总统在早年形成的心理结构可以预示他未来执政时的表现："我想，已故或健在的总统们的生平向我们表明，如何从分析其性格着手，从而对他在白宫岁月内的表现作出实事求是的评价。个性是精神力量，是原动力，人因这种推动力形成世界观和作风。事情会变化，但总统的个性不会变。"

巴伯主要根据两个标准来分析总统的性格：总统对待工作的态度是积极还是消极，对总统的工作有乐趣和感情或相反。他认为，总统的个性可分为 4 种类型：

主动积极型（active-positive）总统，努力工作，在工作中得到乐趣，自信心强，办事大刀阔斧，政绩卓著，如老、小罗斯福，杜鲁门，肯尼迪。

被动积极型（passive-positive）总统，工作并不消极，但也不主动，如塔夫脱。这位第 27 任总统是个有趣人物，历史上最胖的总统，一直苦于体重问题，平时对每个人都嘻嘻哈哈，可也常焦虑忧郁，至少哭过一次，一心想去最高法院，离开白宫后果然当上首席法官。

消极负面型（passive-negative）总统，如柯立芝、艾森豪威尔，沉默寡言，闷闷不乐，把工作当成负担。杜鲁门这样描述艾森豪威尔在白宫的状况："他坐在那儿，他下令：'干这个！干那个！'可什么也干不成。可怜的艾克，——那一点儿也不像在军队里。他很沮丧。"

积极负面型（active-negative）总统，他们虽精力充沛，但对权力的兴趣大于政治，固执，冲动，跋扈，总是不愉快，好像"极爱给自己掘坟墓"。巴伯把威尔逊、约翰逊、尼克松列入此类总统，他写道："对尼克松而言，其危险在于他把自己引向不可挽回的失败之路。他本可在与白宫同僚的关系上通过适当的调停来保护自己。"

先前对总统的分类标准主要依据其政治立场、意识形态、所属党派和所在地区，巴伯则超越传统标准，注重于总统的性格、人品。但他的观点并未得到普遍认同，有人认为，每一个人，包括总统在内，在有些时候、某些方面可能是积极主动的，但在另一些时候、另一些方面可能是消极负面的，不能一概而论。

然而，我们确实可以看到，由于性格不同，总统们各有不同的领导作风，采取不同的国内外政策，在遇到危机时有着不同的表现。

历史学家们一般都交口称誉富兰克林·罗斯福的人品，说他具有"人道心肠""一流气质"，他所受的教育使他成长为"一个诚实、公正、尽责任、助人为乐的人"。他的性格平易近人，态度随和亲切，善于接触、动员群众。他的广播讲话"炉边谈话"令人相信他了解人民的生活状况，正在操心怎样改善穷人的生活。尽管身残坐轮椅，却不畏艰险，迎着经济大萧条和世界大战的风浪，大胆实行"新政"，确实"主动积极"，带领国家越过重重难关。

艾森豪威尔似乎不能完全用"消极负面"来概括。有历史学家称赞他"有爱心，本性诚实，有责任感，令人信赖，谦虚谨慎，宽宏大量"，"他的真正力量在于人品"。作为五星上将、驻欧美军司令、欧洲盟军最高司令，他在第二次世界大战中显示了出色的军事指挥能力，但他"憎恨战争"，他说："仅作为一个经历过战争的军人，仅作为一个见过战争的残酷、徒劳、愚蠢的人，我恨战争。"当总统后，他努力避免战争，1953年上任不久，他就签署了朝鲜战争停战协定，他希望他的儿子以及所有父亲的儿子们都能早日从战场上归来；1954年，他不希望在印度支那地区有大规模的军事行动，不想派遣美国军队，而主张通过外交手段将越南分为南北两部分，然后保持和平状态。他的政府里有一个人反对他的决策，要求采取军事行动，出兵越南，这个人就是时任副总统的"积极负面"的尼克松。

卡特在任期间在外交方面取得数项重大成就：与巴拿马政府签订关于巴拿马运河的条约，在其斡旋下埃及与以色列签署"戴维营协定"，与中华人民共和国建立外交关系，但他也因外交上的失败——最终未能解决伊朗扣留美国人质问题，而无法连任，人们分析他只能担任一届总统的原因时，往往也联系到他的性格问题：看重宗教，生性软弱，遇危机时迟疑不决，国家安全委员会与国务院对伊朗人质事件有两种不同态度，他不知采纳何种为好；平时也不善于听取不同意见，自尊心强，缺少幽默感，容易生气，任期内未能与周围的人建立良好政治关系，常与国会发生冲突。

普林斯顿大学政治学教授弗雷德·格林斯坦（Fred Greenstein）曾邀请刚退休的卡特到他课上与学生们座谈，有个学生问卡特当总统最大和最小的回报是什么，他未提及其白宫经历中任何积极的方面，却只谴责他自己的政党——民主党没有团结在他的政策周围。格林斯坦也有机会多次见到克林顿，有一次还应邀去白宫出席一个签字仪式，克林顿留给了他不同于卡特的印象。他觉得克林顿聪明、自信，在签字仪式上讲话时，先照提示卡念，显得有点刻板，可一放下卡片即兴而谈的时候，他眼望听众，讲得自如流畅，生气勃勃，富于感染力。他说的话不一定很深刻，却散发出一种一个首席行政官自己所特有的魅力。

电视新闻记者、节目主持人丹·拉瑟（Dan Rather）曾先后采访过从艾森豪威尔到小布什的 10 位总统，对他们的性格了解甚多。他说，有好几个总统都爱好学习，喜欢读书，艾森豪威尔、尼克松、卡特、克林顿，个个都是"好学生"，尼克松更是博学，通晓政治、历史和国际事务，1972 年主动访问中国，结束了与中国 20 多年的敌对状态。

拉瑟说，总统的成败与其性格密切相关，个性上最讨人喜欢的是肯尼迪、里根、克林顿，轻松、愉快、幽默、善于沟通是他们的共同特色，这也正是美国人普遍欣赏的性格特点。肯尼迪、里根的诙谐极富魅力，克林顿的亲和力使他擅长跟人交往。他们为人都很自然、真诚，跟人握手时直视对方眼睛，显得亲切、诚挚。尼克松则跟他们不一样，向人伸出的手"冰冷如死鱼"，眼睛也不看对方。接替尼克松的福特比较谦卑，总说"我跟大家一样，没有什么特别的"，也就确实没有什么特殊建树，有人问他如何对待工作上的压力，他说所谓的"压力"并不如想象的那么严重，晚上"游游泳，喝喝酒"就把一天的事情了结了。

在专著《总统的差异——从 FDR 到巴拉克·奥巴马的领导风格》(*The Presidential Difference：Leadership Style From FDR to Barack Obama*)(2009) 中，格林斯坦教授从性格对领导的影响谈到总统应有的 6 个素质：

第一，总统应是合群善谈的"公众传播者"。

第二，具有团结同事的"组织能力"。

第三，具有灵活多样的"政治技巧"。

第四，具有先见之明的"政治洞察力"。

第五，具有获悉大量情报和信息的"认知方法"。

第六，具有善于控制情感的"感情理智"。

他还发现总统们的差异表现在很多方面，连他们的父亲的身份也千差万别："小罗斯福的父亲是哈得孙河谷的乡绅，杜鲁门的父亲是密苏里的驴贩子，艾森豪威尔的父亲是堪萨斯的机械技师，约翰逊的父亲是得克萨斯的政治人物，尼克松的父亲是加利福尼亚的杂货店主，福特的继父是密歇根的油漆厂老板，卡特的父亲是佐治亚的农场主，里根的父亲为伊利诺伊的鞋店打工，老布什的父亲是华尔街银行家和国会参议员，克林顿的父亲是南方的推销员，死于克林顿出生之前。"

格林斯坦认为，每一个现代总统，不论其优势或弱点，都是我们了解政治、历史的泉源，他们在性格以及政治思想上的差异使我们更能比较他们，从而增进我们对政治人物和历史事件的认识。他写道：

总统职务常被描述为一种向现任者提出超乎寻常的要求的工作，实际上，这是一个为有血有肉的人设置的职业，如果他们以及选择他们的人都不是从一块白板开始，他们将更好地承担他们的责任。

"有血有肉的"人，不同个性的总统，往往有不同的业余爱好。总统研究专家们注意到有 5 位总统特别喜爱音乐，他们是杰弗逊、艾森豪威尔、尼克松、克林顿和奥巴马。

杰弗逊曾说"音乐是我灵魂的最爱"，古典音乐家中他最喜欢海顿，他自己爱拉小提琴，有一段时期常上台表演。本书有专文写热爱音乐的第 3 任美国总统。

艾森豪威尔喜爱巴赫、贝多芬和施特劳斯的古典音乐，也喜欢当代音乐，如由乔治·格什温（George Gershwin）谱曲的歌剧《波吉和贝丝》（Porgy and Bess）。1956 年，他甚至专门出了一张唱片，题为《德怀特·艾森豪威尔总统最喜爱的音乐》。

尼克松具有音乐天赋，善奏手风琴和钢琴，曾于 1974 年在纳什维尔歌剧乐园开幕典礼上表演钢琴独奏《上帝保佑美国》。同年女歌手珀尔·贝利（Pearl Bailey）在白宫表演时，由他钢琴伴奏。他还会作曲，写有《理查德·尼克松钢琴协奏曲》，1963 年在电视台演奏，他自己担任钢琴独奏。

克林顿曾是阿肯色州乐团的首席萨克斯管手，曾想以此维生，但又觉得自己总比不上约翰·科尔特兰（John Coltrane）等爵士乐萨克斯管演奏家，所以最终放弃这一想法。1992 年当选总统，他在电视台演奏埃尔维斯·普莱斯里（Elvis Presley）的《伤心旅馆》，作为"音乐电视（MTV）一代的总统"而受欢迎。1993 年，他在白宫举行新港爵士音乐节 40 周年纪念音乐会，他也登台与爵士乐萨克斯管名家一起演奏。

奥巴马喜爱听乐、听歌，尤爱唱歌，平时在家常常哼唱，洗澡时也要唱上几句。年轻时特别喜欢盲音乐家、摇滚乐明星史蒂维·旺德（Stevei Wonder）的作品。2012 年邀请布鲁斯爵士音乐家巴迪·盖伊（Buddy Guy）、B.B. 金（B.B.King）和英国摇滚音乐家米克·贾格尔（Mick Jagger）到白宫表演，他也登台与他们一起演唱《可爱的家乡芝加哥》。同年在纽约筹款时，他在哈莱姆阿波罗剧场演唱黑人作曲家、歌手艾尔·格林（Al Green）的《让我们待在一起》，全场轰动。

高尔夫球也是不少总统的业余爱好，以致成了"美国总统的第一运动"。据统计，在过去 18 个总统中有 15 个都爱打高尔夫球，不打的只有胡佛、杜鲁门和卡特。打得最好的前 3 名是肯尼迪、艾森豪威尔和福特。他们觉得这项运动是一种"精神游戏",有利于他们暂时摆脱白宫内的精神压力。

高尔夫球场上的总统往往就是他们本人,显露他们的自然本性,而不再是白宫里的行政长官。新闻记者小唐·范·纳塔(Don Van Natta Jr.)写了一本书就专讲"总统与高尔夫"——《挥杆:从塔夫脱到布什,总统中的高手、笨伯和骗徒》(*First Off the Tee:Presidential Hackers,Duffers and Cheaters from Taft to Bush*)(2003),通过总统打球的态度、能力、风格来分析他们的个性、品格。

老罗斯福曾劝塔夫脱别去打球,因为人们见了他的"肥躯"会发笑,但塔夫脱坚持不懈,只要有时间、有球场就打,决心为后来所有的总统"高尔夫迷"当一个开拓者。

柯立芝似乎是"最差的"球手,上球场不换球衣,穿得像去出席晚宴,他挥第一杆时,人们都猜不透他是在烤面包片还是在打高尔夫球。

威尔逊几乎每天都打高尔夫,只有礼拜天不打球。他也在雪地里打,他的保镖把高尔夫球涂成了醒目的红色。他打得很多,可从无好成绩。

艾森豪威尔毕竟是军人出身,真爱打高尔夫,白宫南草坪上有球穴区,他在8年里打了800场,很多次破了80杆。

肯尼迪尽管打得好,但他的打法与艾森豪威尔不同,所以起初不想让人看见他打球。他和他的助手们觉得艾森豪威尔打球的模样有点笨拙,就管他叫"笨伯总司令"。肯尼迪上任好几个月后才让大家知道他爱打高尔夫球,为何此时要把这只神秘的"猫"放出袋子呢?因为他时常要蹑手蹑脚出去干一些别的事,别人问起他,他的助手便以"他在打高尔夫球"来搪塞。

福特打出的球打着了很多很多人,鲍勃·霍普(Bob Hope)等多名喜剧演员都编段子笑话他,如说福特之所以球击许多观众,那是因为他打算参加正式比赛,比赛场地两旁通常都挤满了人,他要大家尝尝他的高尔夫球的威力,而艾森豪威尔和肯尼迪喜欢打球时没有观众在场。不过福特确实是个运动员,一个高尔夫高手。

范·纳塔把高尔夫球场上的哈丁、尼克松、约翰逊、克林顿都归于"骗徒"类,因为他们没能规规矩矩遵守球规。布什父子喜欢在球场上速战速决,而不像克林顿要在球场泡上6个小时,这种"快战"倒很像他们出击伊拉克军队时的状况。

幽默——美国总统的政治武器

目前正在竞选共和党总统候选人的地产大亨特朗普显然缺乏幽默感。他常常口无遮拦，信口雌黄，有一次居然这样说："墨西哥移民带来毒品、罪犯，他们是强奸犯，有些人我可以假设是好人。"这完全是谩骂、诬枉，显得粗鲁、愚蠢，哪有丝毫理智、风趣。假设他当了总统，美国政府不就成了粗野之所、诅咒之府？

美国人喜欢幽默、诙谐的总统，网络上"谁是最幽默、最有趣的美国总统？"的讨论题因此吸引了许多人。浏览他们的留言，我发现被提名最多的是林肯、柯立芝、里根和奥巴马。

美国总统每年有两次特殊机会显示他们的幽默，以幽默为武器说东道西。一个是 4 月 11 日——"国家总统笑话日"（National Presidential Joke Day），另一个是"白宫记者协会晚宴"（The WHCD）。

"国家总统笑话日"是个非正式国假，让美国总统在这一天讲些笑话，让民众赞赏他们的幽默感。这个"节日"始于 1984 年。那年 4 月 11 日，竞选连任的里根总统要在全国公共电台发表周六广播讲话，在试用麦克风时，他向电台技术员说了这样一段话："我的美国同胞们，我很高兴地告诉你们，今天我签署了一项法律，此法将宣布俄国永远非法。我们将在 5 分钟内进行轰炸。"接着在正式讲话时这样说道："我的美国同胞们，我很高兴地告诉你们，今天我签署了一项法律，此法将允许学生宗教组织享有他们被长期否认的权利，也即在课余时间，他们像其他学生组织一样可在公立学校聚会。"

"5分钟内轰炸"这段胡言乱语，电台并未播出，却马上泄露了出去，传播很广。苏联军方得悉后，立即命令远东军进入戒备状态，30分钟后见并无轰炸迹象才撤销戒备令。苏联塔斯社后来对美国总统对苏联的"这种前所未有的恶意攻击"表示抗议，美国流行音乐家们则谱写了一首广为传唱的歌曲——《5分钟》。

总统笑话日由此而来，美国人也因此更觉得自己的总统有幽默感，简直是"笑话桶""笑话缪思"。历届总统在那天说的笑话都记录在案，供后人莞尔或捧腹。

如里根在与卡特竞选时讽刺说："经济不景气是你的邻居失业。经济大萧条是你自己失业。经济复苏是吉米·卡特失业。"意为卡特下台、他里根上台美国经济才会复苏。

老布什嘲笑民主党总统候选人、马萨诸塞州参议员克里说："候选人是一些有趣人物，观点多变，先要减税后又反对减税，先要北美自由贸易协定后又反对北美自由贸易协定，先要爱国法后又反对爱国法，先赞成解放伊拉克后又反对解放伊拉克。这就是那个来自马萨诸塞州的参议员。"

关于当总统的感觉，克林顿说："当总统就像在公墓跑步——在你底下有许多人，可谁也不听你的。"

"白宫记者协会晚宴"始于1920年，每年4月最后一个星期六在华盛顿希尔顿饭店举行，一般都邀请总统和副总统参加，以表示对他们的敬意。柯立芝是第一位被邀请的总统。晚宴上一般由喜剧演员主讲，以诙谐言辞不伤大雅地取笑总统及其政府，然后请总统演说，要求他讲讲笑话，显示其幽默感。奥巴马总统几乎每年都参加这个晚宴，每次都讲话，媒体都加以报道，并精选出"7大笑话"，或"10大笑话"，或"最幽默台词"，以飨未出席晚宴者。

福克斯广播公司曾散布说，奥巴马不是生在美国，而可能生在肯尼亚，以此说明他没有资格当美国总统。对此，奥巴马在2014年晚宴上说："让我们说实话，福克斯，我下台后你们会想念我，因为你们将更难证明希拉里生于肯尼亚。"

在2015年晚宴上，奥巴马提到了前副总统切尼，他说："几周之前，迪克·切尼说，他觉得我是他一生中的最差总统。这很有意思，因为我也觉得他是我一生中的最差副总统。真是巧合啊。"

在提及 2016 年大选共和党总统竞选人时，他说："特德·克鲁兹声称，他因否定有气温升高的问题存在而使他好像伽利略。这个比喻可不恰当。伽利略相信地球围绕太阳旋转，可特德·克鲁兹却相信地球围绕特德·克鲁兹旋转。"

关于另一个竞选人，奥巴马只简短说了一句："唐纳德·特朗普在这儿呢。仍在。"特朗普确实在场，奥巴马讽刺他仍然粘着白宫记者协会晚宴。正是这个特朗普在 2011 年晚宴上坚持说，奥巴马不是生在美国，而之前几天夏威夷州已应奥巴马的要求公布了他的出生证，奥巴马也因此当场挖苦特朗普，说否认他生于美国，就如否定美国太空人登上月球、美国空军的监视气球在新墨西哥州罗斯韦维尔破裂等事实一样荒谬。参加这次晚宴的作家戈普尼克写道，在全场哄笑声中，"特朗普的脑袋就像夹在'pillory'（古代刑具枷）中一样，面无表情，木讷呆板，毫无幽默感，也丝毫没有一个正常政治家或一个正常美国人的神态"。

华盛顿的人格

　　与其他开国元勋相比，华盛顿有不少不如他们之处。富兰克林、亚当斯、杰弗逊、麦迪逊，一个个都是学林巨擘，"国父"华盛顿却只上过 5 年学，尽管他聪明、勤奋、自学成才、见多识广，但他不是妙笔生花的作家，不是富有魅力的演说家，不爱参加抽象的哲学讨论。他也不是感情外露的人，在公众场合寡言少语，显得冷漠严肃。独立战争期间，作为大陆军总司令，他率军南征北战，自然建有丰功伟绩，但有些历史学家认为，他直接指挥的战役有胜有负，却没有特别辉煌的胜仗；作为总统，他的国策能取得巨大成功的也并不多。

　　那么究竟为什么华盛顿被誉为"最伟大的总统"，在美国人心中始终占有最高的地位？历史学家们似乎有一共识，那就是华盛顿具有非凡的人格，他的个性、气质、道德具有极大的感染力和影响力，在这一点上，能与他媲美的总统只有林肯。他的坚毅而审慎、自制而勇决的性格，他的自我牺牲精神，使他能在长期战争中克服千难万苦，能促使大陆会议代表出席制宪会议、批准宪法，赋予总统重大权力，组成一个精英聚合的政府，从而使新的合众国能在一个充满敌意的危险世界里生存下去。

　　华盛顿上任伊始就努力树立公众对新政府的信任，要让公众相信，政府领导人具有道德修养。他认为，在取得公众信任方面，他自己的人格比政策还重要得多，而他自己成年后也努力争取"诚实""正直"的好名声。1788 年，他在致汉密尔顿的信中写道："我希望我能永远具有坚强的意志、高尚的道德，保持一个诚实者的人品。"他的人格确实提高了总统的地位，并将其他建国者团结在自己的周围，共同建设一个切合实际的共和政体，有人因此认为，华盛顿以自己的人格塑造了"美国性格"。

尽管也有学者指出华盛顿身上的各种缺点，批评他拥有黑人奴隶，可他诚实端正、崇廉拒腐的品性，确实使他与 18 世纪后期的许多政客大相径庭。他忠于职守和国家，又能摆脱权欲财色，超脱政治纷争，一生保持旷达、清廉的品格。他每次都是临危受命，肩负大任，也每次都表示完成使命后即隐退返家。他不重权位，不贪心，不恋栈，一生退休 3 次：1759 年，辞去弗吉尼亚州民兵总司令一职，解甲归田，回到芒特弗农，在他所继承的种植园开始务农，一干就是 16 年；1783 年，辞去当了 9 年的大陆军总司令一职，又隐退芒特弗农；1797 年，当了两届 8 年总统后拒任第 3 届，再次回到芒特弗农。

其实，美国宪法只规定总统每届任期为 4 年，并未限制连任次数，甚至可以终身任职，去世后可由副总统或预先选定者继任，华盛顿则希望通过选举来产生继任者，他自己只能任职两届，绝不超过，他说："行政首长的定期更替是我们国家自由所不可或缺的保障。"总统至多连任两届，就这样确定下来，除富兰克林·罗斯福因二战特殊情况连任四届外，其他总统在白宫的岁月都没有超过 8 年。

退休之后，华盛顿完全可以在优裕环境中赋闲养生，可他总是归心似箭，急着回老家。每次退休都是轻装上路，如 1783 年，他这个"革命英雄"只带了几箱有关独立战争的书面材料回去。遵照他自己的要求，他退休后，政府不再发给他薪水、奖金，不给他另设办公室，当然更无当代总统拥有的"总统图书馆"。他的总统年薪是 25000 美元（美国总统中的最低工资，小布什的年薪为 40 万美元），但他认为替公众服务不应拿工资，所以从不领薪水，平时只是向国会申请报销一些公费开支。

华盛顿史无前例的"裸退"消息传出后，在欧美各国引起很大反响，有人说，他的退休"拨动了美洲和欧洲的良知之弦"，他被誉为"美国的辛辛纳图斯"。他确实有别于其他获胜将军或国家首脑，他不想以自己的战绩或政绩来谋取终生的政治、经济奖赏。杰弗逊说，华盛顿的品格或许防止了美国革命摧毁它已建立起来的自由和民主。这就是说，假如华盛顿恋栈，一届一届总统当下去，卸任之后还"垂帘听政"，就难免会出现个人崇拜、独裁专制现象，合众国的民主制度便有可能遭到破坏。

华盛顿的确喜欢他的大型种植园，那里有田地、磨坊、牧场、牲畜、家禽、养鱼场，还有众多勤劳能干的奴隶，他自己对种植业的方方面面，从改良和增加作物品种、灌溉施肥、兴建果园到市场推销，都有浓厚兴趣，并有丰富的实际经验。种植园的生活其实很平常，他像木匠、油漆匠一样起得很早，"我骑着马，"他写道，"在我的农场上到处转悠。晚饭前换穿礼服，晚餐时我总会看到一些陌生的脸。……傍晚通常会在桌边坐坐，有人给我端来茶水，烛光也亮了。"他就是在这种平凡的生活中体尝到在总统府邸体尝不到的乐趣。

弗吉尼亚大学历史教授 B.B. 艾博特（B.B.Abbot）感慨说："公平而论，我相信，是美国革命和总统职务促使华盛顿承担了历史重任，我要赶紧补充的是，他渴望一心一意过他的务农生涯，这是他自己的构想和选择，务农会比战争或政治更有力、更长久地抓住他。"实际上，务农既是他个人的兴趣所在，又是他的一大心愿——像他那一代起启蒙作用的种植者一样，希望以自己的成功实践吸引更多人从事农业生产，在北美洲建立一个昌隆的农业共和国。

他不仅忙于自己的种植园，而且还带领当地其他种植园主、农场主一起完成一些重大工程，如波托马克河与詹姆斯河之间运河的开凿，迪斯莫尔沿海沼泽地（在弗吉尼亚州东南部和北卡罗来纳州东北部）的排水工程，等等。

近一二十年来，美国历史学家、作家们对几位开国元勋的人格发生浓厚兴趣，华盛顿、杰弗逊、亚当斯都成了热门人物，出现了不少有关他们性格及如何形成的论文和专著。

分析华盛顿个性的学者们都一致认为，这个在美国人心目中永远占第一位的伟人"诚实""不虚伪""没有浮华的装饰"，他有丰富的感情，但不轻易流露，是一个文静缄默的人，向公众讲话也比较乏味，声音低沉，眼睛离不开讲稿。他有毅力、恒心，要做的事一定坚持去做，而且会做好。他从不自命不凡，有时甚至很谦卑，但也自信，会去执行他相信会成功的计划。对公众服务工作（他从不说"当官"），他说，如果你去"竞争"，"用你自己的喇叭"自吹自擂，结果会显示你并不合格。他很少大发雷霆，其实他的脾气并不好，但有自制力，时时注意克制自己的情绪，可在战役中，一旦发现他手下的将领不去进攻而撤退之时，他会发怒，骂他是"该死的胆小鬼"。他没有几个真正亲近的挚友，有一个朋友拒绝支持通过宪法草案，他即刻与之绝交。在派对气氛中，他却是一个有魅力的人，会坐下来聊一两个小时，说说种地牧马或其他的事儿，他喜欢跳舞，是当年最出色的舞者之一，早期"小步舞"大师，从不犹豫与请他跳舞的女士一起翩翩起舞。

一个人性格的形成往往与其幼年时期的生活状况息息相关。华盛顿 11 岁时父亲就病逝，他因此失去了去英国接受正规教育的机会，后来常为自己缺少高等教育感到遗憾，但也不甘落在他人之后，决心做一个有教养、有道德的人。他在小学里抄写过一份《礼仪规则》，读得烂熟，并严格遵守，有关举止言行、道德品质的箴言对他人格的形成影响甚大。他的从英国留学回来的同父异母哥哥在身心修养上也给了他很多帮助。

小说、诗歌、戏剧等文学作品显然也会影响读者的性格。有学者发现，有一部戏剧给华盛顿留下特别深刻的印象，以致对其个性有莫大影响。那是英国剧作家、诗人约瑟夫·艾迪生（Joseph Addison，1672—1719）所写的《嘉图，一大悲剧》（*Cato，A Tragedy*）（1713）。这部 5 幕悲剧的主角加图是古罗马政治家、元老院议员，斯多亚派哲学信徒，支持元老院共和派，反对独裁者恺撒，在一次战役中因共和军战败而自杀。

剧中加图的台词在美国独立战争中鼓舞了包括华盛顿在内的很多人，有些从加图台词衍化而来的话在美国成了名言，流传至今。

如加图说："现在可以谈谈任何事了，镣铐或征服，自由或死亡。"独立战争时期知名人物、政治家帕特里克·亨利（Patrick Henty）在弗吉尼亚革命大会上演讲说："给我自由或给我死！"

又如加图说："这有多可惜，我们会死在为我们的国家服务之时。"独立战争时期英雄内森·黑尔（Nathan Hale）就义前说："我只遗憾我只有一个生命献给我的国家。"

华盛顿非常钦羡加图的性格，并将这位罗马共和党人当作自己的行为榜样。从青少年到成年，他曾多次观看此剧，加图语录出现在他的书信里，出现在他卸任前的"告别演说"中，尤其令人意外的是，他在一个特殊的地点和时间让自己的部队排演这部戏，尽管国会已作出决议不许排演，错说此剧"有违道德"。

那是独立战争时期，1777 年冬，华盛顿率领的一万多名大陆军驻扎在宾夕法尼亚福奇谷（Valley Forge），由于气候严寒、粮饷和衣物严重匮乏，有2500 名士兵冻馁而死，不少士兵开了小差，有一批军官则阴谋解除华盛顿的兵权。就是在这个极为艰苦的环境里，华盛顿又想起加图，要让他的将士们看一看那出古罗马悲剧，让加图的言行鼓舞他们的士气，把独立战争进行下去，直至胜利。

有位学者将华盛顿与加图详加对照，在其结论中写道："华盛顿与加图所共有的是获得他们所领导的部下的一贯尊敬，他们在战斗中以其重要讲话，以其对共和事业的忠贞，以其美德和名誉，赢得了这种尊敬。"

1799 年，独立战争将领、国会议员亨利·李（Henry Lee）在致华盛顿的悼词中对首任总统作出了言简意赅的评价："战争中居第一，和平中居第一，在其同胞心中也居第一。"

1813 年，缅怀华盛顿的杰弗逊这样写道：

"他不知恐惧，以最镇定的态度对待亲临的危险。他性格中最鲜明的特色或许是审慎，在仔细权衡所有情况、所有考虑之前，他从不贸然行动；若有疑问，他就忍耐，可一旦决定，就不管任何障碍，朝着目标勇往直前。就我所知，他的诚实最为纯净，他的公正从不变更，不能用所谓利益或亲缘、友谊或仇恨的动机来贬损他的决策。在各种意义上来，他确实是一个智者，一个好人，一个伟人。总的来说，他的人格堪称完美，无可挑剔，有些缺点也无关紧要。"

爱音乐的杰弗逊

托马斯·杰弗逊的生平早已为人们所熟悉，但他一生对音乐的热爱，未必广为人知，本文试从他爱音乐的角度来写他，让我们从他身上了解到，杰出政治家往往也是文艺爱好者，文学、音乐、美术都可能是他们的生命的重要部分。

音乐是杰弗逊生命中的至爱。他在给意大利博物学家法伯罗尼的信中写道："音乐是我心中的酷爱，命运决定我与一个处于悲惨、野蛮状态的国家同甘共苦。"在给弗吉尼亚政治家伯韦尔的信中写道："音乐是无价之宝，在整天忙碌之后的休闲时间里给我们带来愉悦，并贯注我们一生。"他对其女儿说："不要荒疏你的音乐。音乐可以陪伴你，使你生活中的许多时光变得快活。"

在 18 世纪 50 年代，弗吉尼亚还不是一个州，而是英国的一个殖民地，蓝岭山区景色秀丽，在其山麓有个名为"夏洛茨维尔"（Charlottesville）的小城，距该城 5 英里处有个沙德威尔（Shadwell）农场，这就是杰弗逊的家，父母经营种植园，当时似乎很富裕，其实也就是如今中产阶级的生活水平。14 岁的杰弗逊，一个身材修长、喜爱骑马的男孩，有了一把自己的小提琴，马鞍后的鞍袋里原先只放着他爱读的书，现在还放着他喜欢的乐器。骑到一片野花盛开的草地，他会下马，或读书或拉琴，他可按乐谱演奏巴洛克音乐，也可拉他记得的许多弗吉尼亚民间曲调。他跟他最好的朋友卡尔常一起骑马驰骋山野，他们有一棵最喜欢的橡树，他在树下给卡尔拉琴，也跟他聊童年的"秘密"，两人还约定，如果他们中有一人先死，便享有另一人把他埋葬在这棵橡树下的荣幸。后来，30 岁的卡尔英年早逝，杰弗逊含泪把他安葬在老橡树下。

杰弗逊从小就学拉小提琴，几乎拉了一辈子，直至 70 多岁时因骑马腕关节受伤才停止。他一生用过 3 把小提琴，购有很多乐谱、音乐书籍，其中有海顿、科莱利、杰密尼亚尼、维瓦尔迪、亨德尔、博凯里尼等作曲家写的协奏曲、奏鸣曲、歌剧等，意大利小提琴家和作曲家科莱利、杰密尼亚尼的小提琴曲都是具有挑战性的艰涩作品。杰密尼亚尼的《小提琴演奏艺术》也在他的藏书中。平时不论到哪儿，他总爱哼曲唱歌，当时尚无唱片，他是在教堂、音乐厅、剧场、花园、私人家里聆听并记住许多旋律，又自学识谱，加上刻苦练琴，便成了出色的业余小提琴手，他的传记作者甚至称他为"当年最优秀的小提琴演奏家之一"。

1760 年，17 岁的杰弗逊离开沙德威尔农场，骑马行走 120 英里，前往威廉斯堡，去威廉和玛丽学院（the College of William and Mary）上学，途中在汉诺威逗留了一些日子，在该城圣诞节派对上认识了当地的律师帕特里克·亨利，亨利比他年长 7 岁，也爱拉小提琴，两人成了琴友，一起演奏，还在舞会上和年轻姑娘们一起跳舞。5 年之后，亨利成了著名政治家、演说家，作为大陆会议代表，他在弗吉尼亚第二届革命大会上发表演说，号召北美殖民地人民抵制殖民政府的苛捐杂税，反抗英国的殖民统治，其中"给我自由或给我死"（亦译"不自由，毋宁死"）一句成了流传至今的历史名言。杰弗逊被其演讲词深深感动，民主思想的种子开始在他心中萌芽，后来终于成为"美国革命作家"，成为美国开国元勋之一。

杰弗逊在威廉和玛丽学院学习两年，功课虽紧，仍坚持每天练琴 3 小时。他还参加每周音乐会，与弗吉尼亚殖民地总督弗朗西斯·福基尔（Francis Fauquier）等人同台表演，受到听众赞许。他告诉听众说，至少有 10 多年，他每天练琴不少于 3 小时。有人给他算了一下，他年轻时练琴时间的总数应为 13140 小时。

离开学校后，杰弗逊在威廉斯堡以 5 年时间随乔治·威思（George Wythe，1726—1806）学习法学、实习法律业务。威思是当年首届一指的律师，具有渊博学识和民主思想，他要杰弗逊广泛阅读，每天分配时间涉猎人文学各科，不论史学、文学或哲学、宗教、科学，都要浏览、精读、研究。杰弗逊后来之所以能成为"文艺复兴时期新人"式的博学者，显然因为早就受益于威思的教诲培育。他称威思是他的"第二个父亲"，威思则说，在他所有关系中"杰弗逊最亲"。这一阶段的学习对他后来执笔撰写《独立宣言》（1776）显然也有重要作用，威思也是《独立宣言》的签署者之一。在这个时期，杰弗逊也常与威思、福基尔、威廉和玛丽学院自然哲学教授威廉·斯莫尔（William Small）在总督府共用晚餐，也不忘用很多时间练习小提琴。

1769 年杰弗逊进入政界，先任弗吉尼亚州众议员。1775—1776 年为大陆会议代表，在费城闭门 18 天起草《独立宣言》，有传记说，即使在撰写这篇经典名作期间，他也"用几个小时拉小提琴，以使精神足够放松，有利于继续写作"。1776—1779 年任弗吉尼亚州参议员，1779 年当选弗吉尼亚州州长，领导该州渡过独立战争最后几年的难关。当州长时，他邀聘威思担任威廉和玛丽学院法学教授，威思因此成为美国历史上第一个法学教授，第 4 任美国总统詹姆斯·麦迪逊也曾是他的学生。1806 年，威思因家族遗产纠纷被其侄孙毒死，杰弗逊在悼词中写道："他是我的年高德劭的导师，我的最早、最好的朋友；我受惠于他，其第一印象便对我一生的事业产生有益影响。"威思被安葬在帕特里克·亨利发表"不自由，毋宁死"演讲的那个教堂。

杰弗逊以其民主思想、真才实学成为当年政坛上的出类拔萃人物。1785 年继本杰明·富兰克林之后，他担任驻法公使，在法国 5 年期间，有很多机会接触著名的西欧音乐家，进一步了解了欧洲音乐，那正是法国小提琴音乐发展盛行时期，在他面前展现了一个他所不知的音乐世界，所以觉得受益匪浅。

1789—1793 年杰弗逊担任华盛顿总统内阁国务卿，1796 年当选副总统，1801—1809 年，为第 3 任美国总统，实行"杰弗逊民主"：维护宪法，反对以任何形式向君主制过渡，司法权对所有人一律平等，废除先前的摧残人权法令，保障人民享有宗教信仰的自由和出版自由。关于舆论自由，他说："我们政府的基础是人民的舆论，如果要我决定我们应该要一个没有报纸的政府，还是要没有政府的报纸，我片刻也不犹豫，宁选后者。"

音乐在日常生活中给杰弗逊带来喜悦、幸福，在辛勤工作之余给他带来松弛、闲适，在艰难、悲伤时刻安抚他的心灵。

1770 年，杰弗逊认识玛莎·斯克尔顿（Martha Skelton），一个有音乐天分的漂亮姑娘，当时追求她的不止一个男人，一部杰弗逊传记中有这样一段文字："杰弗逊先生的两个情敌碰巧在斯克尔顿小姐的门口相见。他们进了屋，听见她的大键琴（harpsichord）（按：16—18 世纪使用的键盘乐器，为钢琴的前身）声音和歌声，杰弗逊以小提琴伴奏，同时轻声伴唱，那是一首动人的歌曲。他们听了一会儿，不知是歌词还是歌声给了他们暗示，他们重又戴上帽子，悄悄退了出去，也不想徒劳无益地再到这儿来。"

杰弗逊知道玛莎喜欢音乐，所以常带着小提琴去她家，以音乐之声赢得她的欢心。1772 年元旦两人结婚，婚礼在玛莎家举行，然后两人乘马车去 100 英里外他的在蒙蒂塞洛（Monticello，意大利语，意为"小山"）的家。那是个雪天，雪越下越大，马车越走越慢，结果两人弃车骑马，沿山上小道回到了家。婚后夫妻好合，如鼓瑟琴，两人经常一起奏琴咏唱，乐趣无穷。玛莎不仅与他分享音乐之爱，并帮他扩大音乐追求的范围，买了很多新的曲谱和乐器。他们常举行音乐晚会，他家众多的黑人奴隶中有不少能歌善舞者，也上台表演。家奴们平时也常听到男主人哼唱歌曲，一个名叫伊萨卡的奴隶回忆说："他骑马或散步时总是在唱歌，几乎所有时候都在哼一些曲调，或低声唱歌给自己听。"有一年，他家的沙德威尔农场遇火灾，房屋夷为平地，他的藏书焚烧殆尽，但使他感到有点欣慰的是，一个家奴把他的小提琴抢救了出来。

在他和玛莎的影响下，他们的第二、三代子女都喜欢音乐，并得到他们的鼓舞和奖赏。他长时间不在家的时候，常给 3 个女儿写信，总是叮嘱她们要学好音乐，坚持练琴。在巴黎时，他买了两台大键琴托运回家，这是当年世界上最大、最好的键盘乐器。他为孙女弗吉尼亚买过一把吉他，这个孙女回忆说："我早就渴望有一把吉他，我们社区有个女士要搬到西部去，要卖掉她的吉他，但开价很高，所以我连想都不敢想。一天早晨，我下楼吃早饭，看到了那把吉他。这是那个女士送来给我们看一看的，祖父对我说，如果我保证学会弹吉他，我就应该有这件乐器。我从没忘记我当时的狂喜心情。那年我 14 岁，我的第一个最大的心愿就这样突然实现了。"

杰弗逊一生也遇到不少伤心事，尤其是他的姐姐、妻子和小女儿都先于他去世，使他这个满怀亲情、爱情的弟弟、丈夫和父亲倍感悲痛，甚至因此而多日不吃不眠，事后多天，会又拿起小提琴，抚琴悼念亡故的亲人，也抚慰自己悲伤的心灵。

1809 年卸任离开白宫后，杰弗逊回到蒙蒂塞洛度过了一个平静而愉快的晚年。全家三代，10 多口人，还有很多亲友，欢聚一堂，其乐融融，而且永远少不了歌声和琴声。在腕骨受伤不能再拉琴后，他用很多时间听音乐。当亲友们围在他身边奏乐歌唱，听到许多他熟悉而喜爱的古今乐曲、歌曲时，他不禁回味这一辈子音乐给他带来的甜美、快乐。

音乐是流动的建筑，建筑是凝固的音乐。音乐爱好者杰弗逊也爱建筑，研究过建筑学。1817 年，他 74 岁，开始亲自设计弗吉尼亚大学，以实现他改善弗吉尼亚州教育状况、"也吸引各州天才学生前来饮知识之杯"的夙愿。他对母校威廉和玛丽学院有所不满，因为该校宗教性太强，居然要学生背诵基督教教义。

1825 年，弗吉尼亚大学建成招生。1826 年，83 岁的杰弗逊知道自己来日无多，也觉得自己一生的使命已经完成，只祈祷自己能活到这一年的 7 月 4 日，《独立宣言》问世 50 周年那一天。果然，在那年国庆节，他睡了大半天，醒来时问道："今天是 7 月 4 日?"午后不久，他便与世长辞。几个小时后，第 2 任美国总统约翰·亚当斯也谢世而去。他们俩是好友，亚当斯见杰弗逊平时寡言少语，在不同政治观点激烈争辩时往往缄口不语，就问他为什么这样，他回答说，若要争论，他的笔比嗓子更有用，他想说的话都通过他的笔充分表达出来。

杰弗逊去世后，在他卧室的抽屉内发现的东西中，除了他妻子和孩子的几绺头发外，还有一份遗嘱，希望在其墓碑上有如下他自拟的铭文：

此处安葬着
托马斯·杰弗逊
美国独立宣言、
弗吉尼亚宗教自由法令起草者
和弗吉尼亚大学之父

在笔者想象中，其墓碑上似乎还有一行字：业余小提琴演奏家。

幽默的林肯

美国总统既是首席行政官，又是武装部队总司令，握有军事大权，但有些总统更具有以幽默为更佳政治武器的本领。从 2016 年大选情况来看，有的人那么渴望当总统，可似乎没有想一想，自己有无幽默感，也即有无这种儒雅的品质、闪现的智慧，能否说出一些睿智、诙谐而有分量的话来，却在竞选辩论中只会用一些粗俗甚至谩骂的词语来哗众取宠。

当然，也有人认为当总统不需幽默，只需严肃。国会参议员托马斯·科温（Thomas Corwin）曾对第 20 任总统加菲尔德说："假如你要得到成功，你应该严肃，严肃得像一头驴。"加菲尔德听其话，进入白宫后总是一本正经，面无笑颜，不过白宫的这个"驴子阶段"并不长，半年多之后，他便遇刺身亡。接替他的阿瑟似乎有一种暗含的幽默感，在患致命肾脏病后严格保密，甚至还象征性地竞选连任。

第 22、24 任总统克利夫兰是个诚实、清廉的好人，却也不懂幽默，曾多次说"担任美国总统是一件严肃的事情"。

第 33 任总统杜鲁门对"严肃论"并不苟同，他说："任何人担任我所担任的这个职务而无幽默感，他便不可能在这里久留。"

历届美国总统中确实有不少幽默家，因幽默而更成功，因诙谐而更得人心。林肯便是其中之一，而且或许可与柯立芝并列为最幽默的美国总统。

幽默的林肯、林肯的幽默，众所周知，堪称一绝。

诗人卡尔·桑德堡（Carl Sandburg）说，林肯是"第一位占据华盛顿总统官邸的真正的幽默家，他爱笑的天性和对幽默的直觉成了一种国家财产"。

民俗学者 B.A. 博特金（Botkin）说："林肯把俏皮话上升到了经文的高度。"

国会参议员斯蒂芬·道格拉斯（Stephen Douglas）曾与林肯大辩论竞选参议员，在知晓自己要与他竞选总统后说："他是他那个政党的强人，十分机智，了解实情，记得起讫日期，善用逗趣方式和冷面滑稽，是美国西部最出色的讲坛演说家。"

当年伦敦一家杂志赞道："美国人的一大优势是有一个既是首席行政官、又是国家首席玩笑家的总统。"

林肯知道自己天性忧郁，有时沮丧到出门不敢随身带折叠式小刀的程度，于是他要改变自己，不要哭丧着脸，而要多笑。他说："我笑，因为我不该哭。"他用口哨吹除悲伤，用笑话驱走苦恼，用幽默来减轻他内心和外来的精神压力，结果，幽默往往真的取代忧郁，成了他后天的"天性"。1984 年，美国一名历史学家在纪念林肯诞生 175 周年时写道："幽默具有掩藏痛苦、治愈伤心、振奋精神的力量，对此，林肯至今仍然是活生生的例证。"

林肯平时像伊索喜欢寓言一样爱讲故事，爱说笑话，在与同僚研究工作时，也时常插叙幽默故事。他也好讽刺挖苦，模仿他人的声音举止，常常谈笑风生，妙语惊人，其孩子般的纵声大笑富有感染力，引得别人也捧腹不止。这正如马克·吐温（Mark Twain）所说："人类只有一种有效武器，那就是笑声。"

有人问林肯："你为什么自个儿擦自己的靴子？"他答道："你说，谁的靴子我该擦呢？"

有一次提及其内阁腐败官员西蒙·卡梅伦（Simon Cameron），他说："除了烧红的火炉，他什么都偷。"

一个访问英国的军官在接待他的主人家厕所里，看见一幅乔治·华盛顿画像，林肯听说后觉得没有什么稀奇，他说："这很符合逻辑，因为一见乔治·华盛顿，那个英国佬就拉了。"

还在当律师时，有个隆冬的晚上，他和好几个同事在一家酒馆围着壁炉烤火，他说：

"这鬼天气比地狱还冷。"有个同事问道："你去过地狱？"他答道："是啊，去过，有趣的是就像这儿，所有律师都紧挨着火。"

林肯喜欢的幽默作家、俄亥俄州记者戴维·洛克（David Locke）回忆说，林肯自己的幽默话"犹如从岩石中喷出的泉水源源不断"，"又如在云层上的阳光闪闪发亮"。

林肯的竞选经理、法官戴维·戴维斯（David Davis）说，林肯讲幽默故事时，"他的五官、脸部表情似乎都在一起表演。一到笑话或故事可以卖关子的地方，他脸上的严肃神情顿时消失殆尽。他的不大的灰色眼睛炯炯发光，笑容布满面孔，直至嘴角；他的身子因抑制兴奋而发颤；真到了故事节骨眼，他会纵声大笑，笑得比谁都放情。"

大诗人惠特曼写道："众所周知，讲故事是林肯总统经常使用的武器，而且使用得非常巧妙。"接着他转述了林肯讲过的一个故事。在南北战争最黯淡的时刻，一个银行家代表团访问林肯，问他对美利坚合众国的信心是否有所动摇，他回答说：

"那还是在伊利诺伊时，我还年轻，有一段时间曾与一名长老会牧师住在一个宿舍。有一天夜里，我在睡梦中被一阵敲门声惊醒，同时听那个牧师在激动地喊叫：'起来，亚伯拉罕！最后审判日到了！'我从床上跳下，奔到窗口，见星星像骤雨般降落，可再仰望高空，我看见那些我很熟悉的古老大星座，它们仍然纹丝不差地稳定在原处。先生们，这世界是不会走到末路的，美国也不会！"

林肯还讲过两个士兵的故事。一个士兵在战役中被打掉双腿，被转移到后方后，见一个卖馅儿饼的女人在旁边兜来兜去，便问她："喂，老夫人，您的馅儿饼是用线缝起来的还是用小钉子钉起来的？"另一个士兵和他的团队等着上战场，正用大啤酒杯喝咖啡，突然一颗流弹飞来，越过他的脑袋，把啤酒杯打得粉碎，只剩杯把儿还在他手里，他顿时把脸转向流弹飞来的方向吼道："约翰尼，你不能再这样做！"林肯讲完故事后说："看来，不论死亡或危险，都不能猝熄美国战士的冷幽默。"

显然，林肯讲这些幽默故事，不是只为驱除自己心头的忧郁，也不仅是为了获得听者的笑声，而是作为政治家，用这些故事来鼓舞士气，励志图强。

对林肯而言，幽默是氧气和水，是他生命线的一部分，也是他的政治武器。有人攻击他，说他是"双面人""两面派"，他反问道："假如我有两个面孔，那么我现在这个脸是戴上去的?"一般来说，他不大在乎政敌的批评、攻击，但有时也要用讲故事的办法加以回敬，如有一次针对某政客对他的抨击，他说：

> 此人是华盛顿最大的撒谎者。他使我想起一个以歪曲事实著称的老渔夫。他有一个磅秤，总要把他捕来的每一条鱼当着顾客的面称一下。有一天，一个医生借他的磅秤称一下一个新生儿的分量。结果，这个婴儿体重 47 磅。

为解放黑人奴隶，林肯殚精竭虑，更需用幽默来释怀解愁。内阁讨论《解放黑人奴隶宣言》初稿时，他总要先大声朗读他最喜欢的幽默作家的作品，有的内阁成员不以为然，听后面无表情，他便问道："先生们，你们为什么不笑?我日日夜夜忧心忡忡，如果我不笑，我就会死去，你们应该像我一样需要幽默发笑这个良药。"

1861 年南北战争爆发，脱离联邦的南部 11 州为维护和延续奴隶制而战，北部各州则为废除奴隶制、恢复联邦统一而战，对林肯总统而言，那是最沉重的承载、最严峻的考验，即使如此，他还是要讲讲笑话，无法终日满面严肃。1862 年的一天，一个俄亥俄州国会议员到白宫去看望他，他居然还要讲逗笑故事。这个议员觉得有点不可理解，便问道："在这么严酷的时候，还听你讲故事?"林肯答道："战争开始以来，我比任何时候都焦虑，我现在告诉你，如果我不偶然宣泄一下情绪，我会死的。"

战时另有一次，他说："有些故事可能不大好听，可我告诉你实情，如果故事真的诙谐风趣，对我来说，那效果跟一个老酒鬼痛饮威士忌酒是一样的。"

对那些反对以战争结束奴隶制的人，林肯很反感，也要用故事来讽刺他们一番。有个来自俄亥俄州的政客公开反战，影响恶劣，林肯便把他放逐到南部邦联地区，他的妻子随同而去，临走前她大声宣告，除非她当上俄亥俄州州长夫人，否则她将永远不回她的家乡州。林肯因此而想起另一个故事，讲给他周围的人听：

> 有位绅士被提名为镇长。选举日早晨离家时，他说："太太，今晚你将跟

这个镇的镇长一起睡觉。"

选举结果，这个自信的绅士输了。他回家前，他的妻子已听到他被击败的消息。她顿时穿好衣服准备出门，但还是先等丈夫回家。夫妇俩在门口相见，他问："太太，天这么晚了，你还要到哪儿去？"

"到哪儿去？"她答道，"干吗问这个，早晨你对我说了，今晚我得跟这个镇的镇长一起睡觉，李先生选上了，你没有选上，我这就去他家。"

就如所有行政长官，林肯一进白宫就发现，求他安排政府职务的人数远远超过由他掌握的任命数额，他认为这是一种"太多乳猪围着乳头"现象。这也使他想起在伊利诺伊州斯普林菲尔德的往事：他的一个邻居在他家前面的街上见他和两个儿子在一起，两个孩子都在号哭，便问他是怎么回事。他回答说："也就是全世界都会发生的事儿。我得到 3 个胡桃，可他们每个人都要两个。"

林肯常感受到拒绝申请职务者所带来的压力。他说："我每次任用某一个人就树了 10 个敌人和 1 个忘恩负义之徒。"此话显然有点夸张，不过，他确实有过被这种现象激怒的情形，并因此讲过"国王与雄驴"的故事：

哎，先生们，这就如那个国王带着所有侍臣去打猎的故事。一上路，国王就遇到一个农夫。这个农夫告诉他说，这天就要下雨了。可国王的占星家说，不会下的。大约一个小时后，来了一场倾盆大雨，说明农夫的话是对的，国王便斩了那个星占家的头，把那农夫找了回来，并让他填补星占家留下的空缺。

"那不是我知道会下雨，"农夫说，"而是我的那头雄驴子，它的耳朵直往后缩。"

"那我就在此任命你的雄驴为法庭星占家吧。"国王说。后来，国王意识到，这是他一生中犯的最大错误，因为这个国家里的每一头驴都想要一个官职。

遇到太多求官现象，林肯可从不轻易许官，更不会卖官，不过，他有时也改变先前的生硬拒绝态度，而用温和的幽默来化解问题。有一次，宾夕法尼亚州州长柯尔廷的一些政治盟友为他谋求一个外交职务，林肯认为柯尔廷可以搞外交，但接着给那些来访"盟友"讲了关于爱尔兰剧作家和诗人理查德·谢里丹（Richard Sheridan）及其父亲的故事：

我现在正处于小谢里丹的状况，老谢里丹迫使儿子收敛自己的放荡行为，对他说，他应该拿取一个妻子，小谢里丹问道："很好啊，父亲，可我拿取谁的妻子呢？"我正好也可以说，我可以给柯尔廷一个外交职务，可我拿取谁的外交职务呢？

有个妇人要求林肯给她儿子赐一个空军上校头衔，自负地历数她家的"光荣传统"，企图说明她的要求合情合理。她对林肯说："阁下，我的祖父曾在列克星顿战斗，我的父亲曾在新奥尔良作战，我的丈夫阵亡在蒙特雷。"林肯回答说："我寻思，夫人，您的家庭已为国家做出足够多的贡献，如今何不让别人也有一个机会呢？"

对林肯的外貌，美国人谈论甚多。南部邦联甚至用打油诗来丑化他，说他"脸粗颧骨高"，"鼻子长而丑"，"像一头伊利诺伊半饿的猪"。林肯的容貌确实有其特色。他是身材最高的美国总统，四肢颀长，浓眉小眼，络腮胡子，还有大耳朵。不过，一般人都认可他的一个律师伙伴的评语："他不是美男子，也不是丑八怪。他是个普通男子，不在乎自己的容貌，外表平淡，行为也朴实。"

连小孩子也关心林肯的容貌。1860 年 10 月 15 日，纽约州威斯特菲尔德的 11 岁小女孩格莱斯·比德尔（Grace Bedell）给林肯写了一封长信，表达她和家里人对他这个总统候选人的敬爱，并说她父亲从集市上买回他的一张相片，她觉得他身边的木栅栏很美，但他的脸太瘦，如果他能"让自己的颊须长出来"，他的脸要好看得多，然后她会叫她的 4 个兄弟都投他的票。

格莱斯和她父亲、兄弟都没有想到，几天后就收到了林肯的回信。这位总统候选人 10 月 19 日在伊利诺伊州斯普林菲尔德写道：

格雷斯·比德尔小姐
我亲爱的小小姐：
你的 15 号的令人愉快的信收到了。
我得遗憾地说，我没有女儿。我有 3 个儿子——一个 11 岁，一个 9 岁，另一个 7 岁。他们和他们的母亲组成了我的家。

至于胡子问题，我从未留过，如果我现在开始留胡子，你想人家会不会说，这是一种愚蠢的癖好？你的十分诚恳地祝你幸福的人，A. 林肯。

林肯在信中并未答应留胡子，但在 1861 年 2 月 16 日那天，当选总统林肯满脸胡须，出现在纽约州威斯特菲尔德，与他的小通信者亲切相见。

林肯自己知道很多人说他长得丑，也曾自嘲，不忌讳跟人讲讲这方面的故事。

有一次，他在树林里遇到一个骑马的女人，他停步让她过去，可她也停了下来，盯着看他，然后说："我相信，你是我所看到的最丑的男人。"林肯答道："夫人，您也许是对的，我是身不由己，没有办法啊。"那女人说："是的，你身不由己，但你可以躲在家里不出门啊。"

又有一次，林肯在劈柴，一抬头，发现有个陌生人用枪指着他。他问道："你这是什么意思？"那人回答说，他曾向人许诺，要射杀他所遇见的第一个比他还丑的人。林肯仔细瞧了瞧这个陌生人，然后说："要是我比你还丑，那你就一发发子弹连续打吧。"

林肯，这位"伟大的奴隶解放者"，最后并未死于嫌他长得丑的陌生人手里，却死于一个他所喜欢的莎士比亚戏剧演员的枪击刺杀，林肯自己或许会觉得这是历史开的一个玩笑，还可能在天堂里给上帝讲述了这个"幽默"故事。然而，这是历史的悲剧，一出真正的悲剧，但林肯在美国留给一代代后人的，仍然是他的豪俊放达、睿智机敏，是他的聪颖而深刻的幽默。

"冷面滑稽"柯立芝

在历届美国总统中，卡尔文·柯立芝的政绩和名声并不很显赫，历史学家们给他定的历史地位也并不很高，却是一个至今未被遗忘的总统，他的冷静、幽默、风趣的性格及其带来的故事，仍是一代代美国人茶余饭后的谈资。他谈吐诙谐，妙语惊人，听者常被逗笑，他自己却脸无表情，所以人都说他是"poker face"（扑克脸），有"dry humor"（一本正经的幽默），也即我们汉语方言中所谓的"冷面滑稽"。

聆听柯立芝的笑话妙语之前，不妨先了解一下他的生平。

他诞生于 1872 年 7 月 4 日，也就成了唯一的生在"独立日"——美国国庆节的总统。他的老家在佛蒙特州普利茅斯山谷的一个小村庄，父亲原是富裕的农夫、店主，后来热心于为公众服务，先后当选佛蒙特州参议员和众议员。说来有趣，柯立芝又是唯一的在他父亲面前宣誓就职的总统。那是 1923 年 8 月，去西部旅行的哈丁总统突然病逝于旧金山，时任副总统的柯立芝为探亲回了老家，当年还没有电和电话，信使专程给他送来哈丁的噩耗。在美国，不能一天没有总统，柯立芝当晚便穿戴整齐，于 1923 年 8 月 3 日这一天的凌晨 2 点 47 分，在他老家客厅的煤油灯下，面对公证人——他的父亲宣誓就职，成为第 30 任美国总统。天亮之后，他便赶回华盛顿，为防止公证人主持宣誓仪式有何问题，他在华盛顿地区最高法院的一名法官前又宣了一次誓。

柯立芝可说是从基层干起的政治家。他大学毕业以后先在马萨诸塞州小市镇北安普顿当律师，然后当该市市长、马州参议员、马州副州长、州长。律师出身的官员一般都很有原则，柯立芝也是。他当马州参议员时，有个波士顿参议员坚持要求立刻表决一项有利于其选区的法案，柯立芝认为此方案并不要紧，不需立即投票，那人因此朝他大骂："你该进地狱了！"柯立芝答道："参议员，我遵守法律，是不必去地狱的。"

1919年当州长时，波士顿警察为要求增加工资举行罢工，他下令禁止，严正声明"不论何人、何地、何时均无权利举行危害公众安全的罢工"，并立即出动马州民兵维持社会秩序，他处置此事件的方式使他闻名全国，第二年便获共和党副总统候选人提名。

他进椭圆形办公室后所面临的是哈丁留下的一个烂摊子，历史学家们甚至称哈丁政府是美国历史上最腐败的政府，所以他首先做的就是清除那些贪官污吏，把这个烂摊子收拾干净，然后按自己的理念执政。他为人低调、节俭，上台后便主张减税、"小政府"，提倡厉行节约，限制政府开支；政治上态度鲜明地反对种族歧视、性别歧视，主张给黑人平等权利，给妇女选举权；对工商业则采取自由放任的不干涉政策。他认为，美国人"所考虑的就是在这个世界上购物、售货、投资和发财"，他的结论后来成了名言："美国人的主要事情就是做生意，于是就放手让大家大做生意吧。"

他的放任政策倒是带来了"柯立芝繁荣时期"，经济奇迹般地迅速发展，人们生活中增添了前所未有的电气、汽车、电话、广播和电影，福特汽车产量甚至超过德国的奔驰。飞行员查尔斯·林德伯格（Charles Lindbergh，旧译林白）完成了世界上首次跨越大西洋的单人直达飞行。小说家弗·司各特·菲茨杰拉德（F.Scott Fitzgerald）写下名著《了不起的盖茨比》（*The Great Gatsby*）（1925）。人们在衣着和行动上不受传统拘束，出现了留短发、穿奇装、在公众场合抽烟喝酒的"随意女郎"（flapper）。爵士乐、爵士舞盛行，形成一个热闹的"爵士时代"。柯立芝的执政时期因此被称为"狂飙的20年代"（the Roaring Twenties，亦译"喧闹的20年代"），在人们心目中，这个总统也就成了"国父"式人物。不过，尽管柯立芝曾得意地说自己在任上"避免了大问题"，可就在他卸任前夕，股市便突然崩溃，长期的经济大萧条随之而来，他留给第31任美国总统胡佛的便又是一个烂摊子。

不论是腐败的哈丁政府或柯立芝的繁荣时期，美国人似乎都会淡忘，对第

30 任总统的特殊个性、言论妙趣却仍有人津津乐道。

柯立芝性格冷僻，沉默寡言，故得外号"沉默的卡尔"，但不等于笨嘴拙舌、不善言谈。在大学里他就是辩论课上的佼佼者，毕业前夕他在演讲中说："尚无确凿证据说明毕业证书是一只狼，尽管到你手里时它披着羊皮。"同学们为之笑着鼓掌。在美国，毕业证书是羊皮纸做的，故谐称为"羊皮纸"。

要走仕途，若无名正言顺、滔滔不绝的演讲本领，就得不到选民的心，竞争不到要竞争的官位，柯立芝有这种本领。他发表的关于消除种族歧视、支持黑人民权运动的讲演都铿锵有力："在美国宪法之下，非裔美国人就如其他公民一样享有神圣的民权，保护这些权利是公众的、也是个人的义务。"

然而，他的本性确实不爱说话，私下里总是缄口不言，要说话也就三言两语，甚至是"两言一语"，有人打赌会让他说三个词以上的话，他用两个词回答："You lose"（你输了）。有意思的是，其两言一语也往往新奇独到，令人莞尔。

当总统后他更谨言慎行，除了国情咨文演讲，他不再滔滔不绝，而总是寥寥数语，有时甚至敷衍了事。他说："总统的话语很有分量，不能不分青红皂白地乱讲。"又说："我想，美国人民希望总统像一头严肃的驴。我认为，我会符合他们的要求。"他还觉得，寡言少语也是对付一些烦恼事儿的办法。他说，到白宫来访的人，十分之九是想得到他们不应该得到的东西，"如果你保持冷静、不说话，他们会在三四分钟内就走掉了。如果你咳嗽了，笑了，他们就一下子又上来了……如果我们只是坐下来，保持静默，我们生活中五分之四的麻烦事就没了"。有些人往往要他重复他说过的话，所以他认为，"如果你不说什么话，人家也就不会叫你重复了"。

下面我们不妨举一些柯立芝沉默寡言、两言一语、言简意赅的实例。

当年在自己的婚礼彩排时，柯立芝独自站在墙角，默默不语，毫无新郎的喜气。新娘格拉斯的一个朋友应邀出席，她知道新娘在聋哑学校执教，见柯立芝此种神态，便向他未来的岳母问道："那个站在墙角的人是您女儿的学生吧？"不过这个朋友并不清楚格拉斯教的学生都是聋子，她不教哑巴。

有一天，他从教堂听布道回来，妻子问他牧师讲了什么，他答道："罪。"妻子问："牧师怎么讲？"他答道："他反罪。"

1924 年竞选连任总统，记者问他："您有无竞选纲领？"他答道："没有。"问："您能否谈谈国际形势？"答："不能。"问："有无禁酒方面的消息？"答："没有。"当记者们怏然离开时，他看着他们严肃地说："现在记住，别引用我的话。"

在一次记者招待会上，他发表声明，只有一句话："我不打算在 1928 年竞选连任。"接着就宣布散会。有个朋友对他说，愿在 11 月大选时再投他的票，这样就可结束经济大恐慌，他答道："那就是本人大恐慌的开始。"另有人问："你为何不再想当总统？"他说："因为再无晋升机会。"

有一次一个国会议员拜访他，要给他拍一张照，并解释说："我已有一张您的照片，可那是你当副州长时拍的。"柯立芝答道："我不明白您为什么还要一张，要知道我用的是同一副脸啊。"

有位将军前来拜见柯立芝表示他的敬重，总统请他吃午饭，将军说："事实上，我只是今天和明天到这儿来。"柯立芝答道："这两天我们都吃午饭。"

有一次柯立芝乘车经过华盛顿石溪公园，见一个参议员骑马而行，此人以强调自己的独立性著称，柯立芝悄悄说道："该麻烦这位参议员朝着这匹马走的方向而行。"

有一本批判、贬损首任总统华盛顿的传记居然畅销书市，柯立芝听说后，眼望白宫窗外景色，轻声说："我见他的纪念碑仍在那儿。"

他敬佩女诗人埃米莉·迪金森（Emily Dickinson），有一次去马州阿默斯特拜访她的故居，看着她的手稿，忽然说道："她用她的手在写。我在口述。"

除了简短的奇谈怪论，柯立芝也有些怪异行为。总统在白宫午睡是件稀罕事，可这是柯立芝的习惯，一睡就好长时间，而且是酣睡，他认为这一习惯"肯定符合国家利益"，因为他睡着了就不能想出一些不利于国家的怪念头。

柯立芝有时在"总统早餐"时分邀请国会议员们共餐，有一次，他把牛奶和咖啡拌好后倒在一个托碟里，有些议员尽管觉得有点奇怪，却又以为这是总统在向他们显示他所喜爱的饮用"牛奶咖啡"的方法，于是纷纷效法，餐桌上便出现许多"牛奶咖啡碟"。出乎众人意料的是，柯立芝忽然弯下腰来，把托碟放到地板上，他的狗就在他脚旁，这碟子里的牛奶咖啡显然是专给狗儿享用，议员们甚觉难堪，眼望餐桌上自己的牛奶咖啡碟子而哭笑不得。

　　一则本性节俭，二则警惕腐败，柯立芝从不挥金如土，始终反对政府多花钱。总统视察军队或迎接其他国家首脑时鸣 21 声礼炮早已是美国的传统，柯立芝却持质疑态度，这不仅是因为礼炮声常惊得他的宠物柯利犬狂叫，更因为，正如他所说，"鸣那么多炮要花很多钱，所以我不要鸣炮，而要乐队演奏《星条旗》（按：即美国国歌）。"当不断有人要求为空军增加军费时，柯立芝问其内阁："我们为什么不能就买一架飞机，让飞行员们轮流使用？"他自己从不坐飞机，是美国历史上最后一个不乘飞机的总统。

　　有一次有个富婆寄赠给柯立芝一个钻石手镯，他的秘书说，"守法而反罪"的柯立芝就像害怕蝎子一样害怕这种贿物，立即寄了回去，并保存邮局收据作为证据，他知道"bracelet"（手镯）的复数"bracelets"就是"手铐"。

　　不少美国社会评论家、作家对柯立芝都有好感，赞赏他的幽默性格。H. L. 门肯（Mencken）写道："这个来自佛蒙特州普利茅斯的最杰出人物，绝对是一个面无表情、妙语连篇的幽默大师。"

　　"牛仔哲学家"威尔·罗杰斯（Will Rogers）自己善于发表幽默评论，也欣赏自己的同代人柯立芝的谐谑话语，并说这位总统的幽默，就如林肯总统，主要用来自娱，而不是其他目的。

　　与柯立芝关系最密切的助手爱德蒙·斯塔林（Edmund Starling）回忆道："一般人严肃的一面与幽默的一面往往是分开的。在柯立芝身上这两者却是混而为一，互相渗透。在我看来，这是人的成长过程中向前跨出的一步，看待生活中的严肃面，我们需用由幽默感赐予的容忍和理解态度，我们的笑声应基于对我们生存的精神目的的理解。"

　　历史学家阿瑟·斯隆写道："很多美国人确实喜爱柯立芝的逸事趣闻，常用这位第 30 任总统的北英格兰平舌口音，欣喜地将之传下去。"

兄弟总统罗斯福

美国第 26 任总统西奥多·罗斯福（Theodore Roosevelt）与第 32 任总统富兰克林·D.罗斯福（Franklin D.Roosevelt）是远房亲戚，1905 年，前者的亲侄女埃莉诺·罗斯福（Eleanor Roosevelt）嫁给后者，在婚礼上，老罗斯福牵着侄女的手，把她交给了小罗斯福，可谓亲上加亲。当时有记者问他如何看"罗斯福—罗斯福联姻"，他答道："在家族里保持这个姓氏是件好事情。"

这两个伯仲总统，在美国历史上均占重要地位，被公认的"伟大总统"里面就有他们俩。在南达科他州拉什莫尔山上的 4 个美国总统巨大头像中有老罗斯福，其余 3 个是华盛顿、杰弗逊和林肯，小罗斯福不在其中，因为 20 世纪 20 年代此雕刻工程开始时，他还只是纽约州州长。如今在白宫，老、小罗斯福的肖像并排挂在一起。

他们年纪相差 24 岁，老罗斯福是地道的"纽约客"，小罗斯福生于纽约州达切斯县海德公园镇。他们的生平极为相似：均出生于富商家庭，毕业于哈佛大学，先后都当过纽约州议员、海军部助理部长、纽约州州长、美国总统。不同的是，老罗斯福是共和党人，先任副总统，1901 年因麦金莱总统遇刺身亡而继任，1904 年竞选连任成功；小罗斯福则是民主党人，1932 年击败胡佛当选总统，连任四届。小罗斯福曾说，他视老罗斯福为"自己心目中的英雄和一生的楷模"。

两人的身体状况有所不同，老罗斯福自幼体质弱，视力差，患哮喘病，后经刻苦锻炼，还去达科他州当了两年牛仔，体格变得强健，自称壮如雄麋，后来居然还脱离共和党，自己另组"雄麋党"。小罗斯福年轻时爱好运动，身强力壮，肌肉发达，可在 39 岁那年（1921 年）因在凉水中游泳而患脊髓灰质炎，双腿瘫痪，经治疗和锻炼后部分康复，仍需坐轮椅。有人戏称老罗斯福是"马背上的总统"，小罗斯福则是"轮椅上的总统"。

两人都经历了战争时期，面临艰巨考验。1846 年墨西哥战争爆发后，老罗斯福率领"义勇骑兵团"出征古巴，战绩显赫，回国时受到隆重礼遇。这场战争的直接原因是美国为扩大奴隶制势力范围而兼并墨西哥的得克萨斯州，著名作家亨利·梭罗（Henry Thoreau）以拒交人头税的方式抗议这场战争，为此被捕入狱。小罗斯福面对的第二次世界大战性质不同，他开始宣布美国持中立立场，在日本偷袭珍珠港之后终于宣布参战，作为美军总司令，他指挥全国战时行动稳重妥帖，并亲自参与同盟国军事战略决策。1945 年 2 月与丘吉尔、斯大林共同出席雅尔塔会议，签订雅尔塔协定，促使苏联同意在德国战败后向日本宣战。

他们的性格并不相近，老罗斯福是文武双全、豪爽热情、粗犷冲动、多姿多彩，小罗斯福则以随和、亲切、明智、儒雅著称。

老罗斯福有文的一面：酷爱读书，也爱写书，一生著有 30 余本书。他尊重知识分子，赏识诗人、作家和记者的才华和作用，愿与他们交友，发现埃德温·罗宾逊的诗才后，热心帮助他找工作。他也非常支持记者、作家们揭露社会黑幕，只是怕他们做得过火才送给他们"扒粪者"（muckraker）这个不雅之号，而揭黑幕者反倒乐于接受，视之为"钦定雅号"。

他又有武的一面：喜爱各种体育活动，善骑能射，当上总统后，对外使用"大棒"，实行扩张政策，努力扩大海军力量，派出"白色大舰队"巡航世界，炫耀武力，巴拿马在美国海军援助下脱离哥伦比亚取得独立，美国因此得到巴拿马运河开凿权。离开白宫后，他曾率探险队前往非洲游猎，为美国史密斯学会和纽约自然历史博物馆制作了不少动物标本。他还曾去南美洲亚马孙荒原探险。他爱引用西非谚语"说话温柔，大棒在手"，这倒是最能体现他"又文又武"的特色。

他还留下另一些佳话：有一次，他在密西西比州打猎，见到一只伤势严重的黑熊，出于怜悯，他为其安排了安乐死，事后同意一家玩具商用他的昵称

"泰迪"来命名其玩具熊，著名的"泰迪熊"（teddy bear）至今仍是美国孩子们喜爱的玩具。有一次，他在密尔沃基市做竞选活动，遭一精神病患者行刺，胸部中弹受伤，幸好因其前胸口袋装有眼镜盒和讲稿而未致命，可见他命大福大，连当上总统也是因为运气好，他这个 42 岁的副总统成了当时美国历史上最年轻的总统。

老、小罗斯福在阅读方面有共同兴趣，如两人都喜欢历史学家、海军上将艾尔弗雷德·马汉（Alfred Mahan）所写的《海权论》一书，都欣赏英国"帝国诗人"、1907 诺贝尔文学奖获得者吉卜林的表现英国扩张精神的诗歌，这些作品在他们两人的思想中形成一种"盎格鲁美国精神"，老罗斯福的"大棒"政策，小罗斯福与德、日顽强对阵，都体现了这种精神。

在学时间，小罗斯福比老罗斯福更长。老罗斯福从哈佛大学毕业后去当了牛仔，又当纽约市警察局局长，小罗斯福离开哈佛后则又上哥伦比亚大学法学院攻读法学，毕业后在华尔街一家律师事务所工作。牛仔生活给了老罗斯福更多放达、豪俊的气质，法学则给了小罗斯福谨慎、严密的思维方式。长期的学校教育和良好的家庭教育使小罗斯福成了一个有气质的人，最高法院法官奥利弗·霍姆斯（Oliver Holmes）有句名言："富兰克林·罗斯福智力二等，但有一流气质。"正是他的一流气质，他的平易、和蔼、愉快、沉静的性格，使他与普通民众保持密切联系，与其身边的智囊团配合默契。他的非正式广播讲话"炉边谈话"（the fireside chat），亲切如聊家常，向民众阐释政府政策，安慰人们因经济大萧条而产生的恐慌情绪，每次谈话始终称听众为"我的朋友们"，听众也视总统为自己的朋友。

从大、小罗斯福执政情况来看，尽管是在不同的历史时期，两人却有很多相同点，一个实行"公平施政"，一个实行"新政"，首先想到的都是贫苦大众、弱势群体。

老罗斯福入主白宫后面临的国情，当时媒体有如下描述："我们的国家正濒临道德、政治和物质崩溃的边缘。腐败控制着投票箱、议会、国会。报纸被用钱买通，或被钳制言论；公众舆论被迫沉默，人民士气低落；劳工赤贫，土地集中在资本家手里。城里工人成立组织以防止自己的权利被剥夺，贫穷的移民劳工的工资被克扣，没有得到我们法律承认的常备雇佣军时刻准备镇压他们。千百万人的劳动果实被劫夺，去为少数人累积史无前例的巨大财富；这些财富的享有者反过来却蔑视民众、破坏自由。在政府不公正的多产子宫内，我们孕育了两大阶级——穷光蛋和百万富翁。"

老罗斯福要改变的就是这种落后、腐败、不公正、不平等的社会状况，缩短"穷光蛋"与"百万富翁"之间的悬殊差距。他首先出手有力地打击托拉斯，铲除大公司的"不轨行为""邪恶行为"，他说，他"要把资本所有者从他们自身的愚蠢行为中解放出来"。大公司老板贿赂市政府，大企业开办"血汗工厂"，铁路公司不断抬高运费，石油公司肆意涨油价，肉食加工厂污秽不堪，医药公司销售假药或有毒药物，各大公司争夺铁路垄断集团股票而造成华尔街金融危机，等等，这些问题都在他的铲除之列，他因此被称为"托拉斯拆台人"或"托拉斯炸弹"，也被誉为进步运动的领袖。

他在关心人民生活和健康、保护自然资源方面也尽心尽力，成就昭彰。在当纽约州州长时，他就开始把保护自然资源当作自己毕生致力的事业，当总统后更是大力推行保护自然资源政策。他曾签署"开垦法"，要求开发西部贫瘠土地，在那里兴修水利，修筑灌溉工程。他曾下令在佛罗里达州鹈鹕岛上建立第一个国家野生植物保护地，后在各地又建了50多个保护区。他更重视森林资源的保护，下令把许多大面积的林地收归国有，建立新的森林保留地，后来不少国家公园就是在森林保留地上建起来的。他曾两次召开全国性的自然资源保护大会，让与会的州长、议员、法官、部长、学者、民间团体代表、公民代表都明白保护资源的重要性，并付诸实际行动。

1933年小罗斯福上任后所面临的危机比老罗斯福更为严重，经济萧条雨雾密布，战争烟云又随之而来，整个国家处于萧瑟飘摇状态。他在作竞选总统演讲时就声明"政府必须保护公众的利益"，特别提出"必须帮助经济金字塔底层被遗忘的人"，"给他们提供条件，使他们通过自己的劳动从总财富中取得足以满足其需要的一份"。

从第一次"新政"到第二次"新政"，看一看所有法案的内容——紧急救济、调整农业、复兴工业、劳工权利、社会安全，等等，我们就会知道，罗斯福当时最关切的就是那些本就在经济金字塔底层、更因大萧条而赤贫如洗的穷人。

"新政"受欢迎，也受抵制，罗斯福也因此挨骂，有个国会议员甚至骂他是一个"连希特勒、斯大林和墨索里尼都非常妒忌的独裁者"，最高法院的"老头儿"法官们连续否定他的多项改革法案。不过，这一切都没有使罗斯福怯懦、妥协。

小罗斯福具有一个优秀政治家必备的品格，那就是人道主义精神和为正义事业锲而不舍的精神。他的智囊团成员、经济学家雷克斯福特·特格韦尔（Rexford Tugwell）在传记《民主主义者罗斯福》（1957）中写道：

> 他有一种升华为责任感的强烈人道主义心肠。那些受压迫和受苦难的人激起他的义愤，日久弥烈。这是了解他整个生活方向的重要线索。这可以解释他掌权后用权力所做的事情。他总是倾向于制止邪恶，纠正不公平，帮助身处逆境的人求得解脱，并改善穷人处境。与他同时代的几乎所有的人都认为，贫穷是穷人自己的过错，失业是由于人们不愿工作——这是自有上层阶级以来就习见的上层社会哲学。罗斯福不同意这种看法。他认为这是制度决定的，人的逆境是制度造成的。因此，他要求改革的动机日益强烈。

一般的政治人物往往经受不了他们所面对的困难、危机、挫折和失败，因为他们缺乏自信、乐观、坚毅和魄力。老、小罗斯福不是一般的政治家，他们的非凡人格使他们敢作敢为，刚而无馁，处忧患而泰然自若，故能立于不败之地。

老罗斯福从小就知道培养自己勤奋的工作态度，他回忆说："我的父亲和所有家人都认为，没有一个人具有只是到地球上来充数的权利；上帝创造的人类中无所事事的人最可鄙。我接受他们的思想，知道不论赚钱还是干别的事，我都得拼命工作。全家人训诫我说，我应该干事，应该工作，正经的工作。我要搞好自己的健康，决心做任何事都要变成我自己，强壮而出色。"

专事研究老罗斯福的学者劳雷尔·金（Laurel King）说，老罗斯福赞赏这样的性格特点：一贯努力工作，忠于家庭，温和的宗教信仰，事业上坚持不懈，平时乐于助人。关于总统本人，他写道：

> 西奥多·罗斯福常将其无与伦比的职业道德用于他生活的其他方面。他是

一个求知欲强的读者，一个多产作家，一个完美的学者。他信奉的"公平待遇"导致对许多腐败的政府机构和社团组织实行改革，也导致美国历史上最大的公司托拉斯破产。

他自己最鲜明的个性特点是：辛勤工作，喜爱体育运动，意志坚强，积极进取，坚定果断，重视友谊，富有同情心，与人互相尊重，不断显示具有感染力的乐观主义。人们都熟悉他的钢圈眼镜，浓密的八字须（为遮掩突出的门牙而留），露齿而笑，敏捷而有力的握手。总是喜欢笑话，自己常讲些大笑话，也在听别人讲最好笑的笑话时大笑不止。他的业余爱好广泛多样：裸泳、柔道、马球、远足、打猎、划船、拳击、网球、游泳、阅读、写作，花许多时间跟他的 6 个孩子一起玩儿。

他的一生都在"走动"，或在他纽约长岛萨加莫尔小丘上的住宅四周长距离散步，或在南美洲热带丛林里长途跋涉，常可见他身穿卡其布衣服，肩上扛着一支来复枪。作为自豪的丈夫和父亲，当他离家在外的时候，他不断给妻子和孩子们写信。泰德给子女们所写的充满爱意的书信集成了一本书，可供他人长久阅读欣赏。

小罗斯福也是一个乐观、爱笑、坚强的人，而在患脊髓灰质炎之后，更多地具备了实在、谦和、同情心强的性格特点。

他内阁的劳工部长弗朗西丝·珀金斯（Frances Perkins）回忆道，如果说他先前还有点自负，可在得麻痹症后，他变得深沉、稳重，"成了一个慈爱、富于同情心的人，有一种新的内心的谦逊，对哲学观念有了更深的理解"，"他不再属于他过去的世界，而开始真正同情穷苦、弱势的人"。

他的妻子埃莉诺回忆说，他得脊髓灰质炎之后，显示了对付疾病的"最大勇气"，"从未听他抱怨过"。她还说："我先前没有遇见过像他那样给你很大安全感的人，我从未听他说过有什么问题是人所无法解决的。……他做事尽力而为，如果不顺利，就从头再来。他不发牢骚。他承认遇到困难，可他说，在没有找到解决方法时，他仍完全相信总会有办法去解决。"

不少熟悉罗斯福的人觉得他童心未泯，好奇心、求知欲都很强，乐意接受新观念。记者、作家约翰·根室（John Gunther）说"好多人有福气成长得很缓慢，罗斯福就是其中之一"，其实是赞他永葆童心和青春活力。埃莉诺有一次对一个朋友说："记住，世界上最令人愉快的男人是身上总保留小男孩的一些东西的人。"接着，她强调说，这就是富兰克林的强项。

不爱抱怨、不发牢骚的人往往是爱笑的人。有一次，一个访问白宫的人问埃莉诺："总统在哪儿？"埃莉诺答道："在你听到笑声的地方。"那人果然在一个笑声朗朗的地方找到了总统。

一个曾在白宫实习的学生说："罗斯福总统的微笑可使灰熊变得温驯，这是一种令人敬佩的优点，他以此与所有人和谐相处。"

有个曾在多名总统手下工作的人，用比喻来形容罗斯福的微笑："他常发出微笑，就如有人按下按钮，把明亮的光柱从灯塔里射向海洋，照亮正在海上的所有船只。"

专事研究小罗斯福的专家丹尼斯·弗格森（Dennis Ferguson）总结了使这位总统成为杰出政治领袖的三点原因：

第一，他是一个出色的信息传播者，用"炉边谈话"与选民们直接沟通，所用明喻或暗喻都生动好懂，如把"Lend-Lease"（二战期间美国对盟国的借贷和出租）比喻为"把你的花园浇水管借给你的邻居去扑灭房上的火"。

第二，他不嫉贤妒能，不担心自己四周的人都是出色的行政官员，而是招贤纳士，广收良才。哈里·霍普金斯（Harry Hopkins）、乔治·马歇尔（George Marshall）和塞姆·雷伯恩（Sam Rayburn）等都是"新政"的有力谋士和支持者。有一批能人在身边，他就不必事无巨细都由自己来干，而有充裕时间考虑大事。

第三，由于患脊髓灰质炎，他懂得艰难困苦而更富同情心。即使有残疾，他也不是坐在那里发号施令，坐着轮椅也要四处看看，听听意见。他不超然冷漠，而是卷起衣袖干事。他是贵族出身，却有劳工的勤勉，所以他的一个邻居说他是"阶级叛徒"。

笔者曾去海德公园镇罗斯福庄园，参观总统故居和图书馆，瞻仰他和埃莉诺的墓茔。我尤其注意到罗斯福生前用过的轮椅，在他故居的书房里，在其图书馆内模拟的白宫办公室内，都有他的轮椅，不像我们如今在纽约街头所见残障人用的现代化轮椅，不是钢制的，没有扶手、踏板、皮垫子和方向操纵杆，不能折叠，而只有一个木制椅背、椅座、两个大前轮和两个小后轮。

那时候，罗斯福就是坐着这样简易得不能再简易的轮椅，被人推着去上班，去出席会议。为了不让集会者看见他使用轮椅，他往往早去会场，站着讲话时则由保镖或儿子在身后当"拐杖"。由于轮椅小而简陋，观众一般都是看不见的，以为他就坐在普通的木椅上，后来有了电视，观众最多也只能看到那椅背，所以当时大多数美国人都不知道自己的总统是残障者。

眼见罗斯福的最简陋的轮椅，又看到图书馆内的老照片、老影片——失业者的长蛇阵，施食处的拥挤人群，我似乎回到了 20 世纪三四十年代的动荡岁月，不禁想起一位罗斯福传记作者的话：

他自己使劲从轮椅上站起来，为了使劲把跪在地上的国家扶起来。

肯尼迪的魅力

从世界各地前来纽约的旅客往往都在"JFK"机场降落，一来就要与这个缩略名字相识。JFK 是 John Fitzgerald Kennedy（约翰·菲茨杰拉德·肯尼迪）的简称，这位第 35 任美国总统在白宫执政不到 3 年，却在许多地方永久地留下了名字，不仅在纽约最大的飞机场，而且在佛罗里达的航天中心，在哈佛大学的政府学院，在华盛顿的表演艺术中心，等等。他遇刺身亡已是半个多世纪以前的事情，可如今美国人仍常常谈起他，叹惜他的早逝，得克萨斯州达拉斯博物馆的 6 楼，即当年刺杀他的凶手朝他开枪的地方，每年都有近 35 万人去参观。

美国人并不认为肯尼迪是一个"伟大的总统"，这个美誉属于华盛顿、林肯、罗斯福，但很多人都觉得他是美国最有魅力的总统，至今仍令人缅怀，令人想更多地了解他，更深入地研究他，并希望其被刺案的真相早日大白于天下。

在美国人心目中，肯尼迪并非完人，对他的某些生活方式和作风，有人非议，有人感到惋惜，但他毕竟是一个富有魅力的政治家，他的外貌、风度、谈吐，性格的开朗、自信、乐观，都使人对他容易产生好感。他自己崇敬林肯，在古巴导弹危机期间曾去拜谒林肯陵墓，他也爱戴富兰克林·罗斯福，喜欢跟人在白宫的罗斯福像前照相，他以这两位前总统为自己的楷模，愿像他们一样做人、当总统，他也确实具有一个杰出政治家的气质，而柯立芝总统的诙谐、幽默，有总统研究专家说，在肯尼迪身上再现得更是惟妙惟肖。

肯尼迪生活上的风流有点像他的父亲约瑟夫·肯尼迪（Joseph Kennedy），而这个当年全美最大富翁之一，早为儿子储备了足够的仕途资本。老肯尼迪是个商人，靠经营股市、投资和地产成功而发财，有人怀疑他在全国禁酒时期（1919—1933）是个"布特尔格"（bootlegger），也即私酿或私贩酒类者，也有人说，他是禁酒时期结束后，由罗斯福的儿子詹姆斯帮助，取得苏格兰威士忌酒在美国的销售权才发了大财。不管怎样，老肯尼迪在政治上也不无雄心，早就是民主党和爱尔兰天主教会的领袖人物，在罗斯福当海军助理部长时便已与之深交，后由罗斯福总统先后任命为全国证券汇兑委员会首任主席和驻英国大使。他也早就为自己的儿子考虑政治前程，曾期望长子小约瑟夫将来能当美国总统，空军飞行员小约瑟夫二战中牺牲于欧洲战场后，他便寄希望于二儿子约翰。

约翰·肯尼迪也上过二战战场，当过海军，表现英勇，这个"富二代"战后没有下商海，而是通过上大学——哈佛、普林斯顿、斯坦福，修读政治与国际关系学、工商管理，成了知识分子，也成了据说是所有美国总统中最有学识的人之一，很早就写了两本书，其中一本得了普利策传记奖。他不仅对政治人物如彼得大帝、罗伯特·李等感兴趣，平时也爱读书、念诗、听乐、赏画，在古今作家和诗人中，他最喜爱莎士比亚、歌德、拜伦、福克纳和弗洛斯特。但他既不认为自己是思想家，也自知在文艺方面并无很高才情，如在音乐方面，他对百老汇音乐剧、爱尔兰民歌的喜爱显然超过贝多芬和莫扎特。有一次，有人问他的妻子杰奎琳（Jacqueline），总统喜欢什么音乐作品，她答道，他最爱《向领袖致敬》（Hail to the Chief）。这是一首由英国诗人司各脱作词的进行曲，自1845年用于波尔克总统就职典礼以来，一直作为宣告美国总统到达的曲子演奏。肯尼迪也确实踏着《向领袖致敬》的节奏迈进了华盛顿宾夕法尼亚大道1600号。

肯尼迪懂得，一个政治家的魅力可表现在政事和政绩中，也可体现在他对文学、艺术、科学的重视和爱好。他记得小说家威廉·福克纳（William Faulkner）说过的话："在如今美国文化中，艺术家没有什么实际地位，在美国梦的镶嵌画里根本没有他们。"他也有感于此，所以在入主白宫后，除了把主要精力用于国内外政务、实施其"新边疆"政策外，他也关心文艺事业，专门设置了"艺术特别顾问"一职。他知道,从宪法和历史上来看,联邦政府在艺术方面的作用是有限的,但毕竟有责任促进文艺事业的发展,为此,他曾多次发表讲话。他说:

"我相信,在几个世纪的尘雾在我们城市上空散去之后,我们将记得的不仅是战争中或政治上的胜利或失败,并将记住我们对人类精神的贡献。

我们应该将艺术成就和艺术活动视为我们自由社会中不可或缺的一部分。

我期望一个有如奖赏商业和政治成就一样奖赏艺术成就的美国。"

约翰·K.肯尼迪表演艺术中心主席迈克尔·凯瑟说:"肯尼迪一代人确实相信,创作艺术的人,著书立说的人,具有杰出科学思想的人,在社会上发挥着十分重要的作用,所以用聚焦于他们、把聚光灯打在他们身上的方式向他们表示尊敬。"

肯尼迪是第一个邀请诗人在就职典礼上朗诵诗作的总统。除请弗洛斯特颂诗外,他还指示邀请50多名作家、画家、诗人、音乐家出席就职典礼。后来克林顿、奥巴马也都请诗人在就职典礼上朗诵。

在执政的近3年时间里,肯尼迪多次邀请音乐家、作家、科学家到白宫做客。

1961年,肯尼迪派一密使前往波多黎各,与当时住在那里的大提琴演奏家帕勃洛·卡萨尔斯(Pablo Casals)会晤,邀请他到白宫表演。为反对佛朗哥独裁统治,这位杰出的西班牙艺术家长期流亡在外,也拒不去任何承认这个独裁政府的国家演出,对肯尼迪的邀请,他起初踌躇不决,最后还是表示接受,并向他致函说:"但愿我将为您及您的朋友们演奏的音乐象征我对美国人民和自由信念的深厚感情,也表示我们所有人对您这位自由世界领袖的信任。"

此年11月一个晚上,白宫内宾朋满座,气氛浓烈。客人中有音乐家伦纳德·伯恩斯坦(Leonard Bernstein)和艾伦·柯普兰(Aaron Copland),指挥尤金·奥曼迪(Eugene Ormandy)和利奥波德·斯托科夫斯基(Leopold Sto-kowski)。还有一位是老罗斯福总统的女儿爱丽丝,近60年前,卡萨尔斯曾在白宫为老罗斯福演奏,而现在这位大提琴家已是85岁高龄。

第一支曲子奏完，全场先是肃静，瞬息间掌声轰响。卡萨尔斯站起来走近肯尼迪，对他说："我现在为您演奏《白鸟之歌》，表达我对我的祖国的思念，也表达我对自由与和平的希冀。"第二天，《纽约时报》以头版刊登了这场白宫音乐会的大幅照片。

1962年4月，肯尼迪邀请西半球49名诺贝尔奖获得者（大多是科学家、医学家、经济学家）参加白宫晚宴，称此活动是"天才和人类知识的最不寻常的聚集"，在白宫这是第一次。他又诙谐地说，可惜当年杰弗逊总统"只能孑然一身在白宫用晚餐"。

同年5月，肯尼迪邀请法国作家、文化部长安德烈·马尔罗（Andre Mal-raux）到白宫做客。这位作家曾参加国际反法西斯斗争和法国抵抗运动，著有长篇小说《征服者》《人类的命运》等。肯尼迪为他举行的晚宴也邀请本国很多杰出的文学家、音乐家和美术家出席，希望以此促进美国人对文学艺术作用的重视，倡导将首都华盛顿建设成为一个文化中心。他在祝酒词中称"文艺创作是最艰巨的工作"，并为白宫"正在变为艺术家们的酒食场"而高兴。

在晚宴快结束时，马尔罗答应肯尼迪和第一夫人把法国的艺术珍宝《蒙娜丽莎》借予他们。当年12月，法国政府便直接给肯尼迪总统及全体美国人签署了暂借特许证，马尔罗亲自将这幅名画送到美国，先后有70万人在华盛顿国家美术馆、一百多万人在纽约大都会博物馆观赏了达·芬奇的这幅杰作。

肯尼迪也重视对下一代艺术人才的培养，在白宫举行了一系列由第一夫人亲自主持的"青年音乐会"，专门演奏美国年轻作曲家的作品。

正由于文艺界人士感受到肯尼迪的魅力，体会到他比其他总统更重视艺术，1971年建成的华盛顿表演艺术中心才以他的全名命名，该中心有三大剧场：艾森豪威尔剧院、歌剧院和音乐厅，华盛顿国家歌剧院、国家交响乐团都有了更宽敞的用武之地，真可谓是肯尼迪生前所向往的"华盛顿文化中心"。

肯尼迪43岁当选总统，是美国历史上最年轻的总统当选者之一。当作为总统，肯尼迪有很多个"第一"：第一个生于20世纪的总统，第一个爱尔兰裔天主教家庭出生的总统，第一个二战退役军人总统。而作为一个机智、诙谐、表达明晰的演说家，有人说，他似乎是为电视时代准备的，他通过电视辩论击败了尼克松。

　　1961 年 1 月 20 日，肯尼迪以年轻、富有朝气的姿态登上国会山庄前的就职典礼讲坛。他的就职演说铿锵有力，留下了名句："不要问你的国家能为你做什么，而要问你自己能为国家做什么。"而这句话确能说明他曾是一个聪颖善悟、记性又好的学生，多年之后，他还记得在寄宿中学上学时听校长转述的一位哈佛大学校长的话："爱母校的年轻人总是要问的，不是'母校可为我做什么'，而是'我可为母校做什么'。"

　　他平时演讲时常引用诗人、作家、哲学家的语录而使讲话更生动、深刻。奥斯卡·王尔德（Oscar Wilde）使他感到分外亲切，因为这位作家、诗人是爱尔兰人，他曾引用他的话说，在美国，"总统也就统治 4 年，可新闻界会永远统治下去"。肯尼迪因此十分注意尊重媒体、记者，为他们提供额外的采访机会，坦率地回答记者问题，因此交了不少新闻界朋友。那天就职典礼后，他立即抽空去拜访著名专栏作家约瑟夫·艾尔索普（Joseph Alsop）。他曾与《纽约时报》甚有影响的记者 W.H. 劳伦斯（Lawrence）一起打高尔夫球。有好多晚上，他和妻子与《华盛顿邮报》记者兼编辑本·布雷德利（Ben Bradlee）夫妇一起谈天说地。他也曾邀请很多记者、报刊发行人到白宫共用午餐，大家觉得他平易近人，比较坦诚（至少在私下里是这样），又总是很风趣。布雷德利说，自默根特勒 1886 年发明莱诺排字机（即报刊印刷机）以来，肯尼迪与新闻界的关系比任何总统都好。

　　白宫中的肯尼迪，有如白宫中的林肯、柯立芝，是一个幽默的总统，善说笑话，爱用婉言，会讽刺人，也会自嘲。他的幽默使他更有魅力，或说他的魅力很大程度上来自幽默。有传记作者说，肯尼迪的幽默既有贵族气派的，又有粗鲁的爱尔兰式的。《纽约时报》著名记者、专栏作家詹姆斯·赖斯顿（James Reston）说，肯尼迪是"玩俏皮话游戏大师"，他会"用微笑和妙语使你释然息怒"。

　　肯尼迪性格的坦实、言谈的诙谐，通过如下事例似可见一斑。

　　在跟尼克松作电视辩论后，他说："如果说我还没有为这个国家做什么，但我至少把人们从迪克·尼克松那里解救了出来。"又说："尼克松先生称我是个白痴，是花衣魔笛手（Pied Piper）（按：德国民间传说人物，喻诱骗者），等等。我只允许自己称他为共和党人，他说我不公平，击中了他腰带以下的部位。"言外之意，他自己不像尼克松那样谩骂伤人。

1959 年在莫斯科举行的美国国家展览会上，时任副总统的尼克松与苏共领导人赫鲁晓夫在一栋美国住宅模型的厨房里进行辩论，尼克松因"厨房辩论"而享誉，对此，肯尼迪说："尼克松先生或许在厨房里辩论很有经验，我呢，倒是知道很多这样的已婚男子。"

前总统杜鲁门起初不支持肯尼迪竞选总统，因为他不喜欢其父亲约瑟夫，但不是反对他们父子信仰的天主教，他说："我不反对 Pope（教皇），我反对的是 Pop（爸爸）。"肯尼迪知道后，也要显示其修辞能力，他说："作为天主教徒，我觉得我将在我的 hereafter（来世）得到回报，尽管也有可能我 here（今世）就能得到。"他还用比喻来驳斥某些人在宗教信仰上做文章，他说，大家都非常害怕，好像"我在用圣水换取诺克堡的黄金"。

邀请诗人弗洛斯特出席就职典礼，是别人先提出的，肯尼迪听到这个建议后兴奋地说："好主意！可弗洛斯特的文笔那么好，人们将会记住他的演讲，而不是我的演讲。我想，我们还是让他念一首诗吧。"好似傻话，却真切表达了他对诗人的才华的歆慕。

他在二战的海战中搭救战友，传为佳话，有人问他："总统先生，您是怎样成为战斗英雄的?"他答道："这绝对不是出于本意。就因他们（指日本人）把我的船击沉了呗。"他的船是一艘鱼雷快艇。他的婉言回答显示了一种真实的谦虚。

有一次，早上出报的《达拉斯晨报》发行人在白宫午餐会上说："我们需要一个骑马的人领导我们的国家，可在得克萨斯和西南部各州，很多人认为您骑的是卡罗琳的自行车。"卡罗琳即第一夫人。下午出报的《达拉斯先驱报》发行人知悉后，立即派人送一短笺给肯尼迪，强调说《达拉斯晨报》的"权贵"所说之话只代表他自己，肯尼迪在让送函人带回去的回函上写道："我相信，当下午来到的时候，达拉斯人应该感到很高兴。"

有人告诉肯尼迪说："共和党全国委员会最近通过一项决议说，您相当失败。"淡然放达的肯尼迪答道："我相信，这个决议是全体一致同意通过的。"

肯尼迪确实看重幽默和笑声。1962 年，他给他的特别助理戴维·鲍尔斯（Dave Powers）送了一件生日礼物，那是一个银的啤酒杯，上有一行铭文："有三种实在之物：上帝、人的蠢事和笑声。前两种超乎我们的理解。所以我们该用第三种东西行我们可行之事。"这是古印度梵语史诗《罗摩衍那》中的一段话，生僻而罕有人知，肯尼迪却背得烂熟。《纽约时报》一名记者认为，这段话可用作肯尼迪的墓志铭。

顺便提一下，鲍尔斯是肯尼迪的"爱尔兰黑手党"（the Irish Mafia）成员之一。所谓"爱尔兰黑手党"是由肯尼迪的数名特别助理组成的白宫班子的谑称，这些助理与总统均为爱尔兰裔，生长在马萨诸塞州，在白宫中权力甚大。肯尼迪并不忌讳这个带有讽味的称谓，似乎更欣赏其所含有的幽默感。

在美国历史上，肯尼迪有如一颗流星，闪烁而过，明亮而短暂，有些人担心他的光亮会被后续的总统所遮掩，历史不会留给他很大空间。但许多历史学家一直愿意谈他、写他，肯定他短促的政治生涯在美国留下的深深印痕。

肯尼迪的特别助理、历史学家小阿瑟·施莱辛格（Arthur Schlesinger, Jr.）写道："这个首都，在艾森豪威尔年代里困倦沉寂的首都，在有思想的人有机会付之实现、其能量放射出来之际，忽然充满了活力。……进入白宫后的肯尼迪终于变成了他自己，他的理智、乐观和风趣的影响力毫无禁忌地发挥了出来。"

历史学家阿瑟·斯隆（Arthur Sloane）写道："JFK 以深长的幽默感成全其事。幽默感有助于他与媒体建立令人羡慕的关系，而从这种关系得来的十分正面的形象又使他能与无数团体和个人出色地和谐相处，敏感事务因此而得到缓和，那些令人厌烦的事务处理起来少了些烦恼，他的沉重职务带来的紧张不安也得到缓解。如果说他不是一个伟大的总统，那么也是一个深受爱戴的领袖，他意识到，他的风趣婉言的才能足以营造一种他的根本目标可以比较顺利实现的氛围。并不少于林肯、柯立芝和罗斯福，他的'轻描淡写'具有重大成果。"

《大西洋月刊》在纪念肯尼迪逝世 50 周年时写道："在去世 50 年之后，肯尼迪远不是'闪烁的流星'。他仍然是一个失落时刻高扬的理想主义和希望的强有力象征，后续的一代代人将效法于他，振作精神，迈步向前。"

肯尼迪时代曾被喻为昌盛的"卡米洛特王朝"（Camelot），他遇刺身亡后，他的妻子回忆道：

晚上睡觉前，杰克喜欢放些唱片。他最喜欢的一首歌在唱片的末尾。他爱听的歌词是：别把它忘了，那里有个胜地，有过短暂的辉煌时刻，人们知道那是卡米洛特。

老明星里根

罗纳德·里根一生两度当明星：青壮年时的电影明星，老年时的政治明星。他不是一流演员，演过 50 多部 B 级影片，但毕竟在好莱坞活跃了 30 年，还两度担任电影演员协会主席，虽无大明星的璀璨光芒，却也不完全是微茫的小星。

1980 年当选美国总统时，他已 70 岁。土耳其作家纳吉保·希克迈特（Na-zim Hikmet）曾说："你应认真生活，比如，即使到了 70 岁，你还种植橄榄树——不是为你的子孙，而是因为尽管你害怕死亡，却觉得难以置信，因为此时生命的重量似乎变得更重。"里根就是这样一个进入古稀之年还栽"橄榄树"的人，成了美国历史上年纪最大的总统，而肯尼迪当选时才 43 岁。

里根原是民主党人，支持罗斯福总统的"新政"，这或许与他的出身有关，伊利诺伊州一个贫苦家庭的孩子，在中学运动会上卖过家制爆米花，上的大学不是名牌，还要当救生员挣学费，自然倾向于民主党为弱势群体着想的政治观念，但后来，由于觉得自己不是依赖政府、而是靠自己的努力摆脱穷苦境遇，进入上层社会，因此而改变政治观念，改入共和党，持反对"大政府"、反对增加社会福利的保守立场，在任两届加利福尼亚州州长时，削减州政府的福利、医疗服务和教育经费开支，也就是在共和党的保守思潮高涨时进入白宫，第一次竞选击败卡特，竞选连任时击败蒙代尔。

他一上台就遇刺，但复原甚速，然后在国内进行"里根革命"、推行"里根经济学"，对国外实行"里根主义"，老而弥坚，举世瞩目。不论他的理念或国策，不论他在伊朗—孔塔拉事件中的表现，也不论他是不是"特氟隆总统"，总的来说，里根是一个讨美国人喜欢的总统，连自由派的《华盛顿时报》对他要比对其他总统客气得多，他卸任时有三分之二的国民表示肯定其总统职务。人们一提起他，常会赞赏他的幽默诙谐性格，喜欢他的风雅谈吐和演讲能力。

由于当过演员，里根知道政治与戏剧的相似之处，他说："政治就如演艺事业。你需要一个隆重的开场，然后你轻松一会儿，最后需要一个隆重的终场。"他遇刺的"开场"、失忆的"终场"显然不算"隆重"，但在"轻松"阶段确实爱讲笑话趣事，妙语连篇，而所有笑料，就如林肯和小罗斯福，都靠平时有意识地搜集、积累。20世纪30年代，他当过大型棒球赛和橄榄球赛的实况播音员，所以体育方面的故事和笑话就特别多，后来在好莱坞几十年，与好些喜剧演员交换不少逸闻传说，他脑子里储存的笑料就更多，随时可以选用，让人莞尔或捧腹。

他特别看重幽默，认为幽默不可或缺，曾说："人们往往坦白承认自己背叛、谋杀、纵火、戴假牙、假发，可他们中有多少人能承认自己缺乏幽默？"有一次还对他母校的毕业生说："对生活你们不要看得太严肃，你们前面有很长的多彩的生活道路，你们将有巨大的优势，如果一路上能放声大笑。"

里根亲耳听人说过此话："这个国家从来没有接受过一个看来像电影明星的总统。"可他却作为演员入主白宫，当了总统还以好莱坞岁月与大明星并肩为荣。1980年与卡特作竞选辩论，有人问他是否紧张，他答道："不，毫不紧张。我还曾跟约翰·韦恩（John Wayne）站在一个舞台上呢！"有一年他与戈尔巴乔夫就一项武器控制条约进行谈判，有人问他是否担心苏联领导人因名气大而占上风，他答道："我才不在乎他的名气，有一次我还跟艾罗尔·弗林（Errol Flynn）合作演戏呢！"韦恩和弗林，自然是好莱坞最红的男明星。

不过后来，使他更引以为荣的已是那些他如今可与之并肩的前总统。望着国宴厅内林肯的肖像，他觉得自己跟他同声相应，均属"健谈者联盟"。他说："林肯总统的眼睛炯炯有神，他看来就像刚刚讲完一个故事。"另有一些总统，他说他见过他们，并亲自聆教。1992年大选时，他讽刺克林顿把"杰弗逊"用作中名，他说："我了解托马斯·杰弗逊，他曾是我朋友。州长（指克林顿），你可不是托马斯·杰弗逊。"有一次，他又说，杰弗逊告诫他别担心自己年纪大，"自从他劝过我以后，我就不再担忧了。"他还说，他同总统安德鲁·杰克逊、大政治家和科学家本杰明·富兰克林面对面谈过话。他常谈及威廉·哈里森因在就职典礼上演讲太久得病而死，并说："我劝过他，叫他讲得短一点。"

可到一定时候，他会更正自己说过的话，比如，他说："我真得纠正我说过的一件事，我确实不认识托马斯·杰弗逊，我不可能认识他。你们知道，我们生活在不同的州。"显然，不论说杰弗逊是他的朋友，或说他们不住在一个州，他都是在耍贫嘴、逗乐儿。

他的国务卿乔治·舒尔茨（George Shultz）说："他有演员背景，他很懂得知道如何与人交流。他是运用幽默的高手，幽默便是他'如何'跟人交往的答案。"他的下属都知道他这个脾性，舒尔茨、副总统布什，还有参谋长、总统助理等，就常在早上9点会见里根前，一块儿凑一些新鲜的幽默故事，一见面就讲给他听，白宫的一天就在嘻嘻哈哈的愉快气氛中开始了。他的演讲词起草人也向他提供很多笑料，每篇演讲词草稿都附有三四页的幽默故事供他选用。

国会众议院议长蒂普·奥尼尔（Tip O'Neill）与里根持不同政见，反对里根的许多政策和法案，但也很有幽默感。有一次，他对里根说，傍晚6点之后他们俩可做朋友，"6点以前是政治"。里根通常不以派性交朋友，所以每次遇到奥尼尔，不管几点，总是对他说："蒂普，我在校对我的表，现在是6点。"

别号"传媒高手"的里根也爱援引名人话语，随口会说出马克·吐温的话："干可行的事儿，你会让有些人高兴，让另一些人感到惊讶。"说笑话便是既可令人高兴、又可使人惊讶的事儿。他用德意志帝国宰相俾斯麦的话讽刺某些行政长官的怪诞行为："你若喜欢法律和香肠，你就永远不要去看这两样东西是怎样做成的。"有些国际事务专家指责他外交事务处理不当，他用德国诗人海涅的话自嘲："他通常是神经错乱，可他也有头脑清醒的时刻，那时候他只是愚蠢而已。"说完哈哈一笑，言下之意是："我既疯又傻，你们又能拿我怎样？"反倒使批评者无言以对。

里根旅行时要读很多报纸，总是先看漫画版，然后才是头版新闻。有一次，"空军一号"就要在辛辛那提降落，里根高兴地大声说："啊哈，辛辛那提，这报上有他们的漫画呢！"他尤其喜欢政治连环漫画《杜恩思伯里》（*Doonesbury*），这是当代漫画家加里·特鲁多（Gary Trudeau）用以讽刺政治人物及其权术的画作，"杜恩"是耶鲁大学俚语，意为"傻瓜"，"思伯里"是漫画家在耶鲁的室友的名字。福特总统曾说："现在只有三个渠道让我们获悉发生在华盛顿的事：电子传播媒介、印刷传播媒介和杜恩思伯里。"特鲁多也多次画过挖苦里根的漫画，可《杜恩思伯里》始终是里根早晨读报的第一选择。

他自己也爱挖苦别人，包括他的政敌或盟友。1979年，美苏第二阶段削减进攻性武器条约在维也纳签署，有个外家政策顾问对里根开玩笑说，条约签署之后，卡特总统热情地吻了苏联领导人勃列日涅夫，但希望今后不要看到里根亲吻勃列日涅夫的照片，里根回答说："你甚至不会看到我吻勃列日涅夫的太太！"1980年竞选总统时，他讽刺卡特说："经济不景气是你的邻居失业。经济大萧条是你自己失业。经济复苏是吉米·卡特失业。"意为卡特下台、他里根上台美国经济才会复苏。他也揶揄他的竞选伙伴布什："在他身边我总感到不自在，不论何时跟我说话，他总是盯看着我的领带。"有一次又说："乔治·布什是这样一个人，他总在进厕所之前洗他的手。"

美国总统每年有多次特殊机会显示他们的幽默，如国家总统笑话日（National Presidential Joke Day），白宫记者协会（The WHCD）晚宴，烤架俱乐部（the Gridiron Club）年会晚餐。国家总统笑话日正是因里根"肇事"而有此非正式国假。那是1984年4月11日，竞选连任的里根总统要在全国公共电台发表周六广播讲话，在试用麦克风时，他向电台技术员说了这样一段话："我的美国同胞们，我很高兴地告诉你们，今天我签署了一项法律，此法将宣布俄国永远非法。我们将在5分钟内进行轰炸。"接着在正式讲话时这样说道："我的美国同胞们，我很高兴地告诉你们，今天我签署了一项法律，此法将允许学生宗教组织享有他们被长期否认的权利，也即在课余时间，他们像其他学生组织一样可在公立学校聚会。"

"5分钟内轰炸"这段胡言乱语，电台并未播出，却马上泄露了出去，散播很广。苏联军方得悉后，立即命令远东军进入戒备状态，30分钟后见并无轰炸迹象才撤销戒备令。苏联塔斯社后来对美国总统对苏联的"这种前所未有的恶意攻击"表示抗议，美国流行音乐家们则谱写了一首广为传唱的歌曲——《5分钟》。

里根的玩笑产生了每年4月11日的总统笑话日，使美国人更觉得自己的总统都有幽默感，简直是"笑话桶""笑话缪思"，历届总统在那天说的笑话都记录在案。

烤架俱乐部是华盛顿新闻工作者的一个组织，其年会上有品评或讽刺政要、名人和新闻事件的幽默小品，还有歌曲演唱等，总统往往应邀参加。里根有一次在年会上讲了个笑话，很合记者们的口味，把他们逗得哄堂大笑。这次他可不是表达对前总统们的敬意，而是让第6任总统小亚当斯难堪了一番，假如他还健在并出席这次年会晚宴的话。他说的是小亚当斯从不开记者招待会，见了记者也是躲躲闪闪，冷言寡语，有一次他为躲避一批记者而去波托马克河游泳。那是夏天，他脱光裸泳，倒是舒适爽快。有个女记者接受报社主编的指令，一定要见到总统采访，她便跟踪到波托马克河边，躲在树丛里，在亚当斯下水后走出树丛，在他脱放在河边的衣服上坐了下来，并向他招呼，说要采访他，但如果他出水上岸，她会惊叫。就这样，岸上岸下，一问一答，亚当斯总统举行了首次记者招待会，河水一直没到他的脖子。

里根讲的笑话有些言不及义，有些则有道德寓意。像林肯一样，他本性乐观开朗，遇刺受重伤后还说自己"忘了像鸭子那样扎水闪躲"，平时也爱讲称赞乐观主义的故事。有一次，他讲了这样一个故事：有两个男孩，一个总是悲观，另一个特别乐观。一名心理学家向他们的家长建议，把两个孩子关在各自房间里，给那个悲观的孩子许多好玩的新玩具，给那个乐观的孩子几堆马粪。结果怎样呢？那个悲观的孩子在哭鼻子，拒绝玩这些玩具，因为他担心会把玩具弄坏。那个乐观的孩子开心地把那马粪铲来铲去，对他父母说："我周围有那么多马粪，我就知道附近什么地方有一匹小型马。"用这个寓言故事，里根表达了谚语"每朵乌云都由银色映衬"（Every cloud has a silver lining）的寓意。

国会议员们的官僚作风是里根的嘲讽对象，他讲过这个故事：一天，一名众议员坐在办公室，有个选民进来告诉他，为什么他一定得投票赞成某一法案，他答道："你说得对，你绝对正确。"那人高高兴兴地走了。几分钟后，另一个选民走了进来，要求他投票反对那个法案，他答道："你说得对，你绝对正确。"那第二个人也高高兴兴地走了。那位众议员的妻子顺路来看他，坐在他办公室外面听到他和两名来访者的谈话，等那第二个人走了，她进去对丈夫说："第一个人要你投赞成票，你说他对；第二个人要你投反对票，你也说他对，你怎么可以这样办事呢？"她丈夫答道："你说得对，你绝对正确。"

官僚主义是一个没有国界的世界性问题，在苏联也很严重。1988 年里根访问苏联，在莫斯科大学作演讲，似乎要安慰那厌恶官僚主义的苏联大学生，他讲了这个发生在美国的故事：有一天在一个镇民大会上，一个老妇人站起来对一个慵懒的官僚说，他们这地方有个民间传说，说是不论何时有婴儿诞生，天使就会从天上飞下来亲吻新生儿，如果天使吻婴儿的手，这孩子长大了会成为能工巧匠，如果吻在婴儿的前额，这孩子会很聪明伶俐。老妇人接着说："我在寻思，天使吻了你身上什么地方，你才一直懒洋洋地坐在那里，啥事也不干？"

里根执政时期，美苏两国仍处于冷战状态，里根称苏联为"邪恶帝国"，针对苏联的核威胁，他提出俗称为"星球大战"的战略防御计划。后来由于里根与戈尔巴乔夫的互访谈判，终于签署了有关削减核武器的条约，两人相处融洽，互称"朋友"。1991 年，也即里根卸任两年之后，戈尔巴乔夫辞职，苏联正式解体，冷战也告结束。在美国，有人突出里根对苏联解体、冷战结束所起的作用，也有人认为，苏联解体主要是其本身的原因，里根或许只是加快其速度而已。

里根曾与戈尔巴乔夫多次见面，建立了一种彼此欣赏的关系，两人说话随意，谈笑风生。1985 年他俩在日内瓦初次见面，里根就高兴地（当然也在暗笑）给戈尔巴乔夫讲了个故事：有个美国人对一个俄国人说，美国是一个自由国度，你可以站在白宫前面高喊："罗纳德·里根，见你的鬼去吧！"那个俄国人听了不以为然，回答说："那有什么了不起，我也可以站在克里姆林宫前面高喊：见你的鬼去吧，罗纳德·里根！"

那次访问苏联回来，里根讲了不少故事。有一次他说，一个俄国人丢了一只鹦鹉，忧心如焚，急忙去找克格勃，对那些秘密警察说："万一你们找到我的鹦鹉，我就想让你们知道，鹦鹉说的每一句话我都不同意。"另一次在他的母校伊利诺伊州尤里卡学院，他给校友们讲了列昂尼德·勃列日涅夫的事情：这位苏联最高领导人一上台就把他老母亲接去，先看他在克里姆林宫里的套房，然后让她乘他的豪华轿车，和他一起去看他的莫斯科豪华公寓，接着坐他的直升机去看他的漂亮的乡村别墅，最后带她乘他的私人机前往黑海边，看他的宫殿般的豪宅。整整一天，老母亲缄口无言，到末了才说了一句话："列昂尼德，如果共产党员们见了这些又揭发出来，你怎么办？"——事实上，作为"腐化堕落的带头人"，勃列日涅夫的腐败行为如今早已为世人所知。

里根不是勃列日涅夫那样的贪官，但也不是一个工作最努力的总统，很少在 9 点前上班，还像柯立芝一样要睡午觉（在其工作日程上称为"官员个人时间"），几乎每天都是 5 点左右下班，在戴维营度周末不办任何公事，在任 8 年，在加利福尼亚休假的时间加起来共有一年。喜剧演员、电视《今夜节目》主持人约翰尼·卡森（Johnny Carson）说："里根喜欢在白宫有一个'工作午觉'。"《新闻周刊》评论说："吉米·卡特因努力工作、关注琐事而有了坏名声，罗纳德·里根将纠正这一错误。"

然而，岁月不饶人，尽管当总统当得轻松，可到了 8 年任期的后期，他寿登耄耋，耳朵渐聋，记忆力衰退，脑子变糊涂，这个老明星的光芒毕竟逐渐黯然失色。他曾对医生说："我有三件事要告诉你，第一件是我的记忆力有点小问题；另外两件事，哎，我一下子忘了。"1982 年在梵蒂冈与教皇保罗二世谈话时，他打了瞌睡；1988 年出席莫斯科高峰会议时，他也睡着了，苏方还专为他打圆场，说是整个会议除了里根自己的演讲很精彩，其他的讲话都很乏味，所以这位美国总统打一会儿瞌睡应是情有可原。卸任 5 年后，里根患早老性痴呆症的消息公布于众，2004 年以 93 岁高龄与世长辞。

对这位第 40 任美国总统，美国人并不多谈他的政绩，却以很多话来赞赏他的幽默性格和出色口才。

有人说他是"美国政坛上的约翰尼·卡森，美国玩笑总司令"。

蒂普·奥尼尔对里根说："在我的 50 年为公众服务生涯中，从未见过一个比你更受美国人民喜欢的人。"

前总统福特说："我只遇到几个能在公共演讲中表达比私下谈话更多内容的政治领导人，里根是其中之一。"

传记《演戏总统》（*The Acting President*）的作者希弗尔和盖茨写道："美国人喜爱罗纳德·里根，因他当总统也能献艺而感到快乐。这是一个演员才能得到的赞语。"

《白宫内的幽默》（*Humor in the White House*）一书的作者阿瑟·斯隆写道：

"里根用幽默支持其政治观点，使政敌的船帆失风而停滞不前，缓解他自己的或别人的紧张状态。……他以其笑容、嘲讽和故事软化政治家的顽固守旧，将问题置于适当角度，使人们集聚得更紧密。他在任期内能摆脱各种危机，或许有各种因素……常常诉诸幽默才是主要因素，很少几个白宫的驻留者能做到这一点。"

第 42 任总统克林顿

　　我们可以从特定角度写《幽默的林肯》《肯尼迪的魅力》，却似乎较难以一个简洁的标题写克林顿，笔者思忖良久，决定用此中性题目来写他，笔触或许也会更自由些。

　　克林顿总是给人很好的第一印象，他的音容笑貌在女性眼里具有男性的魅力，而他的聪颖、敏锐、平易和健谈对一般人均具亲和力。他有着平民气质，没有贵族神气和官僚架势。当他与人握手，你即使是个普通人，他的眼睛也会热情地注视你，向你发出会心的微笑。他的这些性格特点与他的偶像肯尼迪相似，既然年轻时见了肯尼迪就立志自己也要当总统，那么第 35 任总统的一言一语、一举一动也就成了他的"范本"。

　　不过，克林顿的平民气质似更自然，乃是一种天性，因为他不像肯尼迪，他不是官二代，也不是富二代，而来自一个地道的平民家庭。他诞生在阿肯色州霍普，是个遗腹子，父亲姓"Blythe"，一个旅行推销员，在他出世前 3 个月死于车祸，母亲后去新奥尔良学护士，把他交给开小杂货店的外祖父母抚养。母亲改嫁后，他改姓 Clinton，而这个开车行的养父克林顿是个赌徒和酒鬼，常殴打他母亲和他的同母异父弟弟，甚至用手枪顶着她的脑袋，他不止一次也以暴力威胁养父来保护母亲和弟弟。他在学校里似乎是个"阳光男孩"，可谁也不知道他内心的惶惑和苦恼。

　　生活在这样一个家庭，克林顿自然要为自己认真筹划未来。他爱音乐，萨克斯管吹得很好，曾想当职业乐手，又想当医生，但一想到萨克斯管吹得再好也比不上约翰·科尔特兰这样的演奏家，医术再好也比不上迈克尔·德巴基（Michael DeBakey）这样的名医，后来在肯尼迪和马丁·路德·金的影响下，他决定长大后从政，先当州长，后当总统，在他人看来，这或许是野心，他则执着地朝着这个人生目标奋进。

如今要当美国总统，似可先走两条路：或当律师，或从军，克林顿曾经都有机会。他聪明，书读得好，作为乔治城大学优秀生，1968 年他获得罗兹奖学金，有机会到伦敦牛津大学留学。那是越战激烈、反战运动也轰轰烈烈的时期。他当时也属征召入伍人员，如果他像肯尼迪一样在越南战场上立功受奖，战后他也有可能出仕当官，但他决定不放弃在牛津深造的机会，只在后备军官训练队（ROTC）登个记，并公开自己的反战立场，后来在竞选总统时因此被人责问，被讽喻为"东京玫瑰"（Tokyo Rose）。这原是二战期间远东美军给东京电台英语女播音员的绰号，这些女播音员都是出生于美国或加拿大的日裔女子，二战一开始就返回日本，以英语对美军进行宣传广播，以泄美军士气，克林顿"躲到"伦敦还参加反战示威，在有些美国选民看来，他无异于"东京玫瑰"。

他在牛津修读哲学、政治学和经济学，但提早离校，未拿学位，回国进耶鲁大学法学院学习。在美国，当律师既有生活保障，又有出仕前景，克林顿所以有此选择，并在耶鲁图书馆里认识比他大一岁的希拉里·罗德姆，几年后，罗德姆改姓克林顿。

1978 年，32 岁的克林顿成为美国最年轻的州长，被戏称为"男孩州长"，1982 年再度当选后又连任两届，政绩不少，最大的成就应是改革阿肯色州的教育制度，由希拉里领导的该州教育标准委员会采取各种措施，使该州的教育从最落后状态跃至全国最佳之一。

在长期担任州长和全国州长协会主席期间，克林顿逐渐明确了自己的政治观点，并自称为实行"新盟约"（New Covenant）的"新民主党"。他深信民主党领导委员会（DLC）所强调的三个前总统的五个核心观念：

安德鲁·杰克逊的信条：机会属于所有人，不给任何人特权；美国的基本价值是工作和家庭，自由和责任，还有信仰、宽宏和包容。

约翰·肯尼迪的道德规范：人与人彼此负有责任，公民对国家要有所回馈；在世界上增进民主和人道主义价值，在国内促进昌盛繁荣和向上流动性。

富兰克林·罗斯福的创新承诺：信息时代来临，政府自身应现代化，向人们提供方法，鼓励他们创造自己的新生活。

克林顿以"新民主党"政纲获得民主党全国代表大会提名，并击败老布什成为第一个"婴儿出生潮总统"（the baby-boom President），入主白宫后，便根据其政纲制定有别于共和党的方针、法律。他在自传《我的生活》中写道：

我们与共和党的差别显而易见。我们反对他们的不公平减税和庞大赤字；他们反对《家庭医疗休假法》和《布雷迪控枪法》；他们不给教育提供足够的经费，不促进实在的改革，却搞什么"选校券计划"；他们在种族和同性恋问题上采取分裂手段；他们不乐意保护环境；他们反对堕胎，主张"无权选择"；等等。我们则有良好计划，如让 10 万名社区警察走上街头；把劳动所得税抵免额增加一倍，使工作更有吸引力，使低收入家庭生活得更好；向年轻人提供为社区服务的机会，有助于他们交付学费。

克林顿执政期间，美国经济状况始终良好，通货膨胀率很低，失业率几乎等于零，财政赤字逐渐减少，信息科技迅猛发展，1993 年促使国会批准北美自由贸易协议，有助于促进美国、加拿大和墨西哥三国之间的贸易。他和副总统戈尔还都重视信息时代带来的变化，促使政府各部门、法院和军队都使用互联网，使政府向更多的美国公民开放。

他这一路走来并不容易，因为共和党不断找碴，追究他有无有如尼克松"水门事件"的"门"，结果找出所谓"保姆门""档案门""旅行门"，还有"白水事件"，等等，不过，他还是闯过一道道"门"，挺了过来。到了 1996 年，许多老朋友都劝他竞选连任，他自己甚为犹豫，他说："我不确信自己能活得足够长，学到当一个好总统所必需的才智和判断力。"他想，如果能连任，他已 52 岁，他最喜爱的两个总统，林肯和小罗斯福，都是 51 岁时入主白宫，在控制自己和责任感方面都已完全成熟，而他自己似乎尚未完全成熟。他 51 岁生日那天，戈尔送给他印第安彻罗基人的一句话："人到 51 岁能完全成熟。"显然是鼓励他竞选连任。

第二任期内，众所周知，因与一个白宫女实习生的绯闻，以及先前与另一个女人的关系，克林顿过了许多焦头烂额的日子，最后甚至遭国会众议院弹劾。在政治上，他是一个比较坦诚的人，但出现了这种生活上有失脸面的事情，他就不能坦诚，在白宫记者招待会上矢口否认，说是"我和那个女人没有性关系"。不过后来他也深感内疚，在电视黑人女主持人奥普拉·温弗利（Oprah Winfrey）访谈时承认自己犯了错误，并说，他当时不该撒谎，而应这样讲："我没有违法，也没有唆使任何人违法。"电视演播室内的观众（大多为女性）为之热烈鼓掌。他后来在自传中更承认这是"不道德而愚蠢的行为"，是他精神生活中"最黑暗的部分"。

2004 年，他的自传《我的生活》问世，他的最大收获或许并不是那笔巨额版税，而是以其坦诚叙述所赢得的广大读者的好感。他在书里承认自己犯了不少错误，并希望别人也能勇于认错。他在接受《时代》杂志记者采访时说："我希望，由于写这本书，我将使其他人也能轻松地消除自己的怨和恨，并且不害怕承认自己做错的事情。"

克林顿卸任时，根据哥伦比亚广播公司和纽约时报所做的民意调查，他的支持率与小罗斯福、里根卸任时的支持率相近，高达 68%，这是当代卸任总统的最高支持率。1992 年老布什竞选连任被克林顿击败，10 多年后，他真诚地称赞克林顿说："比尔·克林顿是当代历史上最富天才的美国政治人物之一。"

美国人对总统常有这种现象：喜欢他们，不是喜欢这个总统，而是喜欢这个人。反对越南战争的人，却被肯尼迪的魅力所吸引；不喜欢里根为富人着想的政策的人，却被他的演讲迷住。克林顿因绯闻而大丢面子，结果不仅没有像尼克松一样被迫辞职，而且仍然很得民心。据一些美国学者分析，总统的性格十分重要，被欢迎的总统往往有特殊的、讨人喜欢的个性，克林顿便是典型一例。克林顿的性格已成为不少学者的研究课题，笔者浏览有关资料，似可作如下概括。

克林顿性格外向，愿与人往来，也善于交际，对人和蔼亲切，身上没有政客或商人气味。他既能和朋友融洽相处，也能和敌对者接触交谈，心胸比较开阔，不持"非友即敌"态度，乐意听取各行各业所有人的意见。对于不同看法，他往往不直接说"NO",而总是说"容我想想"。他富有同情心,当他说"我感受你的痛苦"这个老生常谈时,人们觉得他说得真诚,他确实爱安慰人,爱帮助他可以帮助的人。他与人交谈,总要先问问对方情况,使人感到他关心别人。连陌生的孩童,他也高兴和他们攀谈,如有一次在街上遇到几个在吃冰淇淋的小学生,他问他们哪里买的冰淇淋,然后自己(虽有保镖在旁)去买回来和他们一起吃,有个女孩问他:"您喜欢当总统吗?"他答道:"是的,因为我可以遇到像你们这样的好孩子。当总统得解决问题,会见很多人。我交了很多朋友。"

他听过马丁·路德·金 1963 年的演讲《我有一个梦想》,被感动得哭了很久,所以对黑人同胞一直怀有深厚感情,卸任后的办公室设于纽约哈莱姆黑人区,他说:"哈莱姆是一个富有人情味、生气勃勃的地方,始终打动我的心。我爱哈莱姆,感到像在家里一样。"黑人女作家托妮·莫里森(Toni Morrison)称他为"我们的第一个黑人总统",说他体现了黑人民族性的几乎所有方面:"单亲家庭,生来清贫,劳动阶层,吹萨克斯管,来自阿肯色州的爱吃麦当劳和其他垃圾食品的男孩。"剧作家亨利·密勒(Henry Miller)说,由于克林顿对黑人的亲切态度,他的任期内出现了大家深感满意的种族和睦状态。不过,或许正由于贪吃"垃圾食品",克林顿不到 60 岁就接受心脏"搭桥"手术,64岁时又做"支架"手术,最终不得不做一个素食者。

有个学者写道:"克林顿是每个人的兄弟,他从不把自己看得比别人更了不起,或更聪明。他始终使人感到他是一个通情达理的人,从不给人企图支配世界、改造社会或来一场革命的印象。他看来只是想让世界随着时钟的滴答声保持和平,普通人可以安心过他们的日常生活。"

另有学者写道:"克林顿及其年代有助于世界上的人重又想起他们所喜欢的美国的一些东西。美国性格因他而又显现于世界。"克林顿自己在竞选总统时也说过类似的话:1992 年大选不仅测试他个人的性格,更重要的是,也测试"美国人民的性格"。

约翰·霍普金斯大学教授、心理学家约翰·加特纳(John Gartner)认为,像不少天才人物一样,克林顿身上有"轻躁狂"(Hypomanics)表现。他说,轻躁狂不是疾病,而是某些人的性格特点,其行为往往有如旋风般急迫匆忙。

他在《探究比尔·克林顿：一部心理传记》中写道，有轻躁狂的人精力充沛，不需多睡，不到 6 小时即可；他们有雄心、自信心，执意追求自己的目标，性急，冲动，也机智，诙谐，有魅力，在各种场合常成为中心人物，说话滔滔不绝；荷尔蒙往往分泌过多，性欲过盛。

加特纳为撰写克林顿传记，曾采访 100 名与克林顿相熟的人，他们几乎都觉得克林顿符合"轻躁狂"性格特点：睡得很少，精力饱满；20 世纪 70 年代初他在阿肯色大学教书时决定竞选国会议员，自拟广告说："我们应该把不害怕为我们国家的未来承担责任的人选进国会。"为此，他常连续 36 个小时进行竞选活动，四处奔波，穿坏了 3 双鞋，可惜这次竞选没有成功；作为阿肯色州长，他上任第一天就向州议会递交了 150 项法案，似乎要在一夜之间改变世界，议员们抱怨说，那个装法案的包裹重得都拿不起来。

2007 年克林顿访问非洲 7 国，加特纳随访，见他有一次连续讲了 3 小时的话，无人打断。事后加特纳问一名资深记者："你们当中为什么没有一个人提问题？"那个记者答道："我得赶紧听他讲话，哪会想到提问。"克林顿的"电磁场"在任何场合都可以使他成为人们注意的中心。

从克林顿一类人的"轻躁狂"性格特点，加特纳联想到美国性格和美国梦成功的"秘密"。美国的"轻躁狂"比任何一个国家都多，因为美国是一个移民国家，而移民往往不是普通人，他们由雄心或野心驱使，有旺盛的精力，敢于冒险，吃苦耐劳，这才会到美国来，美国的基因库内因此撒满了来自世界各地的有冲劲的移民的种子。

克林顿在《我的生活》的结尾写道：

"在最近 4 年内发生的事情坚定了我对指导我工作的基本价值观的信念：每一个人都有价值，都享有机会，也都有所承担的责任；竞争是好事，但当我们协同工作，我们都会做得更好；政府的作用是给人们提供方法，让大部分人生活得好，并加强我们共有的社区；我们彼此的差异很重要，可使生活变得更有乐趣，但我们共同的人性更至关紧要。我的心脏病提醒我，我们大家都在借用时间，只是我们不确切知道可借用多久。不论剩下多久，我要做得最好。"

第一位黑人总统奥巴马

在美国总统史上，有一些具有重大意义的日子，2008 年 11 月 4 日，便是其中之一。先前的 220 年里，美国选举日选出的总统全是白人，没有一个黑人，这一天却史无前例地产生了一个非裔美国总统——巴拉克·侯赛因·奥巴马（Barack Hussein Obama Jr.）。只要回顾一下美国历史，我们就可以理解终于出现一个黑人总统究竟意味着什么，会让多少人感慨万端。

奥巴马的父亲是非洲肯尼亚人。非洲，黑人奴隶的渊源之地，400 年前，黑人就开始作为奴隶给贩卖到北美洲新大陆。如今你在美国看到无数黑人，男男女女，老老少少，他们的祖先都是来自亚非利加这片遥远而辽阔的土地。1607 年，英国移民在弗吉尼亚东南部的詹姆斯敦岛（Jamestown）建立了第一个永久性居留地，1619 年便由荷兰船运来第一批黑人，共 20 人。之后，运载黑奴的船只不断来到英国的北美殖民地，如今有很多电影如《艾米斯塔德号船》（*Amistad*）、《塔曼戈》（*Tamango*）等展现当年黑奴们漂泊在大西洋上的情景。黑人作家亚历克斯·哈利（Alex Haley）的历史小说《根：一个美国家庭的家世小说》（*Roots：The Saga of an American Family*）对其祖先追根溯源，从奴隶制时期的美国南方一直追溯至非洲的出生地。

黑人们起初被分散到烟草、稻米、靛蓝属植物等种植园，终生为白人主子干活。18 世纪末期，由于轧棉机的发明，美国棉纺织工业得到发展，南部各州种植园开始以种植棉花为主，黑人便成了美国棉花经济的主力。

据历史学家们估计，仅在 18 世纪，运到北美来的黑奴就有 600 万至 700

万之多，有男有女，一般都是最健康、最能干的非洲人。连一些名牌大学也介入奴隶买卖，据 2016 年 4 月《纽约时报》报道，1838 年乔治城大学买进了272 名黑人奴隶。除了土著民族印第安人以外，新大陆上因此有了白、黑两个种族，有了奴隶主和奴隶，有了两个阶级及其不平等关系，以及由此而来的持久的对峙和冲突。

从 1788 年华盛顿当选总统到 2008 年奥巴马当选总统，这 220 年间，始终贯穿着一条冲突的长链——维护奴隶制与废除奴隶制，剥夺黑人的权利与维护黑人的权利，实行种族隔离与取消种族隔离。开国元勋如杰弗逊，早就指出奴隶制是"道德堕落""可憎的污点"，违背"人人有个性自由的权利"这一自然法则；小亚当斯作为"雄辩的老人"抨击所有可能导致扩大奴隶制的措施，在最高法院替黑奴们辩护。但美国宪法并未把废除奴隶制写进去，华盛顿、杰弗逊自己都是大种植园主，拥有一二百名奴隶。

延续数百年之久的奴隶制使一代代美国黑人处于水深火热之中。蓄奴州不少黑人偷偷逃往北方，国会则于 1793 年、1850 年两度颁发"逃奴追缉法"，禁止奴隶逃往废奴州，并授予奴隶主追回逃奴的权利。蓄奴州密苏里的黑奴德累德·斯科特（Dred Scott）曾被其主人带往自由州，后提出诉讼要求成为自由人，联邦最高法院裁决说他是奴隶主的财产，不是美国公民，因此无权向法院提起诉讼。废奴主义者约翰·布朗（John Brown）为解放奴隶英勇斗争，结果被捕处以绞刑，爱默生称颂他使绞刑架变得"如十字架一般荣耀"，纪念他的歌曲《约翰·布朗的遗体》流传至今。

19 世纪 30 年代至 60 年代期间，美国北方的废奴主义运动蓬勃开展，自由黑人弗雷德里克·道格拉斯（Frederick Douglass）、白人支持者威廉·劳埃德·加里森（William Lloyd Garrison）分别创办报纸《北方之星》和《解放者》，呼吁彻底废除奴隶制，影响深远。由废奴主义者、奴隶同情者组织的"地下交通网"秘密协助逃奴，为他们提供食宿，30 年间至少有 6 万名奴隶通过这个"地下通道"获得自由。女作家哈里特·比彻·斯托（Harriet Beecher Stowe）亲自接触过逃亡奴隶，所写长篇小说《汤姆叔叔的小屋》（Uncle Tom's Cabin）（1851）深刻揭露、控诉蓄奴制的罪恶，传说林肯总统接见她时称赞她是"酿成一场大战的小妇人"。

林肯不是废奴主义者，但视奴隶制为邪恶，反对扩大奴隶制的实行范围，尤其不能在一些准州推行奴隶制。他就职前南方已有 7 个蓄奴州脱离联邦，就职后又有 4 个州叛离，并成立"南部邦联"，对这种分裂国家的行为，林肯无法容忍。1861 年 4 月 12 日，南部邦联炮击南卡罗来纳萨姆斯堡，南北战争因此爆发。这场战争经历了 2400 多次战役，双方共有 62 万人死亡。1863 年，林肯公布《解放黑奴宣言》(the Emancipation Proclamation)，宣告废除南部邦联各州的奴隶制，所有种植园主的黑人奴隶应获自由。1865 年 4 月，南北战争以南部邦联的失败告终。

战后，尽管国会通过宪法修正案第 13 条，宣布废除奴隶制，又通过第 14、15 条保障黑人的公民权和选举权，可广大黑人的民权实际上仍被剥夺。在南部重建时期，白人种族主义恐怖组织三 K 党，采取恐怖手段，对黑人恫吓、绑架、鞭打，还实行私刑残酷绞杀黑人。至 20 世纪，三 K 党徒发展到三四百万人，他们身穿蒙头的白色罩袍，状如魔鬼，点燃木十字架威胁黑人。

就在南方重建时期，不甘心奴隶制被废除的南方州又推行所谓"吉姆·克劳主义"(Jim Crowism)，也即对黑人实行种族隔离，起先规定公共交通工具实行黑人与白人隔离制度，后将范围扩大到学校、剧场、电影院、餐馆和旅店等所有公共场所。"吉姆·克劳"原是流行歌舞节目中的一个黑人角色，由涂黑皮肤的白人演员扮演，后成为社会地位低下的黑人的代称。

时至 20 世纪五六十年代，美国黑人为废除种族隔离制度、争取平等权利展开了声势浩大的民权运动，并得到广大白人的支持，"民权运动之母"罗莎·帕克斯 (Parks Rosa)、民权运动领袖马丁·路德·金等成了人们心目中的伟人。1954 年，以厄尔·沃伦 (Earl Warren) 为首的联邦最高法院作出的裁决从法律上终止了美国公立学校内的种族隔离状况。1964 年，国会终于通过民权法，规定取缔种族隔离政策，禁止在就业、教育和选举方面的种族歧视。但在南方很多地区，黑人仍无选举权，白人种族主义分子阻挠黑人进行选民登记，甚至殴打、追杀他们，民权运动也因此达到新的高潮，1965 年，国会终于颁布选举权法，取消历来用于限制黑人投票的各种措施。

民权运动之后，黑人开始享有各种平等权利，白人一般都能尊重黑人，美国社会也就比较安定。但是，种族矛盾的消除毕竟需要时间，它或许会长期存在，会时隐时现，有时还会以激烈的方式出现，在洛杉矶、底特律、纽约、芝加哥等城市，先后都因种族矛盾而发生大规模暴乱。近年来白人警察枪杀黑人事件频频发生，也有黑人枪杀白人警察的事情发生，种族矛盾问题再度引起广泛关注，也引起即将离任的奥巴马总统的忧虑、关切。

回顾美国种族史，我们可清楚地看到，只有在社会不断进步、自由平等观念不断深入人心的情况下，才会出现奥巴马，才会有第一位黑人总统，而奥巴马本人，在进入这个社会之后，不断修炼自己，立定志愿，磨炼本领，发挥才华，为这个社会多做好事，这才被美国选民看中，让他进入白宫。

奥巴马1961年生于夏威夷檀香山，他的母亲是英裔白人，在夏威夷大学俄语班上认识他的父亲，两人结婚半年后便生下他，不久母亲带着他去西雅图，她进了华盛顿大学。父亲在夏威夷大学修得本科经济学学位，后去哈佛大学研究院学习。1964年父母离异，老奥巴马回肯尼亚，在那里再婚，1984年死于车祸。1965年，母亲与夏威夷大学校友、一个印度尼西亚学者结婚，后来，奥巴马便与母亲和继父在印度尼西亚（主要在雅加达）生活了4年，上了当地的印尼语小学。1971年他回夏威夷投奔外祖父母，以奖学金上一所私立学院的预科中学。母亲与他的同母异父妹妹曾回夏威夷待了3年，他与她们同住在一起。母亲在夏威夷大学修得人类学学位后又带妹妹回印度尼西亚，从事有关人类学的工作，1992年获得博士学位，1995年罹患癌症死于夏威夷。奥巴马则一直住在外祖父母家，直至读完预科高中。

关于童年和少年时代，奥巴马回忆说："我父亲完全不像我周围的人，——黑得像沥青，我母亲白得像牛奶。……夏威夷所赐予我的机会——体验在互相尊重气氛中的各种不同的文化——成了我世界观中不可或缺的一部分，我所最珍惜的价值观的基础。"

关于他的家族，他说："我的家族像一个小联合国，我的亲戚中有的长得像伯尼·麦克（Bernie Mac，黑人喜剧演员），有的长得像英国首相撒切尔夫人。"他有一个同母异父的妹妹，黑人父亲方面的7个同父异母的兄弟姐妹。1992年，他与米歇尔结婚，后生有两个女儿。

1979—1981年，奥巴马就读于洛杉矶西部学院，他的出色口才、公开演说能力当时就已显示出来。1981—1983年在纽约哥伦比亚大学修读政治学，专攻国际关系，毕业后先后在国际商业公司、纽约公众利益研究小组工作。当时纽约地铁交通状况甚差，奥巴马曾参与并领导旨在改善地铁交通的"五朔节"活动，在地铁站征求乘客在请愿书上签名，拍摄乘客在市立学院地铁站的抗议实况。1985—1988 年，他担任芝加哥"社区发展计划"组织的主任，协助创设职业训练、大学预科指导等计划。1988 年首次去欧洲，游览 3 周，后去肯尼亚旅行 5 周，与许多亲戚首次相会。1992、2006 年又两次去肯尼亚，再访父亲出生地。

1988 年，奥巴马入哈佛大学法学院，第一学年末尾始任《哈佛法学评论》编辑，第二学年担任主编。1991 年以优等成绩毕业，获法学博士学位。1992—2004 年执教于芝加哥大学法学院，1995 年出版传记《我父亲的梦想》（*Dreams from My Father*）。执教、写作之余，他积极参与社会活动，如动员黑人选民登记，协助民权诉讼，成立社区发展计划基金会，等等。1996、1998、2002 年三度当选伊利诺伊州参议员。他反对 2002 年布什总统与国会关于发动伊拉克战争的决议，在芝加哥两次反战大会上发表演说，指出"制止战争从不会太晚"。2004 年当选国会参议员，根据其 2005—2007 年的投票记录，《国会季刊》（CQ）称他为"忠诚的民主党人"。

2007 年 2 月，奥巴马在伊利诺伊州斯普林菲尔德州议会大厦前宣布竞选美国总统，州议会大厦正是林肯总统 1858 年发表历史性演说《家不和则不立》（*the House Divided speech*）的地方。奥巴马以"希望"和"改变"为主题，在竞选演说中强调三大问题：立即停止伊拉克战争，加强能源的独立自主供应，改革医疗保险制度。有多名民主党人参加 2008 年初选，结果是奥巴马与参议员希拉里·克林顿之间的对决，最后奥巴马获得全国代表大会提名，在选举日击败共和党候选人约翰·麦凯恩（John McCain）当选总统，2008 年击败米特·罗姆尼（Mitt Romney），竞选连任成功。

对首位进入白宫的黑人，不少人持反感态度。所谓的"茶党"（the Tea Party）就是因奥巴马当选总统而成立，他们不欢迎他当总统，不说因为他是黑人，而说他不是生在美国，所以没有资格当美国总统。他们搞的所谓"诞生者运动"（the birther movement），也即质疑奥巴马身份运动，已被事实证明是一场空穴来风。2016 年 4 月，奥巴马出席白宫记者协会晚宴，讲演中提及地产大亨、总统竞选人特朗普，只说了一句"唐纳德·特朗普在这儿呢。仍在。"特朗普确实在场，奥巴马讽刺他仍然黏着白宫记者协会晚宴，正是这个特朗普在2011年晚宴上坚持说奥巴马不是生在美国，而之前几天夏威夷州已应奥巴马的要求公布了他的出生证，奥巴马也因此当场挖苦特朗普，说否认他生于美国，就如否定美国太空人登上月球。

奥巴马在医疗改革、非法移民、枪支控制、环境保护等方面的计划、法案都曾遭到由共和党控制的国会的抵制、否定。他的民意调查支持率也不断降低。然而，他还是坚持不懈，努力去实现自己的目标。在他执政期间，国际事务方面，美军从伊拉克逐步撤退，恐怖组织头目本·拉登被海军海豹队击毙，美国与其他五个国家与伊朗谈判达成解决伊朗核问题的全面协议，恢复与古巴中断半个世纪之久的外交关系，他本人获得2009年诺贝尔和平奖；国内事务方面，颁布《患者保护与平价医疗法》（简称Obamacare，奥巴马医改）、"全国儿童医疗保险计划"，要求环境保护署制定更严格的控制空气和水污染的法规，任命两位女性为最高法院法官，支持同性婚姻合法化；经济方面，颁布《美国恢复与再投资法》《赋税减缓、失业保险再认可与创设职业法》，全国经济状况逐渐好转，财政赤字下降，失业率由2009年的10%降至2014年的6.3%，他的民意调查支持率则由低转高，在他卸任前后有更多人赞扬他的政绩和人品。

出于种族主义观点，共和党保守派人士对奥巴马几乎持完全否定的态度，甚至怀疑他究竟是基督徒还是穆斯林，究竟爱国不爱国。福克斯广播公司在电视上有意播映一幅照片：年轻的奥巴马穿着穆斯林服装，出席其非洲的同父异母弟弟的婚礼，以此证明他"与穆斯林的亲密关系"。纽约市前市长鲁道夫·朱利安尼（Rudolf Giuliani）认为奥巴马"不爱美国"，对福克斯广播公司记者说："我从奥巴马那里听不到从杜鲁门、克林顿、卡特那里听到的话，他们用极美的语言来赞叹我们有一个多么伟大的国家，一个非常杰出的国家。"他甚至向媒体挑战，问他们能否找到奥巴马表示爱国的言辞。立即有报刊回答说：Yes，他有。以下便是例证：

2004年，奥巴马在民主党全国代表大会上说："此刻我站在这里，我知道，我的故事是美国大故事的一部分，我对我之前的所有人都欠有人情，在世界上其他国家，不可能有我的故事。"

在2008年民主党全国代表大会上，他说："我爱这个国家，就像你们一样，就像约翰·麦凯恩一样。"

奥巴马爱国，但并不遮掩美国存在的问题，正是在批评美国的时候，更能显示他的爱国热忱。2008年，他在柏林群众大会上说："我知道，我们的国家本身并不完美。我们常要为保障我们全体人民的自由与和平而斗争。我们分担我们国家所犯的错误，也常有这种时候，我们在世界各地的行动并不符合我们的最佳意图。"

"不过，我也知道，"他补充说，"我是多么爱美国。"

奥巴马的8年执政受到多数美国人的肯定。在他卸任前半年多，媒体已开始报道人们对他的爱戴和难舍。《纽约时报》有文章说："为奥巴马总统之职骄傲，黑人们为他即将离任感到遗憾"，他们相信"奥巴马的政绩不会湮没在美国历史之中"。

《向奥巴马学习》（2016），这是诺贝尔经济学获得者保罗·克鲁格曼的一篇《纽约时报》专栏文章的题目。他说"奥巴马的成功有目共睹"，并从经济、就业、医改、金融改革等多方面肯定他的成就。他写道："奥巴马总统必将作为一个非常重要、比里根更重要的总统留在史册。我相信，共和党人将从他的成就中学到很多东西。"

2016年《纽约时报》"白宫专稿"写道："很少总统能像奥巴马那样，把更多的信念通过语言的力量表达出来，说服听众接受复杂的理念，不论是一场正义战争的道德性，还是美国社会的不完美性。在这次大选中，要反击反移民和反自由贸易的口号，就需要奥巴马的雄辩能力。"

有人把奥巴马与林肯相比，认为两人有相似之处：都精通法学，都担任过伊利诺伊州长，都短期当过国会议员，也都以流利口才引起全国人注目。有学者在对比这两个总统的文章中写道："两人都冷静，善于自我克制，在压力下也能保持镇定、得体；两人都心怀恬淡，保持心态平衡；两人出道时都比较年轻，起初被人认为缺乏经验，担心他们在美国瞎闯，而美国，用林肯的话说，是'一个不让骚扰、不让胁迫的国家'。"

专栏作家弗兰克·布鲁尼（Frank Bruni）尤其赞赏奥巴马作为政治家的开阔胸怀，在《奥巴马的漂亮告别》一文中引述了他对"黑人哈佛"霍华德大学（Howard University）毕业生的讲话："社会改革需要你倾听那些与你观点不同的人的声音，并有妥协的思想准备。如果你认为，往前走的唯一一条道是尽可能不妥协，你的自我感觉会良好，会沉醉于某种纯道德感，但你不会得到你想得到的结果，所以别与人有隔膜，别想压制别人，不管你如何不同意他们的观点。"

布鲁尼还把奥巴马和别的总统作对比，称赞他的品德。他写道："你欣赏约翰·肯尼迪的潇洒、风趣，可他许多伤害其妻子的绯闻让你感到发憷；你称赞林登·约翰逊敢于重视民权，可他私下里的淫言秽语着实叫你吃惊；你喜欢罗纳德·里根在公众场合的友善和魅力，但不知道他的整个家庭关系如何不正常；理查德·尼克松在任时，白宫成了犯罪场所；比尔·克林顿在任时，白宫成了惊人的自我放纵之地。"

奥巴马是美国第一个黑人总统，自然关注黑人的利益，但他不认为自己是"黑人美国的总统"，而为全体美国人民谋利益。他说："我为所有美国人的利益着想，做事情基于这样的考虑：怎样帮助各阶层弱势的、需要帮助的人。"乔治城大学社会学教授迈克尔·戴森（Michael Dyson）评论道："奥巴马总统是一个非凡人物，在坏时候做了好事情，在难以置信的环境中做了大事情。作为第一个黑人总统，他面对巨大困难，身处美国崇高的民主理想与种族矛盾的残酷现实之间，这个国家的右翼、种族主义分子和偏执的人不断指给他看左道旁门，他经受了考验，没有去走旁门左道。"

据第一夫人米歇尔说，奥巴马自己有个座右铭："当他们低下，我们向上。"（When they go low，we go high）面临困厄难关，他总是深呼吸，端正肩膀，昂起头，勇往直前。这或许也是奥巴马留给下一代美国人的箴言。

重视科学的总统

　　没有一个美国总统说自己没有宗教信仰，而在信教的同时，不少总统也爱好科学、重视科学，有的确有科学头脑，有的甘当科学啦啦队，促进科学研究，鼓励科技发明。如果说他们能做到"政教分离"，那么他们也能看清科学与神学之间的界限。

　　美国开国元勋中可称科学家、发明家的或许只有本杰明·富兰克林（Benjamin Franklin，1706—1790），除了避雷针，他还是"富兰克林炉子"（壁炉）、双光眼镜、玻璃键琴的发明者，并发展了电流、气象学和海洋潮流等方面的科学理论。他没有当总统，但是个杰出的政治家、外交家，在1787年联邦制宪会上，他这位81岁老人欣喜地见到一代精英，又一次见到杰弗逊这个具有科学思想、知识渊博的政治家，10多年前他曾协助他起草《独立宣言》，并是56名宣言签署者之一。

　　富兰克林被誉为美国"最博学的人"，第3任美国总统杰弗逊也是一个博学者。他深知科学的重要性，曾说"自由是科学生下的第一个女儿"，"安静地追求科学"是他的"最大乐趣"。他的私人图书馆有近6500册藏书，其中有很多科学著作。他会说5种语言，对科学（尤其是考古学）、工程学、建筑等都有浓厚兴趣，曾发明一种利用地心引力的"弹丸钟"，还亲自设计自己的蒙蒂塞洛庄园。他对哲学有研究，曾任美国哲学协会主席，对教育很重视，一手创办弗吉尼亚大学，曾说："科学的所有分科均应在最高学府教授。"

　　杰弗逊对建国事业另有一大贡献，即购置法国的"路易斯安那省"，并派遣路易斯和克拉克探险队（the Lewis and Clark expedition）前往西部勘探。路易斯安那构置地的范围不仅是现在的路易斯安那州，而是包括该州在内的东起密西西比河、西至落基山脉、北起加拿大边界、南至墨西哥湾的广大地区，也即包括现在的阿肯色、内布拉斯加、俄克拉荷马、密西西比、蒙大拿、明尼苏达、北达科他、南达科他和怀俄明等州。杰弗逊知悉拿破仑因穷兵黩武而急需要钱，便想购置这片领土，于是派政治家罗伯特·利文斯顿（Robert Livingston）和驻英公使门罗前去法国磋商，结果拿破仑同意美国以1500万美元买下，美国领土因此而扩大一倍以上，并直达太平洋。

1804年5月，路易斯和克拉克探险队的48名成员乘坐独木舟和平底船，从密苏里州圣路易斯出发，往西沿水路穿过落基山脉，沿途观察地形，绘制地图，采集动植物标本，搜集土壤和气候资料，考察印第安部落，于1805年11月抵达哥伦比亚河口的太平洋，1806年返回圣路易斯。这是美国历史上第一次横越大陆直至西北部太平洋海岸的勘探，历时两年，行程7000英里，发现122种新动物，178种新植物，具有重大科学价值。

第6任总统约翰·昆西·亚当斯是第2任总统约翰·亚当斯的儿子，他曾随当时是外交官的父亲多次旅欧，先后在海牙、伦敦和巴黎上学，学了5种现代语言以及拉丁语、希腊语，后毕业于哈佛大学，曾任驻俄国公使。入主白宫后，他致力于美国经济的现代化，建立统一的度量衡制度，改善专利制度，并促进对全国海岸的全面勘查、测绘。他很早就意识到，在美国这个新国家，科学特别有利于鼓舞冒险精神和发明创造。他自己酷爱天文学，并促成建立一座天文台，这座美国最老的观测天体的科学机构现为美国海军天文台，仍然在有效工作。

1829年，英国化学家、矿物学家詹姆斯·史密森（*James Smithson*）有50多万美元（至2008年合7500多万美元）遗赠给美国，希望把这笔资金用于建一个"增加和传播知识的机构"，这是小亚当斯在任的最后一年，他立刻意识到他终于可以实现建立一个国家科学文化机构的梦想，由于他的积极倡议和呼吁，国会终于改变最初建另一种机构的计划，同意创办史密森学会（the Smithsonian Institute）。这个由联邦政府主办的研究、收藏并展览科学和文化成果的公共机构建成于1846年，170多年来在美国文明建设方面功绩卓著，被誉为"国家阁楼"（the nation's attic）。整个机构主要由各种博物馆组成，其中有国家航空和航天博物馆、国家历史和技术博物馆、国家自然历史博物馆、国家美术馆、国家肖像馆、弗里尔美术馆、赫什霍恩博物馆和雕塑花园、国家非洲艺术博物馆、萨克勒亚洲和近东艺术博物馆、国家动物园，另在纽约有库珀—休伊特装饰艺术和设计博物馆，在巴拿马有史密森热带研究所。肯尼迪表演艺术中心也属于该学会。今天，当人们参观这些博物馆的时候，似应想起建立这个机构的倡议者。

对林肯总统，人们似乎只记得他于1863年发表《解放黑人奴隶宣言》，却忘了他于同一年签署关于创办国家科学院（the National Academy of Sciences）的法案，这正是南北战争打得火热的时候，林肯却没有将发展科学事业置之脑后。他曾说："人不只是劳动的动物，他也是改善其劳动技能的动物。他以不断发现、发明来达到改善的目的。"科学院就是鼓励不断发现和发明的机构，其独立的科学研究也有指导政府决策者的作用，林肯因此在全国战火纷飞之际签署了这个法案。

鉴于当时美国农业的落后状况，林肯建立了农业部，努力推广科学的耕作方法，为各地农场提供农机、肥料、农药。他还签署了赠与地学院法（the Land-Grand College Act），规定由联邦政府向各州赠与土地，以兴办提供科学、农业、机械技术和军事课程的学院（或大学）。

美国历史上有唯一一个获得专利权的总统，他就是林肯。他发明了一种能把船从浅滩或沙洲上抬起的装置，虽未投入生产，它的功能却得到肯定，其模型现陈列在史密森学会。他十分赞赏开国元勋们创立的有助于促进科学事业的专利制度，他说，这个制度"热心为天才之火加油"。

西奥多·罗斯福总统自己文武双全，所以也希望国民们全面发展，各显神通。他说："没有一个国家可以变得真正了不起，除非在和平、产业、正直、诚实诸方面都很了不起。在一个伟大国家，需要所有人——艺术家、文人、科学家和商人的特殊才能。"他在执政期间努力促进政府的科学管理，而作为自然主义者、保护自然资源倡导者，他看到工业化对土地和生物造成日益严重的威胁的科学证据，所以尤其重视保护自然资源，他说：

"保护自然资源意味着保护与开发同等重要。我承认我们这一代拥有开发和使用我们的土地的自然资源的权利和责任，但我不承认浪费自然资源的权利，不承认以滥用方式抢夺我们下一代的自然资源的权利。"

1891 年，根据《森林保护法》给予总统的权利，老罗斯福将 1.5 亿英亩土地划为公有地，然后建了 5 个国家公园，51 个国家鸟兽禁猎区，150 个国家森林区。他自己是个鸟类学家，喜爱野外活动，1908 年卸任后，带领由史密森学会成员组成的探险队，前往东非狩猎，搜集了 11400 多种动物标本。1913—1914 年，他与巴西军官坎迪多·朗登（Candido Rondon）带领探险队，勘察巴西亚马孙盆地长达 1000 英里的杜伯河（现名罗斯福河），绘制了详尽地图。

为保证食品卫生、药物安全，罗斯福在任上促使国会制定《肉类检验法》和《洁净食品和药物管理法》，要求用科学方法测试食品和药物是否安全，药品应标明所含成分。后人常说，老罗斯福让美国人开始吃到比较安全的早餐、午餐和晚餐。

至于他的远房堂弟富兰克林·罗斯福，也是一个重视环境保护的总统，在保护水域、森林、改造西部大平原"灰盆"地区（the Dust Bowl）等方面做了许多启动、促进工作。第二次世界大战爆发后，他听取物理学家阿尔伯特·爱因斯坦（Albert Einstein）、恩里科·费米（Enrico Fermi）和核物理学家李奥·希拉德（Leo Szilard）的意见，组织一流科学家研制世界上第一颗原子弹——一项改变二战进程和历史的大工程。

接替小罗斯福的第 33 任总统杜鲁门，战后即刻增加科学研究拨款，大力支持物理学家万尼瓦尔·布什（Vannevar Bush）的科研工作，1950 年签署成立科学基金会的法案。布什曾任科学研究和开发局首任局长，主持研制原子弹的曼哈顿计划，他研制成功的大型模拟电子计算机，对第一代电子计算机的设计具有重要意义。第 34 任总统艾森豪威尔曾说："今天，科学是来自过去的无价之宝。我们，作为传统的继承者，肩负为子孙后代的利益发展科学的责任。"他曾签署《国家防御教育法》，旨在培养教育新一代的科学家和工程师。他通过国防高级研究计划局（DARPA）促进现代军事科技研究工作，导致电脑网际网路（互联网的前身）试制成功。国家航空咨询委员会（NACA）在其任上易名为国家航空和航天局（NASA），开始从事科学研究和探索太空的工作，使美国站在了世界宇航探索事业的前列，如今在得克萨斯州休斯敦设有约翰逊航天中心，在佛罗里达州卡纳维拉尔角设有肯尼迪航天中心。

肯尼迪总统于1961年5月首先提出10年内美国人登上月亮的目标，8年后，1969年7月20日，宇航员奈尔·阿姆斯特朗（Neil Armstrong）和布兹·奥尔德林（Buzz Aldrin）乘"阿波罗11号"宇宙飞船首次登上月球。此后又有10名宇航员在5次飞行中先后登月。肯尼迪遇刺早逝，没有看到航天目标实现的一天，但如今互联网上他的关于探索太空的讲话仍有人在阅读：

我们的前人确信，我国赶上了工业革命第一波，现代发明创造第一波，核能第一波，而我们这一代不打算淹没在即将来临的太空时代的激流之中。我们要成为这个时代的一部分，我们还要领先。世界上的眼睛如今都仰望太空，仰望月亮和其他星球，我们发誓，我们不会让征服者的敌意旗子占领太空，却会有自由、和平的旗帜在太空飘扬。我们发誓，我们不会让太空中充斥大规模杀伤性武器，却有知识和理解的琴音在太空中播送……

我们想登上月亮。我们想在这10年内登月，还做些其他事情，并不是因为事情容易，而是因为事情难做，因为这个目标将用来构成并衡量我们的精力和技能所及，因为这是一项我们乐意接受、不愿意延宕的挑战，一项我们打算取胜的挑战。

卡特是个虔诚的浸礼会教徒，对科学的兴趣却很浓，曾在海军学院本科修得科学学位，并作为工程师接受培训。上任后，他关心宇航政策，支持制造航天飞机和哈勃太空望远镜。1977年国家航空和航天局发射"旅行者1号"和"旅行者2号"无人太空船，带着录有卡特所撰写的声明的金唱片，如今仍在正常飞行。卡特在声明中写道：

此艘"旅行者"太空船由美利坚合众国制造。我们是一个有两亿四千万人的社会，与其余40多亿的人一起居住在行星地球上。我们人类仍然分属于不同国家，但这些国家正在迅速形成独特的世界文明。

我们将此声明发给宇宙。宇宙看来将在我们的未来存在亿万年，我们的文明则在深刻变化，地球的表面或许有重大变迁。在银河系里两千亿颗星球之中，有一些——可能有很多很多可居住的行星和宇宙文明。假如其中一种文明拦截到"旅行者"，并懂得这些录音内容，便请听我们的声明：

这是来自一个遥远的小世界的礼物，一个我们的声音、我们的科学、我们的音乐、我们的思想和我们的情感的象征。我们试图活得比我们的时间更长久，所以我们或许会往你们那里迁居。我们希望有一天在解决我们现有的问题之后，前来加入一个银河系的文明社会。这张唱片表示我们的希望和我们的决心，以及我们在一个浩瀚而绝妙的宇宙中的深切愿望。

随着现代工业发展而产生的环境污染问题，当代历届总统均予充分重视，签署了不少保障空气和水洁净、食品和药物安全的法律。

在这方面，尼克松表现突出，上任不久便成立国家海洋与大气管理局（NOAA）和环境保护署（EPA），亲自检查环保政策的执行情况。他曾签署多项有关法律：1970年《清洁空气法》，要求同年成立的环境保护署制定、实施保护民众不受空气中污染物质毒害的规章条例；1972年《水污染控制法》，要求在1985年之前做到没有任何污染性物质掺入美国水域，使美国所有水域都适合游泳和钓鱼；1973年《濒于灭绝物种保护法》，要求对任何濒于灭绝的物种加以保护，禁止任何危害这些物种及其栖息地的行为；1974年《安全饮水法》，要求订立严格的饮水质量标准，规定自来水管的最低含铅量。尼克松曾说："我们常说'科学奇迹'，但忘了这些奇迹根本不是意外发生，而是艰苦工作、漫长时间和训练有素的智能的产物。"他正是要通过长期严格执行这些环保法律来创造"科学奇迹"。

1987年里根总统签署水污染控制法的修订案（后称《洁水法》），指出污染物不仅来自那些较易追溯到的来源地，如工厂、矿山，而且来自那些不易发现的来源地，如建筑工地、农田，要求重点解决较难发现的来源地问题，联邦政府为此增拨款项。

由于越来越多的科学证据说明，空气污染问题造成臭氧层（地球大气上空的平流层）空洞扩大，里根、老布什总统均支持1987年蒙特利尔国际会议通过的议定书，下令禁止生产破坏臭氧层的氯氟碳化物。

1997年，为纪念《水污染控制法》颁布25周年，克林顿总统签署《安全饮水法》，要求在 120 天内在全国各州改善和加强控制水污染的工作，并拨给 22 亿美元的预算；1999 年，他又对控制空气污染提出更高标准，甚至被认为是"最严格的"标准，要求汽车和染料更清洁，把排气管放出的有害废气降到最低程度，要求新造汽车的清洁程度都高于现有标准。他卸任后仍关注环保、水和空气污染问题，不仅是美国的，而且还有其他国家的，如 2009 年，他的"全球倡议"基金会就专为海地筹集 200 万美元，用于解决 5 万海地人的饮水问题，许多海地人因长期没有安全饮水而患病、死亡。

奥巴马总统给予环境保护署更大权力，在他鼓励、支持下，环保署多次修订《空气清洁法》，提出更严格的要求，如 2007 年新法规，要求控制与气候变化有关的二氧化碳等温室气体的散发量；2012 年汞法规，要求燃油、燃煤工厂将汞的散发量减到最低程度；2014 年"好邻居"法规，要求各州采用先进技术控制"烟囱工业"污染和"形成雾霾"的化学物质，尽快减少燃煤工厂、发电厂散发的废气，以保护处于下风的州不受上风州污染空气的影响，让下风州与上风州成为"好邻居"。

为了让国民克服"现代食品恐怖"，吃到更安全的早餐、午餐和晚餐，奥巴马于 2011 年签署《食品安全现代化法》，授权食品药物管理局执行为防止食品污染而订立的新规定，要求该局把预防食品污染放在第一位，创建食品追溯系统，及时确定污染食品来源地；该局有权命令（而不是"建议"）回收被污染食品。该法也要求食品进口商确保所有从国外运到美国来的食品的安全。

"总统与科学"是美国非营利组织"有关科学家联合会"（UCS）的一个重要命题。该协会发表的有关文章指出，从建国开始，科学始终被视为有用的工具，不仅是了解世界、也是解决紧迫问题的工具；华盛顿、富兰克林、亚当斯、杰弗逊、麦迪逊，这些开国元勋们用科学来解决年轻的民主社会里出现的问题，也可以说，科学与民主一开始就一起缔造这个国家，它们"手挽手"，"在我们的整个历史中，以其强有力的结合来帮助我们的国家走向繁荣昌盛"。

该联合会指出，地球的健康、世界的安全都需要科学，需要重视科学的总统带领国民用科学的方法去解决各种紧迫的问题，过去如此，今后更是如此。

美国总统与知识分子

自 1789 年至 2016 年，在美国 227 年的历史中，有 43 个人先后担任美国总统。他们中有 32 人至少有大学本科毕业证书，其中 15 人后来毕业于法学院，1 人毕业于医学院，2 人上了商学院，还有 1 人修得博士学位，所以可以说，美国总统大多数都是知识分子。

当然也有例外，如首任总统华盛顿，由于父亲早逝，他没有受过多少正规教育，但曾在家里受到他的英国留学生哥哥的培训，读过很多书，并在威廉和玛丽学院受训后取得"土地测量"结业证书，后来当过土地测量员，其实他自己十分重视正规教育，把自己的钱和股票都留给了 3 个教育机构。

另如第 16 任总统林肯，他只受过一年正规教育，但刻苦自学，博览群书，成为俊杰大才。第 34 任总统艾森豪威尔上过西点军校，原是军人，似乎有欠儒雅，但在当选总统之前曾任哥伦比亚大学校长，感染了不少"文气"，退休后致力于撰写回忆录。

美国总统中有多名博学者，学问广博精深，有经天纬地之才，如杰弗逊，他是威廉和玛丽学院毕业生，《独立宣言》（*the Declaration of Independence*）起草者，弗吉尼亚大学创办者；小亚当斯，哈佛学院（今哈佛大学）毕业生，语言学家，哈佛修辞学和演讲学教授；麦迪逊，新泽西学院（今普林斯顿大学）毕业生，弗吉尼亚宪法起草者，美国宪法之父；威尔逊，普林斯顿大学毕业生，约翰·霍普金斯大学博士，普林斯顿大学政治学教授、校长。

多位总统毕业于常春藤大学或其他名校。来自威廉和玛丽学院的有杰弗逊、门罗和泰勒；来自哈佛的有老亚当斯、小亚当斯、海斯、老罗斯福、小罗斯福、肯尼迪、小布什和奥巴马；来自耶鲁的有塔夫脱、福特、老布什、小布什和克林顿；胡佛曾就读于斯坦福大学。

肯尼迪似乎对各名校都感兴趣，除在哈佛修读政府与国际关系学外，另在普林斯顿和斯坦福都上过学，在斯坦福读的是工商管理，但未读完。老、小罗斯福都是自哈佛毕业后又就读于哥伦比亚大学法学院。尼克松曾被哈佛录取，因家境贫寒出不起学费，只好去读一个不有名的学院，但后来还是进了名校杜克大学法学院。克林顿在乔治城大学毕业后获罗兹奖学金去英国牛津大学深造，后又在耶鲁大学获得法学学位。奥巴马读完哥伦比亚大学本科后去哈佛法学院深造，毕业后曾在芝加哥大学教授宪法学。

在 11 名没有拿到过大学毕业证书的总统中，哈里森上过大学本科，麦金莱上过法学院，杜鲁门上过商学院和法学院，但都没有拿到学位。菲尔莫尔虽未上过大学，却创办了布法罗大学和纽约州立大学。

美国总统大多是律师和军人出身，选民们并不要求他们在文学、语言、艺术方面也要有特殊才能。但总统当中确有多才多艺者。林肯自己撰写的言简意赅的演说词留下了不少不朽名言。肯尼迪写的《勇敢者传略》（*Profiles in Courage*）曾获普利策传记奖。尼克松善弹钢琴，曾在纳什维尔歌剧乐园开幕典礼上作为乐队成员参加演出，他自己还写过钢琴协奏曲，在电视上由管弦乐团伴奏演出。卡特既赋诗，也写长篇小说和回忆录。克林顿退职后很快写出洋洋万言的长篇回忆录《我的生活》（My Life）。奥巴马的回忆录《我父亲的梦想》（*Dreams From My Father*）被文学评论家誉为"康斯托克银矿"（the Comstock Lode），也即内容丰富而精彩的力作。

回顾历史，我们可以发现好多位美国总统对作家格外尊重。

林肯曾亲自接见《汤姆叔叔的小屋》（*Uncle Tom's Cabin*）作者哈里叶特·比彻·斯托，称赞她是"发动这场大战（指南北战争）的小妇人"。

马克·吐温（Mark Twain）逝世后，塔夫脱悼念说："马克·吐温给亿万人带来快乐——真正的精神上的愉悦，他的作品并将继续给未来的亿万人带来这样的快乐。他创造了美国文学中永存的一部分。"

作家厄普顿·辛克莱（Upton Sinclair）揭露芝加哥肉食加工厂问题的书《屠

场》（*The Jungle*）一问世，就得到老罗斯福的重视，并在他敦促下，国会当年就颁布了《肉类检验法》和《洁净食品和药物管理法》。

克林顿酷爱读书，曾在电视节目上推荐他最喜欢的作家及其作品，如大卫·多纳尔德（David Donald）的《林肯传》和朗·切尔瑙（Ron Chernow）的《华盛顿的一生》。

在回答"你最喜欢什么？"调查时，奥巴马写了一本他最喜欢的书：黑人女作家托妮·莫里森（Toni Morrison）的《所罗门之歌》（*Song of Solomon*）。

如今不少总统把自己喜欢的知识分子当作智囊，或任命他们为内阁成员，或聘任他们为顾问，听取他们的政见，接受他们的良策。有些总统专设"白宫知识分子"（或称"宫内知识分子"），授权他们开展各项活动，如邀请学者、历史学家与总统会面，举办白宫艺术节，为白宫工作人员举办系列演讲会、午餐会，向他们荐举《联邦党人论文集》（*The Federalist Papers*）、林肯、马丁·路德·金，或法国政治家、历史学家亚历克西斯·德·托克维尔（Alexis de Tocqueville）及其名著《美国的民主》（*Democracy in America*），等等。所以有人说，美国知识分子的影响不只可在大学校园和学术性报刊上，而且也能在白宫内感觉得到。

这显然与当代美国知识分子地位的提高有关。如今在美国，"intellectual"（知识分子）这个词的重要性显然已超过过去常用的"man of letters"（学者、文人）。学者和文人学富五车、渊博精深，他们从历史、哲学、科学、文学、艺术经典作品中广泛吸取知识，并以他们的研究成果来影响其他受教育者对当代各种社会、政治和文化问题的看法。现代知识分子也像学者、文人一样有学问，也对当代事件发表评论，但他们很少提及自己的"经典知识""学术成果"，而是更注目于事件本身，常常亲自介入公共事件，以民主精神在政府外或政府内为民众说话。他们被称为"公共知识分子"，往往是著名的、有教养的通才，能说善写，在其演说和文章中体现他们自己的世界观。

不是所有总统都喜欢"公共知识分子"，但不少总统却都能意识到忽视知识分子是一种危险。肯尼迪在这一点上更为明智，他理解知识分子能带进白宫的那种魅力和神秘性。他把知识分子视为自由民主体制的舆论制造者，与之成为一体，他可以增强对自己的政见的信心。他甚至觉得自己就是个"象牙之塔总统"，与知识分子有一种惺惺相惜的感觉。他在竞选总统时就设法通过"学术咨询委员会"来确保获得知识分子的支持，该委员会是名牌大学教授们的一个商讨政策建议和支持学术研究的组织。由于该委员会的努力，《华盛顿邮报》发表文章支持肯尼迪，对他能入白宫产生了极大影响。

肯尼迪上任后，为把自己塑造成一个"酷"而温雅的领袖形象，便有意要给人们这样的感觉：他的政府由严肃、诚实的知识分子和思想家组成，由这个政府管辖的美国是一个最好、最有希望的国家。他的 10 多名内阁成员的教育程度至少是大学本科，好几个毕业于名校，如国务卿迪安·腊斯克（Dean Rusk）曾作为罗兹奖学金学者在英国牛津大学深造，财政部长道格拉斯·狄龙（Douglas Dillon）、国防部长罗伯特·麦克纳马拉（Robert McNamara）、邮政管理局局长爱德华·德伊（Edward Day）均毕业于哈佛大学。另有毕业于芝加哥大学、加利福尼亚大学柏克莱分校和西北大学的。越南战争使腊斯克、麦克纳马拉等人蒙上坏名声，麦克纳马拉后来对美国卷入越战的悔恨则受到肯定，他在《回顾：越南的悲剧和教训》一书中写道："我们错了，大错特错。"

尤其引人注目的是，为彰显"宫内知识分子"的作用，肯尼迪还专门聘任小阿瑟·施莱辛格（Arthur Schlesinger, Jr.）当"总统特别助理"。施莱辛格及其父亲都是著名历史学家，在到白宫任职之前，他是哈佛大学历史学教授。在白宫的 3 年里，作为文化顾问、学术和思想界联络人，施莱辛格与重大政治问题的辩论和决策保持一定距离，主要工作是向肯尼迪做有关文化事务的咨询，与全国知识界精英联系沟通，尤其努力使左派人士对肯尼迪更有好感。他还与政治组织"为民主而行动的美国人"一起策划促进社会民主自由的各种活动。他所著关于肯尼迪在白宫的《一千天》（*A Thousand Days*）（1965）荣获普利策奖，另著有《杰克逊时代》《罗斯福时代》和《罗伯特·肯尼迪及其时代》等书。

肯尼迪与其继任者约翰逊在气质上差异甚大，约翰逊来自对东海岸知识群体"不敬而远之"的得克萨斯州，有点土气，自由派人士因此送给他一个贬义外号——"玉米面包大叔"（Uncle Cornpone）。约翰逊知道不能惹恼知识分子，便要显示自己像肯尼迪一样尊重知识分子，便也立了个"宫内知识分子"，选择普林斯顿大学历史学教授艾里克·戈德曼（Eric Goldman）当自己的特别顾问，但还是给戈德曼留下了"约翰逊反知识分子"的印象。

不过，约翰逊对经济学家约翰·肯尼思·加尔布雷斯（John Kenneth Galbraith）确实敬佩有加，并受其专著《富裕社会》（*The Affluent Society*）的影响，于 1964 年提出"向贫穷开战"计划，第二年又提出"伟大社会"施政纲领。他们两人曾有过十分亲密的关系，约翰逊常召加尔布雷斯去白宫晤谈，或一起到得克萨斯牧场去讨论"伟大社会"可能实现的目标，关于"伟大社会"的国情咨文即由加尔布雷斯最后定稿。有一次约翰逊把他从佛蒙特召回，要他赶写一篇给工会组织劳联——产联（AFL-CIO）的演说稿，稿子使约翰逊很满意，他点头笑着说："啊，肯（尼思），这就是我想说的。我一字不改，一篇出色的讲稿。"接着又说："但别人不会这样想。你是否感到写经济方面的演讲词就像往你自己腿上撒尿？你觉得很热，对别人就不见得吧？"这种无话不谈的关系不久后便不再存在，作为思想独立、积极反战的公共知识分子，加尔布雷斯终因约翰逊下令出兵越南而与他失和、分道扬镳。后来在尼克松当政时期，加尔布雷斯则被列入反战的"敌人"名单。

约翰逊的继任者尼克松却是个聪明人，他是共和党总统，可他所选的"宫内知识分子"丹尼尔·莫伊尼汉（Daniel Moynihan）是个民主党人，曾任哈佛大学政治学教授，当过肯尼迪和约翰逊政府的劳工部长助理。尼克松的聪明表现在他似乎超越党派，重用不同党派的知识分子，其实他当时早已发现，鉴于左派过于激进，有些知识分子搞了个"新保守派"运动，莫伊尼汉已是其中一员。作为总统特别顾问，莫伊尼汉促使尼克松更加重视欧文·克里斯多尔（Irving Kristol）、罗伯特·尼斯贝特（Robert Nisbet）和赫尔曼·卡恩（Herman Kahn）等人的作用，这些思想家在美国的政治、知识分子、道德等意识形态领域留下了深刻的印痕。莫伊尼汉还为尼克松撰写了许多备忘录，抨击自由派人士所主张的文化激进主义和福利政策。在一份所谓"善意忽视"备忘录中，他建议尼克松在当时局势复杂的情况下，对种族问题可有意不加理会，以避免种族关系更趋紧张，而待情势缓和后再说，备忘录被人有意透露给报界后，引起舆论界强烈不满，莫伊尼汉不得不离开了白宫。他的备忘录里还有一封写给尼克松的信，说是"学生争取民主社会"组织将在夜间放火烧他的房子，其实当夜什么事情也没有发生，但尼克松还是下令特工处去保护他的家。

克林顿也重视知识分子，尤其是思想左倾的学者，任命罗伯特·莱希

（Robert Reich）为劳工部长便是典型例子。莱希与克林顿相识于牛津大学，后来两人在耶鲁大学又是同班同学。他是政治经济学家、教授、政治评论员，当过卡特政府联邦贸易委员会政策计划处主任，曾在哈佛大学政府学院执教 12 年，著有一系列颇有影响的书。他认为，一个国家的竞争力有赖于人民的教育程度和技能水平，有赖于能使人民互相联系沟通的基础结构（如教育、通信、交通等），而不是把他们局限于为公司和他们自己牟利赚钱。克林顿曾把他的思想加入其竞选纲领"把人民放在第一位"（Putting People First）（后成书出版）。在任劳工部长期间，莱希推动实施为公司雇员增加福利的《家庭医疗休假法》，成功地提高了最低工资标准，说服国会通过有利于学生勤工俭学、学用一致的《学校—工作机会法》，还倡导一系列职业培训计划，使全国工人有更多机会学到更多新技术。

克林顿还聘用了文笔犀利的记者西德尼·布鲁蒙萨尔（Sidney Blumenthal），由他在华盛顿知识分子圈儿内传播克林顿政府的方针政策，这个"圈儿"不局限于职业性的政治专家，甚至包括文学教授、文化批评家在内。在莫妮卡·莱温斯基绯闻案中，布鲁蒙萨尔与不少自由派知识分子为克林顿辩护，所撰请愿书指出，不论从历史或宪法角度上来看，国会拟弹劾克林顿都是不妥当的。请愿书因得到几位著名历史学家的签名而更具分量，在许多政治家准备为克林顿敲响政治生涯"丧钟"之际挽救了他的总统职位。

曾任职于白宫的学者特维·特洛伊（Tevi Troy）所著《知识分子与美国总统之职：哲学家、弄臣或技师?》（*Intellectuals and the American Presidency*：*Philosopher*，*Jesters*，*or Technicians*?）（2002）一书，分析了自肯尼迪总统以来历届美国政府中知识分子所起的不同作用，并希望当时上台不久的奥巴马总统从先前的总统那里汲取有关与知识分子关系方面的正反经验：从肯尼迪那里可以看到，"宫内知识分子"确实可以发挥有益作用，尽管很大程度上是一种"摆设"；从约翰逊那里，奥巴马应明白，随着时间变迁，自由派知识分子不会永远站在他一边；尼克松做出了超越政党界限、重用中间派知识分子的榜样；奥巴马可以学福特的做法，聘用他自己党内的正统思想家，这个思想家应同时带进一些思想水平很高、具有独特见解的人；里根可以教会奥巴马任用友善可交的知识分子，不论在危机时刻或从长远观点来看，他们都有助于改善他的名声；看一看小布什，奥巴马可以考虑多与著名的舆论导向人交往，这种导向者可使总统在孤独无援的情况下摆脱困境。

特洛伊强调指出，尽管总统们的做法各有差异，却提供同一教训：漠视知识分子是一种危险，尤其是因为"如今我们美国人生活在一个蓝色（指自由派）知识分子与红色（指保守派）界限分明的时代，处于两种思想互相竞争的领域，分别站在文化之战的不同立场，在某些方面，这种竞争比以往任何时候都要激烈"。如何重视知识分子，使用什么样的知识分子，显然是美国总统、也是各级政府面对的大问题。

总统与诗人

　　中国是一个世界所公认的"诗的国度"，除了拥有大批杰出的职业诗人和民间诗人外，历代帝王将相、领袖人物中的吟诗赋词者为数也不少。美国是诗国吗？美国人自己的看法不尽一致。有人说不是，并以历届总统为例，说他们大多是律师和军人出身，没有吟风弄月的雅兴，不提倡写诗的风气。有人说是，也以总统为例，说历史上推崇诗人的总统不止一个，也有爱写诗的总统。

　　他们首先想到的是林肯。这位第16届总统一生热爱诗歌和莎士比亚诗剧，喜欢很多英国诗人，尤爱彭斯，与本国诗人惠特曼则心心相印，惠特曼觉得自己与林肯是"精神双胞胎"。平时除了讲故事、说笑话，林肯爱读诗、背诗，大声朗诵诗和诗剧台词，有传记作者说他是个"贪婪的诗歌读者"。

　　一般人不知道的是，林肯在少年时期就开始有兴趣写诗，他当年的算术教科书里还保存着他15—17岁期间写的好多首诗。他诞生在肯塔基州哈丁县，从14岁到21岁则与父母住在印第安纳州斯潘塞县一个小镇上，他当年的几家邻居都能背诵他写的诗，有个邻居说："在印第安纳，林肯的讽刺诗《鲁本纪事》的有些段落，人们记得比《圣经》还清楚。"21岁迁居伊利诺伊州斯普林菲尔德之后，林肯参加当地的诗歌协会，继续写诗。1846年他写了长诗《又见我幼年的家》（My Childhood-Home I See Again），这是他离开印第安纳州15年之后重返老家有所感触而写的抒情诗。他在给其律师朋友约翰斯顿的信中写道：

1844 年秋，我回到印第安纳州那个我生长于斯、我母亲和姐姐长眠于斯的地区，那地方就如世界上很多地方一样，没有多少诗意，可我回去一见那里的人和物，就引起我一种显然是诗的感觉，至于我这种感情的表达是不是诗，那是另一回事。

1858 年在伊利诺伊一家旅馆逗留期间，他给旅馆老板的两个女儿写了两首诗，其中一首是：

我想像她是一名歌手——
我耳闻甜美而又忧伤的歌声，
歌声令人感动，我的心情那么纯净，
不管情况好坏，未来将带给她好运。

1863 年南北战争葛底斯堡战役结束后，林肯在葛底斯堡发表著名演说，表达对阵亡将士们的深切悼念，留下名言"民有、民治、民享政府"，一般人不知道的是，当年他还为这次战役写了一首幽默的打油诗——《李将军入侵北方》：

那是一八六三年，
场面壮观，声势浩大，
我和杰弗邦联军，
去抢夺费拉德尔菲亚，
他们紧跟我们这些扬基，
给我们吃的苦头很大很大，
我们又仓皇逃了回来，
没能夺下费拉德尔菲亚。

这是林肯写的有记载的最后一首诗。诗中"杰弗"指南部邦联总统杰弗逊·戴维斯 (Jifferson Davis)，"费拉德尔菲亚"即费城，"扬基"指北方联邦军。

当代总统中爱写诗的是卡特，1995 年他的诗集《永远的估量》（*Always A Reckoning*）出版，人们才知道这位平民出身卖过花生的前总统原来还是个诗人。根据自己的人生经验，卡特认为，生活中一切事情，不论当官执政、从事艺术创作或结交朋友，都应通过估计、测算来获取平衡。此即贯穿这本诗集的主题。他在诗作中展现了个人生活的隐秘领域和内心思考，笔触温厚、热情，也富于幽默感。

有好多位总统不写诗，却十分爱惜、推重诗人，伯仲总统老、小罗斯福对诗人的亲切关怀便是流传甚广的佳话。

自称为"雄麋"、喜爱狩猎的老罗斯福，既能在热带原始森林中发现虎豹，也能在文学园地里发现诗人。当他读到埃德温·罗宾逊（Edwin Robinson）的诗集，真是喜出望外，夸赞不已，甚至在内阁会议上也谈起他，并向人打听他的情况。

罗宾逊是两个世纪过渡时期美国最重要的诗人，当时惠特曼等大诗人已经谢世，未来的新诗人群尚未出现，因此有人说他是 19 世纪美国最后一个诗人，20 世纪第一个诗人，曾三度荣获普利策诗歌奖。但他一生贫困潦倒，当老罗斯福向人打听时，他正在纽约地下铁道打工，报上有篇文章的标题是"地铁诗人：被誉为天才的罗宾逊当出勤记时员维生"。有一天，他终于意外地收到一封"白宫"来函，总统对其诗作表示由衷赞赏，并关切他的生活情形，真诚希望能有机会与他晤面。可罗宾逊当时穷得连一件体面的衣服也没有，怎能赴京晋见？罗斯福于是在后来的书信中跟他诚恳商谈工作问题，最后终于通过关系把他安插在纽约海关当一名普通职员。罗斯福一开始就考虑到不管把他安顿在何处，他都应以写诗为主要工作，所以海关的差事实际上是个闲职，他每天只要读些海关守则就可以了。

小罗斯福也是一个爱惜诗才的人。1939 年，当国会图书馆的老馆长行将退休时，他首先想到的接替者就是诗人阿奇博尔德·麦克利希（Archibald Ma-cLeish）。麦克利希是第二次世界大战后的重要诗人，以叙事诗《征服者》和诗剧《J. B.》享誉诗坛，也曾三度荣获普利策诗歌奖。他是哈佛法学院毕业生，当时正在波士顿当律师。总统选中他的消息传来，他深感不安。任命下达后，他回函婉拒。他担心当馆长后会陷入行政事务，忙于募捐筹款，因而失去艺术创作时间。罗斯福没有轻易退让，而是邀请麦克利希一起吃饭，向他大谈图书馆的重要性，使他感到图书馆工作是世界上最重要的工作，要他展望流动图书馆的车队如何声势浩大地开向南方的文化沙漠。至于馆长写诗的时间，罗斯福在给他的信中写道：

我确信你将能腾出时间写作，尤其是如果你喜爱到远地旅行，在那里你也可以增进你的古典文学知识。比如，作为国会图书馆馆长，你应该通晓智利复活节岛石碑上的铭文，尤其是它们与古代羊皮上相似的语言符号的关系，据说在遥远的西藏的一些喇嘛庙里就保存着这种符号。

信的末尾写道："假如你去做这样的旅行，我很愿意作为船舱侍者与你同行，并保证在缪斯与你调情时不加干涉。"麦克利希担任国会图书馆馆长有6年之久，后来升任助理国务卿，为美国历史上官职最高的作家。

美国总统邀请诗人为其就职典礼赋诗是美国的一个传统。先前只是写诗，后来还在典礼上由诗人亲自朗诵，从 1961 年到 2013 年，先后有 3 位民主党总统邀请 5 名诗人写诗并在典礼上朗诵：肯尼迪请罗伯特·弗洛斯特（Robert Frost），克林顿请黑人女诗人玛雅·安吉洛（Maya Angelou）和米勒·威廉斯（Miller Williams），奥巴马请黑人女诗人伊丽莎白·亚历山大（Elizabeth Alexander）和美籍古巴诗人理查德·布朗科（Richard Blanco）。

弗洛斯特有 20 世纪"田园诗人"之称，热爱大自然，热爱乡村，其诗作大多以新英格兰农场和牧场为背景，代表作有《未走的路》和《雪夜林畔驻足》等。肯尼迪喜爱诗歌，熟悉弗洛斯特的作品，加上两人共有的哈佛大学这一背景，所以对这个诗人很有好感。当他风尘仆仆于竞选旅途，心里还念着弗洛斯特的诗句，演讲往往以《雪夜林畔驻足》的最后两句结尾："就寝前我还有许多里地要走，就寝前我还有许多里地要走。"所以当一名国会议员提议邀请弗洛斯特在总统就职典礼上朗诵时，肯尼迪立刻欣然同意，还开玩笑说："弗洛斯特演哪个剧都会抢戏。"他曾在电话上问弗洛斯特，他将朗诵哪首诗，并委婉地表示希望他能专为就职典礼写一首诗。弗洛斯特便写了一首《献词》。但就职典礼举行那天（1961 年 1 月 20 日），雪后的阳光晃得他得眼睛看不清新作的打印稿，他只好咕哝了一句"我这有点麻烦"，就把诗稿放在一旁，开始背诵他的名作《慷慨的赠礼》（The Gift Outright），使听众十分喜欢。这首诗赞颂美国这片土地，被视为"爱国主义"作品，但也有人说，此诗忽视了土生在这片土地上的印第安人。

肯尼迪是克林顿青年时代心目中的偶像，所以克林顿就职时也要请诗人专为典礼撰写并朗诵诗。如果说肯尼迪邀请弗洛斯特颂诗主要是显示他对文化、对文学艺术的重视，他希望自己在国民的心目中是一个"文化人"，一个"文化总统"，那么克林顿邀请安吉洛颂诗很大程度上是出于"政治上正确"的考虑，他意识到选择一个女性少数民族诗人会为新政府赢得更多选民的好感。1993年1月20日，当安吉洛走上克林顿就职典礼讲坛时，在场观众及无数电视观众对这位受此殊荣的黑人女作家、诗人肃然起敬。

安吉洛20世纪70年代初即以自传《我知道笼中鸟为何歌唱》成名，而且多才多艺，能写诗歌、戏剧和电影剧本，也善演戏、作曲，有些作品被选入学校课本，为最受美国学生欢迎的当代作家之一。但克林顿的邀请还是使她产生受宠若惊之感，她于是租了一个旅馆房间，带上笔和拍字簿，把自己从早到晚关在房间里。先确定主题：美国。她尤其关注种族问题，一行行诗句便沿着美国种族团结这条线写了下来，结果便是《早晨的脉搏》（On the Pulse of the Morning）的诞生。这首诗的结尾写道：

在此按着这新的一天的脉搏
你可以欣然自在地观望
看见你的姐妹的眼睛，看见
你的兄弟的脸庞，你的国家
就简单地
十分简单地
怀着希望
说一声"早晨好"

女诗人铿锵的吟咏之声，使克林顿的第一次就职典礼有了一个富于文学气息的结尾。第二次就职典礼，克林顿请他的好友、诗人、翻译家米勒·威廉斯朗诵了《历史与希望》（Of History and Hope）。

奥巴马显然处于多元化考虑，先后请不同种族、不同性倾向的诗人在其两次就职典礼上颂诗。

亚历山大是诗人、散文家、剧作家，耶鲁大学教授，生于纽约哈莱姆黑人区，曾就读于耶鲁大学，后在波士顿大学学习写诗，在宾夕法尼亚大学修得英语博士学位。她在奥巴马第一次就职典礼上朗诵了《这一节日的赞歌》（Praise Song foe the Day），美国诗歌基金会称赞奥巴马选她是"肯定了诗歌在我们国家精神中的中心地位"。

布朗科是诗人、作家、演说家、土木工程师，生于马德里，幼时随父母由古巴移居美国，毕业于佛罗里达国际大学。他是成为"总统就职典礼诗人"的第一个移民、第一个拉丁美洲人和第一个同性恋者。他在奥巴马第二次就职典礼上朗诵了《今日一天》（One Today）。

有与诗人保持良好关系的总统，也有想在政治上利用诗人而与诗人闹崩的总统，第36任总统约翰逊就属于后者，第43任总统布什发动伊拉克战争则引起了20世纪60年代后的又一场轰轰烈烈的诗人反战运动。

1965年，约翰逊总统为使越南战争升级，下令轰炸北越，向南越增派部队，国内反战运动因此而越加高涨。为了平息反战声浪，显示歌舞升平景象，约翰逊想了不少办法，其中之一就是要在此年6月14日举行"白宫艺术节"。总统特别顾问艾里克·戈德曼为此活动所选的邀请对象都是当时美国文艺界的名流，文学方面包括索尔·贝娄、约翰·赫塞、埃德蒙·威尔逊、马克·范多伦和罗伯特·洛厄尔。

罗伯特·洛厄尔（Robert Lowell）是第二次世界大战后的重要诗人。他出身于波士顿的名门望族，上过哈佛大学。他反对美国对外政策和越南战争，参加过向五角大楼进军示威活动。他注重个人价值及表达自己思想的权利，认为不应该由于战争和社会上经常出现的暴力行为而丧失个性，主张诗歌能坦诚地揭示诗人自己隐秘的内心活动。他的诗文集《人生研究》开创了20世纪60年代的"自由诗"流派。他的两部诗集——《威利老爷的城堡》和《海豚》曾获普利策诗歌奖。他被视为他那一代人的代言人。

　　洛厄尔在接到白宫邀请电话时表示愿意参加并朗诵诗作，可几天后他改变了主意。他给约翰逊总统写了一封信，并打算将此信交《纽约时报》公开发表。他在信中写道："经一周思虑，受良知约束，我决定拒绝您的好意邀请。我现于公开信中如此表示，因为我接受邀请的消息已在报上公布，也因为政府目前的行为怪异。"

　　他在信中对政府的对外政策表示怀疑，对美国逐渐成为爆发式的沙文主义国家、最终走向核毁灭道路的危险性表示忧虑。其信尾写道："我感到，我最好不以参加白宫艺术节的方式服务于您和我们的国家。"

　　戈德曼担心洛厄尔的信会造成不良影响，便打电话给他，劝他不要公开发表，但洛厄尔态度坚决而又有礼貌地回答说，他要发表。

　　与洛厄尔的这次谈话给戈德曼留下好印象，他便以总统的名义起草了一封给洛厄尔的信，表示完全尊重他对政府对外政策的异议。信稿送到椭圆形办公室请总统过目签字，不料约翰逊的一声吼叫竟一直传到了白宫的东翼。结果，戈德曼只好以自己的名义给洛厄尔写了一封短函，表示因白宫艺术节不能分享他的名声和才华而感到遗憾。

　　第二天，《纽约时报》头版刊登了洛厄尔拒绝白宫邀请的消息，紧接着是另一则以"20名作家和艺术家支持诗人拒绝总统邀请"为题的消息。后者报道说，20名作家和艺术家给约翰逊总统联名致电，表示"对当前美国外交决策感到沮丧"，对洛厄尔表示支持。署名者包括著名诗人、小说家、剧作家、文学评论家、哲学家、作曲家和画家。

　　据戈德曼回忆，这封电报比洛厄尔的信更使总统恼怒。约翰逊大骂那些署名者是"狗娘养的""傻瓜"和"准叛徒"，他万万想不到一个区区艺术节竟会惹出那么大的祸来，再也不想与任何诗人发生瓜葛。

　　时至2003年初，布什政府蠢蠢欲动，要攻打伊拉克，许多城市大街上很快就出现了浩浩荡荡的反战游行队伍。布什总统好战，第一夫人劳拉·布什倒是个文学爱好者，当过教师和图书馆管理员，所以有兴趣在白宫举行美国文学系列座谈会，邀请作家、诗人们来围绕专题漫谈讨论。第一次座谈的是马克·吐温，第二次是哈莱姆文艺复兴运动，重点谈她所喜爱的黑人诗人兰斯顿·休斯。两次座谈会都很受欢迎，于是她决定在2003年2月12日举行第三次座谈会，主题是"诗歌与美国之音"，着重谈论美国三大诗人——沃尔特·惠特曼、兰斯顿·休斯和埃米莉·迪金森。她发出热情的请柬，相信诗人们一定会兴高采烈地到白宫来热议畅谈。

布什总统对夫人的"明智"举措自然十分赞赏，而劳拉显然意识不到自己此举不合时宜。她的丈夫正在白宫战争厅里与国防部长一起部署向伊拉克派兵、发射导弹，她却要请诗人们到白宫东厅来茗茶诵诗。

华盛顿州诗人、汉学家萨姆·哈密尔（Sam Hamill）是接到第一夫人邀请函的诗人之一。当时他在给诗人朋友们的电子邮件中写道："当我收到邮件、看到印有'白宫'的信时，我并不感到高兴，反而觉得很反感。就在头一天，我读到一篇关于总统提议对伊拉克实行'猛烈而可畏'攻击的长篇报道，他要求以二战时对德累斯顿和东京进行的饱和轰炸来轰炸伊拉克，可想而知，这一定会杀害无数无辜的伊拉克老百姓。……要对付这种道德沦丧和可耻言行，唯一的正当途径就是再组织一次像反对越战时组织的'诗人反战运动'。"

他还写道："诗人是我们文化的良知。抗议一向是诗人们的职责。读一读惠特曼写的关于奴隶制的文章吧，他站出来反对奴隶制比谁都早。"

哈密尔希望他的诗人朋友们撰写反战诗，为出一本"抗议诗集"，大家都来"发出我们国家良知的声音"，并敦促将去参加白宫文学座谈会的人都能在会上诵诗表示抗议，让2月12日成为诗人反战日。在他发出电子函件后的36个小时内，各地传来的反战诗就充满了他的电邮信箱。

布什及其夫人得悉诗人们要在白宫抗议的消息，知道事情不妙，便马上决定取消第三次文学座谈会，并通过第一夫人的发言人委婉解释说："布什夫人尊重所有美国人自由表达思想观点的权利，但她也认为，把一次文学活动变为一个政治集会是不妥当的。"

哈密尔后与库珀出版社联合设立了"诗人反战"网站，所刊载的来自国内外的反战诗多达11000首，后来动用25名编辑进行下载、编选工作，最后出版了一本225页的反战诗集。全国各地的反战诗朗诵会举行了150多场。

纽约林肯表演艺术中心举办的朗诵和演讲会题为"诗歌不合适白宫"，有许多诗人出席并诵诗，哈密尔朗诵了自己的诗作《2003年国情咨文》：

我看见孩子们在祈祷

祈祷不再有炸弹扔下

他们为面包排在队伍里

他们为水排在队伍里

他们的眼睛是暗淡无光的黑月

我们千百次见过这样的眼睛

很快，总统就要演讲

他将说些关于炸弹

和自由和我们的生活方式的话

我会关掉电视机，我总这样做

因为在这种时刻

我无法注视他的眼睛

　　从约翰逊举办白宫艺术节到布什总统夫人撤销白宫诗歌座谈会，从洛厄尔拒绝白宫邀请到哈密尔发起诗人反战运动，其间相隔近40年，这两个事件的主题都是"总统与诗人""诗人与战争"。诗人们平时看似闲云野鹤，而在重大历史时刻，他们总会挺身而出，成为时代的代言人。显然，只要世界上还有人要发动战争，就会有诗人给他们写反诗，同他们唱反调；只要世界上还有诗人，人们就会听见良知和正义的呼声，当地球上空战争乌云密布，人们总能听见诗人们的如雷贯耳的响亮声音。美国总统们应已吸取足够教训，将来应慎重其事，三思而行，不再重蹈历史的覆辙。

美国总统与书

美国独立战争胜利二十多年后，美国与英国又大战了一场，那就是 1812 年对英战争，也即美国第二次独立战争。1814 年，英军甚至杀进华盛顿，纵火焚烧白宫和国会大厦，熊熊烈焰之中，国会图书馆的藏书全数化为灰烬。

在这个国家最重要的图书馆惨遭焚毁的情况下，前总统杰弗逊及时做出重大贡献。他把他多年来收藏的 6487 种图书售予国会图书馆，使国会议员们不至于因这突如其来的书荒无书可读、无资料可查而感到焦虑不安。不过也有议员反对买杰弗逊的书，因为他的藏书中有不少外文书，而议员之中能有几个人像他那样通晓希腊、拉丁、法文和意大利文等多种语言。

杰弗逊酷爱读书，很早就喜欢买书、藏书。他家曾遇到一次火灾，200 多本藏书被烧毁，使他感到锥心之痛。后在独立战争及任驻法公使期间，他又买了很多书，他在弗吉尼亚州的新家蒙蒂塞洛因此有了个图书馆。他很少出门旅行，有空暇就静心读书。书籍给了他古今世界的广博知识，给了他政治头脑、明智思想，因而能成为《独立宣言》的主要起草者，能当选美国总统。退休后，他更孜孜不倦地读书，继续研究其终生喜爱的科学、建筑、哲学和艺术，并创办弗吉尼亚大学，亲自设计了圆形教学楼、草坪及周围的建筑。

藏书卖给国会图书馆后，杰弗逊内心一时有点失落，曾对前总统亚当斯说："没有书，我就没法活。"（I cannot live without books）又说他读书有"狗一样的好胃口"。因没书没法活，他又马上开始买书，到他 1826 年去世时又有了 1600 册藏书。他的子女后来为替他偿还债务，把他的"退休图书馆"的书都拍卖了。在图书界人士看来，开国元勋的藏书是"富矿脉"，若能搜集到杰弗逊的最后藏书，便可进一步了解他的读书兴趣、书本对他的影响，可当年拍卖时尽管留下了书单，却未留购买者名字，要追回这些书谈何容易。不过，好在杰弗逊习惯在其藏书上留下首字母署名"TJ"，也常纠正书中的打字错误，还在书页边上写批语、注解，所以国会图书馆、弗吉尼亚大学和路易斯华盛顿图书馆还是先后发现、追回了不少杰弗逊的"退休藏书"，在这过程中据说有许多惊险、意外，甚至可以写成"藏书侦探"故事。

与亚当斯和杰弗逊的青灯黄卷气质相比，弗吉尼亚民兵总司令、大陆军总司令华盛顿，似乎给人以更多尚武善战、戎马倥偬的印象。亚当斯是哈佛大学毕业生，腹笥充盈的饱学之士，家里有3000余册藏书，有一次对其妻子抱歉说："我考虑不周，把一座庄园都花在书上了。"他因此会说华盛顿"文化程度太低、读书不多、学问很浅"，杰弗逊说华盛顿的教育水平"只限于读、写和算术"，一般美国人也就认为，华盛顿确实是"战争中居第一，和平中居第一，在同胞心目中居第一"，但作为读者，他在开国元勋中是"居最末者之一"。

说华盛顿"文化低""不读书"的偏见，直至二百多年后才得到有力纠正。2013年，在华盛顿故居芒特弗农新建的研究性图书馆对公众开放，并举办"注意！读者乔治·华盛顿"展览会，终于使更多人知道，尽管华盛顿在15岁时就停止接受正规教育，尽管他是一个驰骋疆场的赳赳武夫，但他终生追求知识，勤勉自学，是一个爱书人，一个好读者，因此而能成为好农夫、好将军和好总统。

华盛顿曾对一个朋友说："我有很多出色的教育性书籍，包括很多学科，也有娱乐性图书。"据"注意！"展览会展示，华盛顿生前阅读、保存的出版物有1200多种，大多是书，也有些小册子和报纸，其中33%属于政治、经济和法律类，14%为农业，另14%为宗教和哲学，其他还包括军事、文学（小说、诗歌和戏剧）、历史、传记、科学、工业、自然历史、地理和地图。

不少书他曾仔细阅读，如当选大陆军总司令后，他买了英国军事书《大演习》，一边读一边编索引；他从头到尾细阅驻法公使门罗写的、厚达500页的《对最高行政当局处理美国对外事务的意见》，在书页边写了许多批语。他和杰弗逊都有建立农业共和国的理想，所以对农业十分重视，他的藏书中便有《农场主指南全书》等许多有关农业的书。他还买了塞万提斯的四卷本翻译小说《堂吉诃德》，兴致勃勃地读了这个西班牙游侠骑士的故事，很钦佩他一心扫除人间一切不平的豪侠气概。

"注意！"展览会期间，美国媒体做了很多报道，如《纽约时报》发表的《作为读者而非军人的华盛顿》一文指出，有关华盛顿忽视读书、只会打仗的传言是完全不准确的，芒特弗农不仅是华盛顿的起居之处，而且也是他的读书之地。

有一则逸闻也可说明他确是爱读书的人。那是 1789 年，纽约当时是美国的临时首都，华盛顿总统向联邦大楼内的纽约社会图书馆借了两本书，其中一本是瑞士法学家瓦泰尔写的《万国法》，该书将自然法的理论应用于国际关系，提出自由平等的原理，可不知为什么他一直没有还书。2010 年，纽约社会图书馆估算了一下，这两本逾期未还的书的罚款已高达 30 万美元，芒特弗农图书馆得悉这个情况后，赶紧设法为华盛顿总统补救，结果终于购得一册同一版本的《万国法》，还给了纽约社会图书馆，并代华盛顿为迟还 211 年表示道歉。当年国会图书馆用 23950 美元买下杰弗逊的六千多册书，芒特弗农图书馆则用 12000 美元买了一本《万国法》，可见华盛顿家乡人对他的名誉的珍惜。

与华盛顿的军人气质有点相似的是老罗斯福。他在达科他准州当过两年牛仔，因而被其政敌贬称为"牛仔总统"，当过纽约市警察局长、海军部助理部长，美西战争中曾率领其"义勇骑兵团"出征古巴，当总统后实行"大棒"对外政策，扩充海军力量，自称"雄麋"，曾到东非和南美探险、狩猎。这一切似乎说明老罗斯福只是个粗犷善武之人，而事实上，他文武双全，酷爱读书，始终是一名"贪婪读者"，并有摄影机般的记忆力，能记住所读的从文学到动物学的各种书籍的详细内容。他也爱写书，一生著有 30 余本关于历史、政治和旅行的书。

有两幅一直流传到如今网络上的老照片很能显示他如何嗜书：1905 年科罗拉多州狩猎之旅，他衣衫褴褛，端坐在小木屋窄门口一把破椅子上，头戴一顶高帽，手捧一本厚书，透过一副大框眼镜专心致志地读着；1909 年东非狩猎之旅，他在肯尼亚野外一顶帐篷下埋头读书。

老罗斯福读书之快、之多令人惊异。他每天早餐前要看一本书，晚上有空，要读两三本书，也会利用候车、等约会的零星时间看书。他自己曾说，他一生读了好几万本书。有学者认为，老罗斯福可能是读书读得最快、最多的美国总统。他读书快，一方面是由于他记性好，用中国话来说，他是一目十行、过目不忘；另一方面，他有一定的读书方法，其中包括泛读、浏览。他在一封向儿子介绍如何读狄更斯长篇小说的信中写道："聪明的方法就是略过那些无关紧要、言不及义、粗浅不实的词句，而从其他部分汲取裨益。"

有一次，他的一个朋友要他推荐好书，他便把他在前两年里自己读过并还记得的100种书的书名写下来给了这个友人，其中有古希腊历史学家、三大悲剧作家的作品，英国历史学家吉本的史学巨著《罗马帝国衰亡史》，莎士比亚的多部戏剧，司各特、狄更斯、萨克雷和康拉德的小说，托尔斯泰的《塞瓦斯托波尔故事》和《哥萨克》，罗西尼的歌剧《塞维利亚理发师》，美国作家和诗人的作品，其中有詹姆斯·库珀、奥利弗·霍姆斯、杰克·伦敦、埃德加·爱伦·坡、亨利·朗费罗、马克·吐温、欧文·威斯特，另有林肯总统的演说和文集。

老罗斯福有自己的读书原则，有个美国学者根据他的原话，归纳了他的"十条读书规则"：

1. 读书范围不受"百卷最佳图书"、"五英尺书架"（指哈佛校长艾略特主编的50卷世界经典作品）的局限，应自由选择你要读的书。

2. 读某一特定时候你自己深感兴趣的书。

3. 读你喜爱而欣赏的书，在欣赏中获益受用。

4. 读你自己要读的书，而不必太注意别人所说的必读书目。

5. 对你不喜欢的书不必妄称喜欢。

6. 书是个人的朋友，有些书符合你的需要，有些书符合他人需要，应尊重不喜欢你所读的书的人。

7. 政治家必须读诗歌和小说。

8. 家庭书架不是图书馆书库，只需添加家人感兴趣的书，不必为妄自炫耀或考虑他人评断而添书。

9. 为深刻了解人性和人的心灵，应读想象力丰富的作家的散文和诗歌作品。

10. 读书很重要，但孩子们比书更重要，读书之余，别忽视你生活的其他领域。

人们常问罗斯福，一个政治家应该读什么书？他总是回答说：诗歌和小说。他确实爱文学，赏识、羡慕作家和诗人的才华，愿与他们交友，帮助他们解决困难。如他发现埃德温·罗宾逊的诗才，对他的诗集《夜之子》欣赏不已，逢人便加推荐，甚至在内阁会议上也称赞他，并亲自联络，为这个在纽约地铁打工、生活贫困的诗人找工作，结果为他在纽约海关找到一个闲职，使他衣食无忧，还有足够时间写诗。

罗斯福十分重视书的社会作用，尤其看重那些他称之为"扒粪者"的记者、作家所写的反映现实生活、揭露社会黑幕的书。他在纽约当警察局长时，《纽约论坛报》记者雅各布·里斯（Jacob Riis）写了一本揭示纽约贫民窟惨状、呼吁社会平等的书——《另一半人如何生活》，罗斯福为此专去报社拜访，里斯不在，他便留条告知："我读了你的书，我来帮助你。"后来他们俩一起做了许多有助于社会改革、打击犯罪的事情。里斯在其自传中写道："罗斯福读了我的书，他来找我，从未有人像他那样帮助我。有两年，我们是在纽约罪案频发的桑树街上一起巡视的哥儿们。"

1906 年，罗斯福在白宫收到作家厄普顿·辛克莱（Upton Sinclair）写的书《屠场》，知悉芝加哥屠宰场和肉食加工厂非人的劳动条件和极不卫生的肉食加工过程，他激愤得坐不住了，连忙邀请辛克莱去白宫面谈，然后立即派他信得过的人前去调查处理，结果国会当年就通过了两项具有深远意义、可谓改变了美国人民生活的法案——《肉类检验法》和《洁净食品和药物管理法》，一个新的政府机构—食品与药物署随后也正式成立了，美国人从此开始吃到比较安全的早餐、午餐和晚餐。即使到了 21 世纪，奥巴马总统也没有忘记老罗斯福的这一政绩，并添加一项《食品安全现代化法》，希望现代美国人能吃到比一个世纪前更安全、更健康的早饭、午饭和晚饭。

老罗斯福被其政敌讽称为"牛仔总统"，林肯则曾遭某些文人学者蔑视，有人说他像是个"来自穷乡僻壤的农夫"，所戴的高礼帽使他的身材更高得出奇；有人说他 1863 年发表葛底斯堡演说时的模样呆头呆脑，短短三分钟的讲词说明"这个总统的脑子里空空如也"。这些偏激言论后来自然不攻自破，葛底斯堡演说所提出的"民有、民治、民享政府"这一政治纲领后来又有谁能不赞佩？他为解放黑人奴隶所做的努力，最后作为殉难者以身殉职，其功绩又怎能不永垂青史？

那些瞧不起林肯的人总觉得他出生于小木屋，像华盛顿一样未受过严格的正规教育，他们所不知的是，林肯其实也是一个爱书人，尤爱读历史、诗歌和莎士比亚戏剧。他曾说："我想知道的东西是在书里面；我最好的朋友是帮我弄到我尚未读过的书的人。"当年美国书少价贵，尤其在中西部，更是如此，所以林肯总是认送书者为友。他勤奋读书，善于思考，终于自学成才。他的竞选演说、两次就职演说和葛底斯堡演说精彩纷呈，都由他自己撰写。伊利诺伊州卫斯利大学文学教授罗伯特·布雷伊专事研究"林肯的阅读和写作"，他发现林肯早期曾下功夫练习写作和讲演，读了好多种修辞学、演讲学方面的书，如《英语读者》《美国演说家》《有关修辞学和纯文学的讲座》等；后来他爱读历史、政治经济学和宗教类书，如吉本的《罗马帝国衰亡史》，法国启蒙思想家伏尔泰的《圣经的重大研究》，法国哲学家伏尔奈的《帝国的废墟》（杰弗逊为英译者），爱尔兰裔经济学家马修·凯里的《政治经济学论文集》，英裔作家佩因的无神论著作《理性年代》。

《理性年代》使林肯对《圣经》的所谓"神灵启示"产生怀疑，他因此写了一本"有关不信仰基督教的小册子"，认为《圣经》不是上帝的启示，耶稣不是上帝的儿子。小册子最后未能出版，因为他的几个朋友怕此举会影响他的仕途而帮他销毁了书稿。他还读过欧几里得的《几何原本》，从中得到的科学理性力量更使他不能笃信基督教义。他一生没有参加过任何教会，从未公开说自己信仰基督教。但由于熟读《圣经》和莎剧，他善于把文章和演说词写得简洁隽永，言近旨远，富有诗意，因而被誉为"诗人总统"。他还爱读伊索寓言，学到了用逸闻趣事阐述观点的艺术手法，牧师作家帕森·威伊姆斯（Parson Weems）的《乔治·华盛顿的生平和轶事》则启发他如何赢得民心。

林肯一生热爱诗歌和莎士比亚诗剧，从少年时代起就爱读诗、背诗，也尝试写诗，简直是个"诗迷"。他继母嫁来时给家里带来不少图书，其中一本《演讲课程》收集了许多供年轻人阅读的诗歌和散文，使少年林肯感受到诗的魅力。他喜欢英国诗人彭斯、拜伦、格雷、蒲柏和胡德。彭斯无疑是他的最爱，他曾以苏格兰口音朗读他的作品，还写过一篇关于这位苏格兰诗人的文章，引用他不少语录，并有自己的中肯评论。林肯觉得自己与彭斯有很多相似之处：两人都出生于笃信基督教加尔文主义的贫寒农民家庭，却都有否定加尔文主义的反叛精神，两人都是自学成才，都有追求社会民主和平等的思想。华盛顿彭斯俱乐部曾邀请他出席诗人诞辰纪念活动，由他来赞誉彭斯的诗才，他谦逊答道："我不适合向彭斯敬酒干杯。我说不出什么适合他的宽广心灵和超凡天才的话语。回想他说过的话，我说不出任何有价值的话。"

他的宗教反叛精神也使他喜爱拜伦的诗，喜爱美国诗人朗费罗、坡和惠特曼的作品，朗费罗的那首表达宗教怀疑精神的长诗《基林沃斯的鸟儿》，他曾反复诵读。

莎士比亚位于林肯的文学"万神殿"的最高处。他平时常像演员一样大声朗读莎剧台词，在华盛顿看戏看得最多的是莎剧。喜剧演员詹姆斯·哈克特写了一本关于莎士比亚戏剧和演员的书，林肯读后心情激动，以致给他写了一封信。那是 1863 年，即他被刺杀前两年，他在信中写道："莎士比亚的有些剧我一直没有读，而另一些剧，我可能就跟其他非专业读者一样，经常翻来覆去读，其中有《李尔王》《理查三世》《亨利八世》和《哈姆雷特》，尤其是《麦克白》。我认为，没有任何别的剧可与《麦克白》匹敌，它妙得不可思议。与你们职业绅士的看法不同，我觉得《哈姆雷特》里，起自'啊，我的罪恶臭气熏天'的那段独白比起自'生存还是毁灭'的那段写得更好。"前一段独白是篡位国王克劳迪斯的台词，林肯看戏时因发现这段台词被删去而感到纳闷。而最可悲的事情是，在剧场里刺杀他的凶手约翰·布思竟是一个以扮演莎剧角色著称的演员，这种演员又怎能真正理解莎剧的真谛。

这个诗人总统更受爱诗者、写诗者的爱戴，如今国会图书馆的"亚伯拉罕·林肯文书档案"就存有许多公民赠给他的诗歌，有些是他们自己写的，有些是转寄的。大诗人惠特曼的悼诗《哦，船长，我的船长》则最生动地表达了美国人民对这位好总统的深情："哦，船长，我的船长！起来吧，请听这钟声，起来，——旌旗为您招展，——号角为您长鸣，带着献给您的花束和缎带花环，岸上挤满迎接您的人群……"

从独立战争到南北战争，从林肯被暗杀到肯尼迪被刺，美国历史有许多血写的经验教训。有的总统，如第 33 任总统杜鲁门就十分重视读历史、重温历史，努力借鉴他所说的"用鲜血、汗水和眼泪换得的"历史经验来制定政纲和政策。

杜鲁门 10 岁那年，他母亲就给他买了纽约市立学院英语教授查尔斯·霍恩编著的四卷本《伟大男人和著名女人》，所以他很早就意识到，读历史是"扎实的教育和明智的教导"，他曾说："世界上唯一的新鲜事就是你所不知道的历史。"据他自己说，到 14 岁时，他在家乡密苏里独立城的图书馆里阅读或浏览了该馆的所有藏书，至少有两千册，其中很多是欧美历史书。在中学里，他最喜欢历史课，用心学了罗马、中世纪、英国和美国的历史，美国史主要是早期史：殖民时期、制定宪法、政党兴起、派系主义和"新共和政体"。他曾渴望上大学，但因家庭经济困难不得不很早就去打工，当过铁路计时员、银行职员、农民，第一次世界大战中曾赴欧洲参战。战后回到密苏里，开过服装店、服饰用品店，上过两年堪萨斯市立法学院，但未得到学位。

杜鲁门读历史广而不深，其实，对他而言，教育或理解历史的深度并不重要，重要的是，作为政治家，他能通过熟悉历史来形成他自己的政治观点，影响他执政时的决策。他爱读多名总统和政治家的传记，如马奎斯·詹姆斯的《安德鲁·杰克逊的一生》，克劳德·鲍尔斯的《杰弗逊的青年时代》，诗人卡尔·桑德堡的林肯六卷本传记，道格拉斯·弗里曼的《罗伯特·李传记》，罗伯特·麦克埃罗伊的《格罗弗·克利夫兰——人和政治家》，罗伊德·斯特赖克的《安德鲁·约翰逊，对勇气胆略的探讨》。这些美国传记文学名著显然有助于杜鲁门在仕途上渐入顺境，最后入主白宫，提出了"公平施政""马歇尔计划"和"第四点计划"等政策和措施。当然，终因对历史理解不深，他这个"历史总统"还是犯了些历史错误，如由于他一味包容，反共的麦卡锡主义曾猖獗一时，祸国殃民。

但杜鲁门毕竟比较了解历史，知道辛辛纳图斯这样的古罗马政治家，所以他赞佩华盛顿总统拒绝第三次连任，称扬他像辛辛纳图斯一样不愿当独裁官，不恋权贪位，而是急流勇退，解甲归田。因有辛辛纳图斯和华盛顿这样的楷模，所以他自己早在 1950 年备忘录中就表明，两年后他不会为第三次连任竞选。他写道："权力是一种诱惑，当一个公众领袖不能自愿退位时，我们就会走下坡路，直至独裁、腐败和毁灭。"当然，在国家处于特殊紧急状态时又当别论，所以杜鲁门全力支持罗斯福总统在二战和经济大萧条期间第三次连任。罗斯福突然病逝后由他接任总统，一上任就做了两件大事：促进成立联合国，下令向日本扔原子弹。当麦克阿瑟将军不服从他的命令，企图将朝鲜战争扩大到中国境内时，他撤销了他的指挥权。

杜鲁门退休后在独立城撰写的三卷回忆录使他得到 67 万美元预付款。

从华盛顿到奥巴马，美国 44 个总统中至少有一半是爱书人，书是他们最常用的文化工具，他们所读的书往往会引起国人注意，有的书因此而成为全国畅销书。

里根读了《猎杀红色十月号》之后，称赞这部冷战科技惊险小说是"奇妙而完美的冒险故事"，使此书顿时成了畅销书，作者汤姆·克兰西原先默默无闻，却迅即成了名作家，有出版社与他签订了其他三部小说的三百万美元合约。克兰西说："里根总统使我这部小说畅销，对我来说，这只是个好运，但我不是另一个海明威。"

克林顿喜欢看侦探小说，他甚至说："我是侦探小说迷，那是我的低廉而又有刺激乐趣的宣泄方法之一。"他读沃尔特·莫斯利的《白蝴蝶》，读迈克尔·康奈利的《混凝土里的金发女郎》，消息一传出，这两部侦探小说都很快上了畅销书排行榜。

小布什因给富人减税、发动伊拉克战争等问题而有失民心，所以有一阵报刊上说他不爱读书，家里书架上放的都是影集，有人建议他多读点书，甚至给他开了书单，其中包括里斯的《另一半人如何生活》、哈林顿的《另一个美国：合众国内的贫穷》和大卫·希普勒的《贫穷劳工：在美国的无形人》。小布什对此肯定会感到委屈，因为实际上他确实很爱读书，是个"不公开的勤读者"。他的顾问卡尔·洛夫说："我认识布什的三十年间，他总是有书带在身边。"美军打进伊拉克时，他在读陀思妥耶夫斯基的《罪与罚》，而萨达姆·侯赛因当时也随身带着这部俄国长篇小说。据统计，从 2006 年至 2008 年，布什读了 186 本书，其中大部分是历史和传记，如爱德华·拉津斯基的《亚历山大二世：最后一位伟大的沙皇》，林肯传记他读过 14 种。他还有个优点——不论自由派或保守派作者他都看，而不像克林顿和奥巴马几乎只读自由派作者的书，里根只喜欢保守派作者。

美国总统爱书人中又有不少写书人，如格兰特、老罗斯福、肯尼迪、尼克松、卡特和奥巴马。第18任总统格兰特曾在南北战争期间任联邦军总司令，屡建奇勋，战功赫赫，最后由他接受南方邦联军司令员罗伯特·李投降。他毕业于西点军校，但在校时读小说比读军事著作更感兴趣。他曾说："我要抱歉说，当时很多时候，我都专心于读小说，不是读那些垃圾货，读的都是布尔沃出版社出的长篇小说，库珀、马里亚特、司各特、华盛顿·欧文的作品，还有利弗的，还有很多我都记不住了。"

格兰特总统第二任期内政府内贪污、受贿和裙带风等丑闻层出不穷，1877年离任时有点灰溜溜，可到了1881年他又参加竞选想回白宫，结果未能如愿。马克·吐温是他的朋友，见他败选后沮丧落寞，就建议他写回忆录，他开始不想写，觉得自己没有兴趣写自己，人们也不会有兴趣读他的书。后来，他患了喉癌，又因他的华尔街投资公司破产而债台高筑，这些厄运使他改变想法，决定为吐温与其侄子合办的出版社写书，结果在友人们帮助下写出两卷本《格兰特个人回忆录》（1885），一部文笔清澈明晰的回忆录，一部记载美国历史、深刻叙写战争的经典作品。格兰特没能等到书问世，就在打印稿最后校对结束的前几天去世了。由于出版前广告宣传做得充分，宣传对象主要是南北战争退伍军人，加上作者的死讯广传，这部回忆录因此迅即畅销，净收45万美元，可合今天的数百万美元，不过，比起克林顿的《我的生活》（2004），这还是个小数。兰登书局给克林顿这部自传的预付款高达1500万美元，销售量多达225万册。

第35任总统肯尼迪与格兰特在气质上属于两类人，有学者在网上把他俩从各方面加以对比，然后由网络读者"投票"，结果富有朝气和个人魅力的肯尼迪得"100"，其政府严重腐败的格兰特得"0"，下面我们该了解一下肯尼迪的阅读和写作。

肯尼迪曾接受速读训练，他自己说，他每分钟能读1200个词。有人对此质疑，但相信他确实像老罗斯福一样，是个"贪婪读者"，又像杜鲁门一样，最爱读历史和传记。丘吉尔写的书，他都喜欢，如《第二次世界大战回忆录》、《不需要的战争》和《英语民族史》等。丘吉尔的祖辈中有个著名军事家和政治家，被女王封为"马尔巴罗公爵"，其家族因此成了名门望族，肯尼迪对丘吉尔写的四卷本家族传记《马尔巴罗》尤感兴趣，这显然与他自己出生于高门大姓有关。他还爱读美国历史学家艾伦·内温斯的《林肯的非常时期》，苏格兰政治家和惊险小说家约翰·巴肯的自传《朝圣之路》，英国传记作家彼得·奎因内尔的《拜伦在意大利》。他最喜欢的长篇小说则是法国司汤达的《红与黑》和英国弗莱明的詹姆斯·邦德（代号007）惊险小说之一《来自俄罗斯的爱情》。

肯尼迪在哈佛大学本科学习时写了一篇论文，探讨分析英国迟迟没有准备对付德国纳粹的原因，后来成书出版，题为《英国为何沉睡》，显然参照了丘吉尔的那本书——《正当英国沉睡》。他的另一本书《勇敢者传略》写了美国八名国会参议员，他们在政治生涯中不怕风险，敢于做他们自己认为正确的事情。该书获得1957年普利策传记奖，但一直有传言说，此书的真正作者是肯尼迪的助理、演说稿撰写人索仁森。索仁森后来在其自传《顾问：历史边缘的生活》中写道："JFK特别在第一章和最后一章上下了很大功夫，定下该书的基调和哲学观念。我写了大多数章节的初稿，他用笔或口授修改。书的思想是他的，选材也是他。我从未感到——一刻也没有——我被错夺一份荣誉，更未分享普利策奖。"

早逝的肯尼迪再也无法解决当时存在的许多社会问题，尤其是严重存在的贫富差距。他的继任者约翰逊受英国经济学家巴巴拉·瓦德《富国与穷国》一书的启发，于1964年提出了"向贫穷开战"计划，美国也就开始了这场至今仍在进行的反贫穷持久战。

尽管尼克松是最有争议的美国总统之一，最后因"水门事件"黯然下台，但他一生的读书和写书经验却常被人说道。

尼克松的母亲在他幼年时就教他读书，以致他的小学是从三年级上起的。他在回忆录中写道："做完家庭作业，我常坐在壁炉边，或厨房餐桌旁，埋头读书或看杂志。我们订了《洛杉矶时报》《周六晚邮报》和《女士家庭杂志》。……每次去姨妈家，我都要借一本《国家地理杂志》，这是我最喜爱的期刊。"上中小学时，他喜欢英国文学、历史和拉丁文，成年后还能背诵小时候学的古罗马诗人维吉尔和古罗马演说家西塞罗的作品片段。他曾被哈佛和耶鲁大学录取，但因家里付不起去东岸的路费，后来就在加州一所以诗人惠蒂埃的名字命名的学院上学。英语教授鼓励他读托尔斯泰的小说，他记得他当时最喜欢的是《复活》，但他说，影响他更深的是这位俄国文豪晚年的哲学作品。他写道："他为被压迫的俄国民众制定和平改革计划，他激烈反战，他在人生所有方面最重视精神因素，这些比他的小说留给我更深的印象。在那段生活时期我是'托尔斯泰信徒'。"

把思想变为文字，对尼克松来说并非易事，但他自己有毅力，也靠朋友帮助，一生写了 10 本书，其中《六次危机》（1962）最为成功，上了《纽约时报》非虚拟畅销书前 10 名排行榜。所谓"六次危机"是：当国会众议员时调查希斯间谍案；作为共和党提名副总统候选人被指控受益于行贿基金；作为副总统，在艾森豪威尔总统患病期间引起争议的作用问题；访问南美洲国家时所遇反美抗议活动；访问苏联时与赫鲁晓夫所作的"厨房辩论"；竞选总统，与肯尼迪作电视辩论，结果失败。

尼克松的其他 9 本书都是在 1974 年辞职后的晚年写的：《真正的战争》写如何结束冷战；《领袖们》写他接触过的各国领导人，其中包括勃列日涅夫、梅厄；《真正的和平》，倡议通过缓和各国关系、改善东西方经济联系谋求和平；《不再有越南》，呼吁美国以新的方式接近发展中国家；《没有战争的胜利》，认为国家之间的冲突并非不可避免；《角斗场上：胜利、失败和复活回忆录》，他早年生活和早期政治生涯的回忆录；《抓住机会：美国在唯一超级大国世界的挑战》，谈苏联解体后美国面临的挑战；《和平之外》，谈 21 世纪美国的内外政策。显然，作为政治家，尼克松一直没有忘记自己的座右铭："永不放弃"。

出乎尼克松意外的是，他的《RN：理查德·尼克松回忆录》（1978）引起轩然大波，有人甚至成立了"抵制尼克松回忆录委员会"，所售 T 恤衫上画着尼克松的脑袋，四根粗大手指抓住他的头发，朝下的大拇指紧扯他的脸颊，图旁文字是"别买骗子书，抵制回忆录"。这自然是因为这本一千多页的回忆录有三分之一内容涉及"水门丑闻"，尼克松想通过仔细的回忆、梳理将此事件一次性地了却干净。事实上，尼克松也确有委屈，首先揭露"水门事件"的《华盛顿邮报》记者伍德沃德和伯恩斯坦在《最后的日子》一书里描写尼克松夫妇如何酗酒颓丧，尼克松如何对着白宫墙上的肖像自言自语，尼克松认为这些都是无中生有的捏造，他妻子因读此书而中风，他甚至曾考虑起诉这两个记者。

尼克松这本回忆录的书名中用了"RN"这两个字母，那是老罗斯福（Roosevelt）和尼克松（Nixon）姓氏的首字母。老罗斯福生前常被称为"TR"，尼克松显然想用"RN"表示他究竟是一个什么样的总统的。

卡特的母亲像尼克松的母亲一样，孩子很小她就教他们读书。卡特回忆道："我母亲常看书，也鼓励我们小孩儿读书识字。我们吃饭时，妈妈和我总有一本书或杂志在看，这后来成了我自己的家和我的终生习惯。……我在五年级时，就读了托尔斯泰的《战争与和平》。"

1976年，卡特被提名为民主党总统候选人，他对采访他的《时代》杂志记者休·赛德伊说："我手头总有三四本书在读。最近我在看多里斯·古德温的《林顿·约翰逊与美国梦》，麦克斯韦尔·泰勒将军写的关于国防问题的《靠不住的安全》，新教神学家雷因侯德·聂布尔的布道文集《正义与慈悲》。"据赛德伊报道，卡特一生中最重要的一本书是《圣经》，詹姆斯·阿吉的《让我们现在赞赏名人》对卡特有"深刻影响"，《雷因侯德·聂布尔谈政治》有助于卡特明确对公众生活的态度，罗素的《西方哲学史》他读了三四遍，他最喜爱的诗人是英国的迪伦·托马斯，有关总统职务的书，他最喜欢历史学家詹姆斯·巴伯写的《总统性格》。

在美国总统中，老罗斯福和卡特是最多产的作家，前者出了35本书，后者约30本。卡特著作的题材丰富，有关于中东政策的《亚布拉罕的血》，有关宗教信念的《有生命力的信仰》，维护政教分离原则的《我们岌岌可危的价值观》。他还创作了关于南方革命战争的长篇小说《大黄蜂窝》，出版了诗集《永远的估量》。

奥巴马可说继承了历任总统爱读书、又能写书的传统，给人以聪颖多才的印象，当某些白人政客从各方面刁难、抨击他的时候，他们也不能否认这位美国第一个黑人总统知识广博、演讲动人、文笔出色。

由于他确实喜欢看书，尤爱读小说，媒体连年有不少跟踪报道。2009年，据《石板》杂志报道，他夏季休假时带的5本书中有3本是小说：描写科罗拉多小镇生活的《朴素的圣歌》，讲述首都华盛顿犯罪与阶级差别故事的《回家的路》，关于当代曼哈顿下东城状况的《奢华生活》。马萨诸塞州马撒葡萄园岛是奥巴马最喜欢的度假地，他爱去逛岛上的葡萄串书店。2010年，书店老板赠给他乔纳森·弗兰岑的新作样书《自由》，这部长篇小说因此迅速畅销，弗兰岑知道后很想问奥巴马："你为什么要读这本小说？你要做的重要事情多得很啊。"第二年奥巴马在葡萄串书店买了丹尼尔·伍德瑞尔的《河沼三部曲》和沃德·贾斯特的《罗丹初次亮相》。2012 年，据《名利场》杂志报道，奥巴马私人书房案头堆满了书，有一摞是小说，最上面一本是朱利安·巴恩斯的《终结之感》。

2008 年，也即奥巴马当选总统那年，《纽约时报》请他列出对他有重要影响的图书和作者，他提供了一份包括爱默生、杰弗逊、林肯和吐温在内的作者名单，一份包括《黑人的灵魂》《来自伯明翰监狱的书简》《所罗门之歌》和《国王的全班人马》在内的长书单。在《滚石》杂志采访时，他又列出莎士比亚戏剧、海明威的《丧钟为谁而鸣》、麦尔维尔的《白鲸》，犹太作家菲利普·罗斯和 E.L. 多克托罗也被列入其内。

作为黑人政治家，奥巴马曾从黑人作家鲍德温、杜波伊斯、休斯、赖特、埃利逊和莫里森的作品中汲取精神力量，认同于自己的种族，希望实现马丁·路德·金的种族平等理想。泰勒·布朗奇近 3000 页的三部曲《破水：金氏年代的美国 1954—1963》是奥巴马又一本最喜爱的书。

他也爱读总统传记，从中吸取政治经验。读了有关林肯内阁的书《对手之伍》，他决定把自己的总统竞选对手希拉里·克林顿任命为国务卿。当他提出的全民医疗保险计划遭受挫折时，他看传记《西奥多·罗斯福的崛起》，因为老总统早就谈过医保问题。

勤读者奥巴马也是个大作者，他能从非资深参议员当上总统，应该说，其畅销回忆录《我父亲的梦想》（1995）起了重要作用。此书塑造了一个聪慧诚朴的知识分子形象，给了他大笔版税，更有助于提高他的知名度，让读者知道他的身世，了解他的思想，听见他的心声，感佩他的才华。他的另一本书，其政治宣言《无畏的希望》（2006）也写得很好。

奥巴马的口才更令人倾倒，而这又是他勤奋读书、写书的结果。《纽约时报》发表的《新总统从书本中发现心声》一文指出："奥巴马先生的雄辩口才由很多因素构成——他有能力在其演说中用话语来说服人，鼓舞人，给人以启示。但他对语言魔力的赞赏和对阅读的酷爱，不仅赋予他罕见的梳理有关种族和宗教的复杂思想、并使其思想与数百万美国人交流的能力，而且这些思想也使他的感觉具体化—他是谁以及他对这个世界的理解。"

　　是的，酷爱读书的美国总统们，从"没有书就没法活"的杰弗逊到"贪婪读者"老罗斯福，从背诵诗歌的林肯到案头堆满书本的奥巴马，确实能给人以启示，鼓舞人们通过读书来获取更多知识，增进对世界的了解，使自己更明智、达理，从而使生活变得更充实、更有意义。

2016 年大选

美国 4 年一度的大选往往充满故事，情节曲折变化，前景诡异莫测。总统参选人的出没，党派之间的争斗，选民们的爱憎，"黑马"的出现，投票的结果，就如一出出戏，令人焦虑、惊异，也令人满意或失望，兴奋或沮丧。

许多次大选的结果都出人意料。大选中，当政党代表大会陷于僵局、需要妥协人选时，便会出现令人意外的"黑马"（dark horse），如 1844 年的波尔克、1852 年的皮尔斯、1860 年的林肯、1876 年的海斯、1880 年的加菲尔德、1920 年的哈丁、1976 年的卡特。他们之中有伟大的总统林肯，也有腐败的总统哈丁。

2016 年大选中，70 岁的纽约地产大亨、亿万富翁唐纳德·特朗普（Donald Trump）闯入选战，也可以说是一匹"黑马"。先前的黑马是别人把他们从政界马厩里牵出来，特朗普则是自己从商界马厩里冲出来，而且出乎许多人的意料，结果还真冲进了白宫，成为历史上年纪最大的一任美国总统。

他是个典型的商人，1946 年出生在商都纽约的皇后区牙买加庄园，父亲是德裔大地产商，母亲是苏格兰后裔，祖父母、外祖父母都生于欧洲。他小时候很淘气，爱跟同学、邻居孩子打架，二年级时打伤一个老师的眼睛，由于从小很难受管束，13 岁时被送进纽约上州的私立军校。1968 年取得宾夕法尼亚大学沃顿商业学院本科经济学学位。

1971 年，其父授予后来名为"特朗普组织"的地产、建筑公司管理权。子承父业，他很快打入曼哈顿市场，通过经营地产、赌场、橄榄球队、高尔夫球场、葡萄酒和所谓"大学"成为美国最富裕的企业家之一，80 年代其姓氏甚至成了纽约市的象征。2016 年，《福布斯》双周刊将之列为全世界第 324 名最富者、美国第 156 名最富者。

他以招摇过市的经营手法引人注目，自称以 3L 经营方式——杠杆作用（即举债经营，leverage）、运气（luck）和地点选择（location）获得成功，也背过巨债，六次申请破产，他说："我会利用国家法律替自己还债。"

特朗普确实很有名，他用自己的名字来命名他所有的楼宇、赌场、饭店、学校，如曼哈顿中城 58 层的"特朗普高楼"，大西洋城"特朗普广场"饭店兼赌场（后宣布破产），佛罗里达棕榈海滩"特朗普大厦"，纽约东河边 72 层的"特朗普世界高楼"，纽约哥伦布广场"特朗普国际饭店"，拉斯维加斯"特朗普饭店"。大西洋城赌场则命名为"泰姬玛哈"，后宣布破产。在苏格兰，他购有高尔夫球场。

他还在国家广播公司（NBC）电视台主持真人秀《学徒》，既出名又赚钱。平时尤爱受采访，频频出现在卡通片以外的所有电视屏幕，有人说，他其实最适合演卡通片。

他掌控"世界小姐""美国小姐"和"美国少女"等选美组织，长期主持选美活动，曾因让一个吸毒的"美国小姐"保持"桂冠"而受非议，2015 年在竞选总统时发表中伤墨西哥非法移民的言论，一家西语电视台宣布与其选美组织脱离关系，特朗普打官司要求赔偿 5 亿美元。他还有一个"特朗普模特儿管理公司"，选收外国时装模特儿来美国表演，他手下两名经理连同该公司曾因欺诈勒索、违反合约、违反移民工资法而被起诉。他的现任妻子梅拉妮娅（Melania）原是模特儿，1970 年生于斯洛文尼亚，2001 年移民到美国，2006年加入美籍。

他所开办的"特朗普大学"设有地产投资、财产管理等课程，收费甚贵。纽约州有关部门曾警告他用"大学"之名违反州法，2013 年纽约州还就该校虚报产权、欺诈学生等问题提出指控。

这样一个地道的商人，从学校毕业后就一直经商，毫无从政经验，也缺乏国际常识，却有政治野心，多次滋生过当总统、副总统或纽约州长的念头。1988 年老布什竞选总统时，他表示想当他的竞选伙伴，老布什没选他，选了丹·奎尔。作为商人，他并无坚定的政治原则，1987 年认同共和党，1999 年转入改革党，2001 年改入民主党，2009 年又返回共和党。2015 年，他终于大胆亮相，喊出"让美国再度强大"（Make America Great Again）的口号，宣告要竞选总统，实在令人感到意外，也只有这样的"黑马"才叫人瞠目结舌。

共和党似乎没有一个更有力的、众望所归的人出来竞选第 45 任美国总统。初选开始，有 17 个共和党人亮相，宣布参选，阵势雄大，可在特朗普左右开弓的猛烈攻击下，在多场竞选辩论、各州初选、"超级星期二"之后，一个个退下阵来，杰布·布什（Jeb Bush）的退场意味着"布什王朝"的终结，连比较看好的参议员马克·鲁比奥（Marco Rubio）、特德·克鲁兹（Ted Cruz）和俄亥俄州长约翰·卡西奇（John Kasich）也先后退出，最后只剩下特朗普独占鳌头。

一年多来，美国媒体关于特朗普的报道连篇累牍，他的照片、漫画到处出现，美国的 2016 年简直就是"特朗普年"。人们在会场上、电视上看到的这个金黄头发的纽约富商确实是商贾形象，并无政治家气质。他傲慢粗鄙，口无遮拦，骂骂咧咧，刻薄伤人。他骂奥巴马总统是个"小丑""最大说谎者"，骂参议员伊丽莎白·沃伦（Elizabeth Warren）是"放荡的印第安人"。美国人的惯用语"政治上正确"，对他而言无非是一句废话，他爱怎么说就怎么说。

关于移民，他说，墨西哥移民带来毒品、罪行，个个都是"强暴犯"，所以要在美墨边界筑围墙。他还要遣返非法移民，禁止穆斯林入境，拒绝接受叙利亚难民。他在亚拉巴马州一次竞选集会上说，纽约世界贸易中心大厦遭恐怖袭击倒塌时，他"看见成千上万的新泽西州居民欢呼庆祝"，以此暗示住在哈德逊河西岸的信仰伊斯兰教的美国人如何卑劣。其实他所说的是当时的谣言，媒体早已辟谣，而他却以"亲眼所见"来煽动仇恨情绪。

对女性，特朗普也信口开河，说他讨厌的女人是"狗""胖猪""讨厌的畜生"；在电视辩论会上说一个女性参选人的血"从她的眼睛里流出来，从她身上其他地方流出来"。

谈及贸易，他要终止与外国的自由贸易协议，对来自中国等地的进口产品征收惩罚性关税，还说中国是"货币操纵国"，"中国强暴美国"，而他自己的企业有大量商品都是"中国造"，他身上的套装是"墨西哥造"，领带是"中国造"，他的家具造于土耳其，酒吧酒具造于斯洛文尼亚。

他憎恶环境保护措施，甚至说他的发型喷雾因环保措施而不如以前有效。他甚至说，地球气候变化问题根本不存在，那是"中国人制造的骗局"。

他说他"很懂外交"，"很了解俄罗斯"，"因为两三年前我曾在俄罗斯主持世界小姐选美活动"。他又说，伊拉克的萨达姆·侯赛因、利比亚的卡扎菲若仍在掌权，世界会"百分之百"更好。

共和党内大多数人都意想不到特朗普异军突起，且有不可阻挡之势，对他反感、厌恶，又感到惊惧、无奈。50多名共和党资深外交政策人士签写联名信抵制特朗普。2012年共和党总统候选人米特·罗姆尼在犹他大学演讲中说，他相信特朗普是个"假货"和"说谎者"，"他说的很多话来自他的想象"，若能当选，他将"不可信任"，"让别的国家面临灾难"。保守刊物《国家评论》出了反特朗普专刊，《标准周刊》称特朗普是"大骗子""假保守派"。共和党战略家里克·威尔逊（Rick Wilson）说："上帝是我的见证人，我永远不会投特朗普的票。"该党主流派人士、布什家族均未出席特朗普被提名的全国代表大会，克鲁兹上台讲话根本不屑表示支持。

美国舆论普遍反对特朗普。根据新闻报道规范，在正常情况下，媒体不能公开表示反对某个候选人，但这次大选，全国59家大报有57家公开表示支持希拉里·克林顿，反对唐纳德·特朗普，《纽约时报》说，这是因为"特朗普此人不正常"。

奥巴马总统批判特朗普"散布危险的思想意识，令人想起美国历史上最黑暗、最可耻的时期"。联邦最高法院法官鲁丝·金斯伯格（Ruth Ginsberg）本不便干政，却憋不住要说特朗普是一个"骗徒"，一个"以自我为中心的人物"，"他随口说出一些刚进脑子的话，其思想不合乎条理"。国会参议员伊丽莎白·沃伦与特朗普展开维特网战，称他是一个"鼓吹性别歧视、种族主义又憎恨外国人的恶棍"，作为"结仇、危险的渣滓"，"他永远进不了白宫，将会输得不是夹着尾巴逃跑，而是趴在地上"。

诺贝尔经济学奖获得者保罗·克鲁格曼（Paul Krugman）在《纽约时报》专栏文章中写道，特朗普的"个性会危及整个世界"，他在政治上相当无知，"即使你体谅他无知这一事实，他可能比你想象的更无知"；至于他的财富，"有人估计比他自己所吹的要少得多，其收入也可能比他自己所说的要低得多"，所以"他拒绝公布他的报税单"。

得克萨斯大学公共政策教授保罗·米勒（Paul Miller）撰文阐明"每个美国人均应反对特朗普的 5 个理由"：他羡慕俄罗斯普京这样的专制者；他怂恿暴力行为；他喜用诽谤性语言；他不赞成法律之下的平等；他是美国的"法西斯分子"。《纽约时报》后来报道说，在一次集会上，特朗普要选民们举手指向天空，宣誓对他效忠。有政治评论家指出，特朗普要求的这种手势显然是纳粹之礼。德国政府官员知晓特朗普的言行后，说他是一个活生生的"丑陋美国人"；墨西哥总统涅托说，墨西哥不会出钱筑边界围墙，并批评美国人支持特朗普的乖张言论有如希特勒和墨索里尼当年崛起的背景。

然而，尽管强大的反对声浪，特朗普却势不可挡，人气超高，共和党根本无法驾驭这匹黑马，眼看其脱轨言论与共和党路线相悖，致使共和党濒临分裂局面。特朗普毕竟具有精明、诡诈的商人头脑，他清楚地看到美国当前有大批"愤怒的白人"——学历偏低的年轻蓝领白人，因公司转移国外或因移民增加而失业的白人，还有收入偏低、薪水不涨的中产阶级白人，他们不满现状，心怀怨怼，不在乎"政治上正确"与否，不在乎有什么样的体制，而只要有好工作、好收入，他便迎合他们，有意用反移民、反自由贸易的"不正确"言论来投其所好，以赢得他们的支持。

在当前世界恐怖主义活动猖獗的情况下，聪明的特朗普更利用人们的恐慌情绪和反移民心理，宣扬"美国第一"、白人至上、孤立主义、排外思想、种族歧视。他的聪明还表现在与此同时抛出一些与共和党宗旨不同的政策，如支持对富人加税，反对删减社会福利，这就又增添了拥戴他的人。不过，当他表示这种态度的时候，他说不出任何具体构想和计划，人们也因此怀疑这只是他为捞取选票而开的空头支票。

美国有这么一大批人拥护特朗普，真可显示美国当前的社会状况。收入不平等、贫富悬殊的现象确实十分严重，这在很大程度上与历年来控制国会的共和党的方针政策有关，而如今贫苦的白人选民却拥护特朗普这样的共和党亿万富翁。有学者写道："特朗普的吸引力并不奇怪，白种劳工阶级理所当然地因其被漠视的处境感到气愤"，特朗普便蓄意以迎合他们的言论让他们的气愤情绪得到宣泄，再把选票都投给他。《纽约时报》有文章说："在一个大多数有权有势者是白人的国家里，特朗普在为感到无权无势的白人表达愤怒。"

7月下旬在克利夫兰举行的共和党全国代表大会上，特朗普被提名为总统候选人，其竞选伙伴、副总统候选人为印第安纳州长迈克·彭斯（Mike Pence）。这次大会被戏称为"白色会议"，因为与会者基本上都是白人，特朗普的竞选口号"让美国再度强大"因此被人篡改为"让美国再度变白"。他的妻子梅拉妮娅在会上讲话出了点小纰漏，讲稿执笔者竟把民主党总统奥巴马夫人米歇尔讲过的两句话写了进去，差点被当作"抄袭"来渲染。

2016年大选，民主党内部也矛盾重重。该党倒不像共和党那样一下子冒出那么多参选人，希拉里·克林顿宣布参选时，没有别的同党人出来应战，似乎全党团结一致。但当佛蒙特州国会参议员伯尔尼·桑德斯（Bernie Sanders）稍后一亮相，便顿显民主党的这场选战也不冷清、单纯，表面团结的民主党原来也存在严重分歧，分裂成了"进步"和"温和"两派。

桑德斯年已74，比当年69岁参选的里根还大5年。他自称为"民主社会主义者"，自己没有财力，也拒绝富豪财团的巨额捐款，却提出了响亮的竞选宣言："我们应该开始一场政治革命，使千百万各行各业的美国人都为真正的改变而斗争。这个国家属于我们所有人，而不仅仅属于亿万富翁阶级。此为此次竞选的根本目的。"

言简意赅，桑德斯要使这次大选成为一次"政治革命"。他说："我们需要一种有利于我们所有人、而非仅仅有利于百分之一的人的经济政策。我们需要一种在美国、而不是在中国或墨西哥创造就业机会的贸易政策。"他认为，大银行是美国经济的"头号敌人"，故应拆散；低收入家庭的子女上不起学费昂贵的大学，应让所有学生免费就读公立大学；劳工的每小时最低工资太低，应升至15美元；全国医疗保健制度应改为"单一付款者"制度，即由政府经营、单一公共机构掌管医保经费、全民享有医疗保险的制度。

出人意料的是，这位年已古稀的老人竟得到许多人尤其是被视为"理想主义者"的年青一代的喝彩。年轻人觉得，桑德斯有如一个在晚餐桌上讲自己心里话的伯伯或爷爷，可与他的主张人人平等的理念和政策共鸣，因而成了他的"粉丝"。他们编制宣传他的录影带，通过"推特"传给200多万观众。他在各地演讲吸引许多听众，当他说到"从亿万富翁手中夺回我们的政府"时，年轻人高呼"伯尔尼，伯尔尼，伯尔尼"。他在多州赢得初选，尽管与希拉里一直有差距，但也有几乎与她平分秋色的时刻，对她构成明显的威胁。有评论员说，若大选局限在 30 岁以下不排斥社会主义思想的人中举行，桑德斯无疑会当选总统。

桑德斯自然有两个竞争对象——特朗普与希拉里。他嘲讽其对手，在盐湖城 3000 多人的集会上讽刺特朗普多次结婚，他说："让我讲讲我的好朋友唐纳德·特朗普吧，——开个玩笑，他怎能是我的好友呢，实际上，我从未参加过一次他的婚礼。"此话其实也讽刺希拉里，因她曾出席特朗普的第 3 次婚礼。他说特朗普"每天撒谎"，是个"病态说谎者"，"美国人不能让一个所说之话不可取信的人当总统"。他知道许多人讲他"缺乏经验""天真幼稚"，他的理念是"空中馅儿饼"，但他提醒大家说，8 年前人们也把这些话用在奥巴马身上。

经济学家克鲁格曼支持希拉里，不支持桑德斯，他认为，桑德斯具有理想主义和进步运动所需的旺盛精力，但有焦躁情绪，这位佛蒙特参议员"借重于轻率的口号，不能深思熟虑"，如"拆散大银行"这个口号就并不妥帖，因为经济危机的根源并不在大银行。桑德斯指责希拉里与华尔街关系密切，接受高额演讲费，克鲁格曼说，这是事实，但这种关系并未改变她的政治立场。当桑德斯说希拉里"没有资格当总统"时，克鲁格曼忍不住对比两人的性格：希拉里被采访时涉及桑德斯的问题时，她只淡淡地说了一句"他没有做好功课"，桑德斯却翻她的老账，说她支持世贸协定和伊拉克战争（尽管她早已为投伊战票道歉），犯有"原罪"，故无资格当总统。克鲁格曼认为桑德斯不能以"纯而又纯"的标准要求于人，连林肯、小罗斯福也并不符合这个标准。

在希拉里后来明显占绝对优势的情况下，桑德斯也迟迟没有退选，他的目的就是迫使希拉里接受他的政治观念和政策，使她以及民主党全国代表大会更靠近左的路线。有评论家指出，他的这个做法有如 20 世纪初期的社会党领袖尤金·德布斯（Eugene Debs）和诺曼·托马斯（Norman Thomas），他们主张进化社会主义，多次竞选总统均归失败，但成功地使民主党向左靠拢。实际上，"温和派"希拉里在"进步派"桑德斯相逼下，确实也采纳了他的重要政纲，如她宣布的大学学费方案将使家庭年收入低于 12.5 万美元的学生能免费就读本州公立学院或大学，还将老年医疗保险购买者的年龄降至 50 或 55 岁。她原来支持"跨太平洋伙伴关系"(TPP)这一自由贸易协定,后随桑德斯而改变态度。《纽约时报》记者蒂莫西·伊根写道:"不论最后发生什么,桑德斯已把民主党推向平民主义左翼。"

从阿肯色州第一夫人、白宫第一夫人、国会参议员到国务卿,希拉里·克林顿已有 40 年政治经验,在美国家喻户晓,有人喜欢,有人不喜欢。2008 年,希拉里首次竞选美国总统,败于奥巴马。奥巴马上任后任命她为国务卿,在 4 年期间她访问了 112 个国家,行程总计 95.6 万多英里。她究竟是不是一个称职的国务卿,历来有所争议。在她任上,外交方面确实没有凸显其名字的重大成就,但仍有不少人肯定她是个"好国务卿",如共和党参议员约翰·麦凯恩即使对她批评甚多,也承认她是一个"杰出的国务卿",谷歌执行总裁艾里克·施密特称她为"艾奇逊以来最重要的国务卿",政治评论家希瑟·赫伯特认为,希拉里在恢复美国对国际机构的影响、与联合国达成制裁伊朗决议为解决伊朗核问题做准备、恢复美国在亚洲的影响力等方面起了重要作用。

2012 年美国驻利比亚班加西领事馆遇袭事件对希拉里竞选是个不利因素。那年 9 月 11 日,伊斯兰恐怖主义武装分子袭击班加西领事馆,美国驻利比亚大使约翰·斯蒂文斯及另三名外交人员遇害,作为国务卿,希拉里表示对未能加强国外领事馆安全维护工作负有责任。共和党曾企图用此事件来整希拉里,后来觉得有些牵强而作罢,但特朗普这次又把此事件作为攻击她的重要把柄。

《纽约时报杂志》记者马克·莱波维奇(Mark Leibovich)曾多次采访希拉里,总统竞选期间就更不会放过她。9 月中旬,希拉里得了肺炎,使有的选民担心、有的选民怀疑她的健康状况能否承担大任,她几天后康复,特朗普怀疑她是否服了"毒品药物"。莱波维奇就在她病情刚好转时采访了她,并于 2016 年 10 月 16 日《纽约时报杂志》上发表长篇报道《她的路》。他写道:

"她热情,精神矍铄,但眼睛似乎沉重,显得还有点疲惫,显然仍感到肺炎带来的不适。历来总统们在白宫待了 4 年就像老了 8 岁,你可以眼见这次竞选给她带来的损伤,——伯尔尼·桑德斯的意外挑战,电邮事件和联邦调查局的调查,特朗普肆无忌惮的攻击。她在会议桌边我的身旁坐下,沉重地跌坐在一把旋转椅上。她显然蔑视特朗普,甚至比她讲演和辩论时更显著。一个普选候选人难免要用激烈口吻评论另一个候选人，但她在此之上。'这次的感受很不同，'她说，'如果我与另一个共和党人竞选，我们会有分歧意见，这不会使我感到异常，我会使自己保持旺盛的精力，不会在晚间上床睡觉时有一阵揪心的感觉。多年来我有机会接触多位总统，我和他们有不同意见，但我始终相信，他们每天早晨起来后都在考虑走哪条路对国家最好。他们都是很认真的人。'

"我问希拉里，她是否害怕11月8日。'不，不害怕，'她缓缓而道。我阐明，我是问她怕不怕她可能会失败。'我不会失败，'她说，朝我咧嘴而笑。这是谈到失败问题时一个政治家的标准答案，候选人在民意调查大大落后时也会这样回答，但希拉里是认真的。"

在这个大选年，始终有一把达摩克利斯剑悬在希拉里的头顶上，让她提心吊胆，也一直让她的支持者们担忧。那就是所谓"电邮门"，她在任国务卿期间使用私人电子邮件伺服器的问题。经联邦调查局（FBI）调查，其邮件中含有机密资料，她本人自愿接受FBI长达近4小时的讯问，承认错误，表示抱歉。这些机密电邮中有多少属于"绝密"？究竟有没有往外泄露？有没有造成损害国家利益的严重后果？希拉里的交代是否可信？为什么有许多邮件被删除？这些疑云一时难消，共和党及其参选人特朗普则认定，这是可以起诉希拉里、将她置于死地的"冒烟的枪"，尼克松就因"水门事件"这把"冒烟的枪"黯然辞职。

直至7月初，联邦调查局局长詹姆斯·柯米（James Comey）宣布希拉里不应为电邮事件受刑事起诉，她接受民主党总统候选人提名的最大障碍才终于被清除。柯米说，希拉里"并未有意散发或任意处置秘密信息"，所以，"我们的判断是，没有明智的检察官会呈递此类案子"。但他也批评希拉里因"极端疏忽"（extremely careless）而造成失误。

即使在柯米这样宣布之后，并在希拉里接受民主党全国代表大会提名之际，特朗普在佛罗里达举行记者招待会，声称他将对俄罗斯人说："各位俄罗斯人，如果你们在听我说话，我希望你们能够帮助找到希拉里·克林顿丢失的3万件电邮，我们的媒体将为此给予重赏。"民主党立即痛斥他公然鼓励俄罗斯黑客从事间谍活动，干预美国大选，中央情报局一名前局长因此质疑特朗普对美国的忠诚程度，特朗普只得改口说，这只是开个玩笑而已。

由于"电邮门"，不少美国选民觉得希拉里"说谎""不可信赖"，民意调查支持率因此偏低。《纽约时报》专栏作家托马斯·弗里德曼（Thomas Fried-man）为此撰文为希拉里辩护，其题目为《希拉里的小谎及其对手的弥天大谎》。他写道，特朗普才确实不可信赖，他说自己说"实话"，其实是他常常没把事情弄明白就自我矛盾地胡诌一番，"希拉里·克林顿固然因判断有误说过一些愚蠢的小谎，但这不会影响到我的家庭和我的国家，我的孩子们不会因此受害"，特朗普撒的则是"弥天大谎"，如果他有机会干他想干的事，"他的弥天大谎会压垮整个国家"。

希拉里知道不少选民对她有不良印象，以前她常归之于右翼阴谋论、共和党数十年对她的野蛮攻击，但此次大选，她态度从容，在芝加哥对一些民众说："我知道很多人对民意调查员说，他们不信任我。确实如此，我犯过错误，所以我理解人们对我有疑问。"据她的顾问们说，为消除不信任感，她现在努力注重人格，踏踏实实进行竞选，慎重地制定政纲。

希拉里面对内外两个劲敌——桑德斯和特朗普。桑德斯逼迫她接受他的政见，特朗普则通过谩骂、造谣、人身攻击来损坏她的名誉，公开称她为"狡诈的希拉里"，说她"应进监狱，让这样的人当总统是美国的耻辱"。盖洛普民意测验要求美国人说出他们听到希拉里·克林顿的名字后首先想到的词语是什么，在特朗普恶劣影响下，其结果是："不诚实""说谎者""别相信她""罪犯""狡诈""窃贼""应进监狱"，等等。

特朗普曾肆意散布说，奥巴马不是生在美国，非法当选美国总统，结果搞了个"诞生者"运动，右翼组织茶党因此而勃兴，此次又居然说参选人克鲁兹生于加拿大，没有资格参选，另又通过其支持者、尼克松的政治助理罗杰·斯东（Roger Stone）散布说，克林顿夫妇为希拉里能当上国会参议员而谋杀了也要竞选参议员的小约翰·肯尼迪。1999 年 7 月，小肯尼迪偕同妻子和小姨子，自驾小飞机从新泽西州飞往马萨诸塞州玛莎葡萄园，夜里在海洋上空迷失方向而失事丧生，这与克林顿夫妇夫妇又有什么干系？这种空穴来风自然不能刮得像"电邮门"之风那样强烈，后来也就无声无息了。

对特朗普的许多言行，希拉里予以抨击。特朗普说，他因其商业记录而有资格当总统；希拉里说，他自称"债务之王"，并要用借债不还而发财致富的办法来解救美国，首任财政部长汉密尔顿若得知，"将会从坟墓里跳将出来"。特朗普因自己出了不少经商之书而得意，希拉里说，她看到每本书的结尾似乎都是"Chapter 11"，也即联邦破产法第 11 条，规定当一家公司不再有能力向债权人偿还债务，或预计今后也无法偿还时，可申请第 11 条"破产保护"。特朗普常克扣漆匠、侍者、管子工及其他合同工的工资，希拉里说："我的已故父亲是个小生意人，如果他的顾客像特朗普这样做，我爸就永远没有好日子过。"特朗普说，为解决经济问题，如果需要，他可以"出售美国资产"，希拉里质疑道，他是不是要"全部出售我们的航空母舰和自由女神像"，并"让某些亿万富翁将幽山美地国家公园变成私人乡村俱乐部"？

对 2016 年大选，奥巴马总统起初持中立态度，到了 3 月中旬，他与民主党全国委员会在得克萨斯州奥斯汀秘密召开民主党捐款者会议，建议他们不再给桑德斯捐款，呼吁民主党人团结起来，不让以特朗普为代表的共和党参选人有任何可乘之机。6 月初，奥巴马劝说桑德斯转移竞选重点，并明确表示支持希拉里。他与希拉里同乘"空军一号"总统专机前往北卡罗来纳州夏洛特，在此次竞选中第一次与希拉里一起在群众大会上亮相，公开支持这位 8 年前的竞争对手，他说："我告诉你们，希拉里·克林顿经受了考验。绝无其他男人或女人更有资格进入总统办公室。"

2016 年国庆节后几天，有几个州的初选尚未进行，希拉里便获得民主党总统候选人初选的足够选票，可在全国代表大会上获得提名。她的票数不仅来自初选的普通代表，而且还来自 720 名"超级代表"——民主党权威人士、民主党官员、国会议员和重要捐款者等。

7 月 25—28 日，民主党全国代表大会在费城举行。尽管会场内外都有不少桑德斯支持者表示抗议，反对希拉里，发出嘘声，但民主党许多重要人士及嘉宾，如伯尔尼·桑德斯、伊丽莎白·沃伦和米歇尔·奥巴马，都在会上发言，呼吁全党团结，认可希拉里。桑德斯以老年人少有的洪亮嗓音表示支持希拉里，其毕业生代表演讲式语调使有些代表感动得流泪。第一夫人米歇尔说："每当面临危机，我们不应互相攻击。不，我们互相倾听，互相依靠，团结使我们永远强大。"沃伦提醒桑德斯支持者说，如在 11 月不投票给希拉里，那就有可能把特朗普送进白宫，而此人如今在美国人中搞离间分化，若由他当总统，就会出现"白人反对黑人、拉丁美洲人，基督徒反对穆斯林和犹太人，异性恋者反对同性恋者，人人反对移民"的局面。

全国代表大会上的 2205 名普通代表、602 名超级代表将票投给了希拉里·克林顿，总数 2807 票超过所需要的 2383 最低票数，使她终于获得提名，成为美国第一个由主要政党提名的女性总统候选人。她的竞选伙伴、副总统候选人、弗吉尼亚州国会参议员蒂姆·凯恩（Tim Kaine）同时获得提名。

7 月 27 日，奥巴马总统出席民主党代表大会并发表演讲，为希拉里获得提名、成为他的"最合适的政治接班人"而热情喝彩，并指出民主党的最大希望就是抵制那些类似特朗普的"国产煽动分子"，以此来保护民主制度。他也承认，经过这次激烈的提名之战，民主党目前仍处分裂状态，克林顿女士也确实"犯过错误"，但他认为，克林顿女士是一个"公仆"和"爱国者"，他相信，她不仅是他的而且也是全体美国人的"可靠而可信赖的盟友"，美国人民需要这样一个"斗士"来帮助他们改善生活、保障安全。

后来，奥巴马又多次公开表态支持希拉里，如 10 月 24 日在圣地亚哥选民大会上讲话指出，即将来临的普选是对美国价值观的考验，对国家而言，对下一任总统在分歧时期的治理能力而言，都是紧急关头。他说："美国是伟大的。美国在任何情况下都可存活。但美国不能有任何拖长的时期让一个根本不严肃认真、其道德标准低劣有害的人去当领袖。特朗普先生的参选触及了种种问题：国家如何对待妇女、移民、不同信仰的人，他的立场可以动摇我们宪法的根本原则。我们应该努力艰苦工作，不仅要保证希拉里获胜，而且要让她大赢，要发出清楚的信息，说明我们是什么样的人，美国拥护什么，又反对什么。"

奥巴马支持希拉里，一方面是他确实相信她有资格和能力当总统，另一方面，显然他也希望并相信她能把他的政策继续贯彻下去，不论医改、堕胎、非法移民、接收难民问题，或环保、反恐、枪支控制、法官命名问题，都需要有希拉里这样的接班人按民主党宗旨去施政，去改革。

希拉里意识到，在她当了 8 年第一夫人、8 年参议员和 4 年国务卿之后，许多选民对她仍未认同，这是因为她在所有这些年的公众服务中更多注重"服务"，而忽视联络"公众"，所以她在接受提名演说中回忆自己的卑微出身，总结从教会和母亲身上获取的人生经验，更明白了"无人独自一人度过一生"、需与公众联络沟通这个道理。她在演说结尾激动地说："作为我母亲的女儿、我女儿的母亲，我站在这里，很高兴这一天的到来。我为所有的祖母、外婆及小女孩高兴，为老老少少之间的所有女性高兴。如今天空有限，但并无天花板。所以，让我们继续前进，直至全美国一亿六千一百万妇人和女孩都有她应该得到的机会。"

从两党全国代表大会结束到 2016 年 11 月 8 日选举日，这是希拉里与特朗普继续激烈竞争的 100 天，先后举行了收视率极高的三次电视辩论，也出现了"10 月惊奇"。

笔者观看了他们的三次辩论，听他们唇枪舌剑，互不相让。希拉里有多年演讲经验，辩论时镇定自若，不慌不忙，因事前有所准备，回答主持者的问题流畅、清晰，关于当选后计划做的事情说得尤其清楚、明了。她抨击特朗普的重点是他拒绝公布纳税申报表，多年不交纳联邦税，也指斥他歧视、侮辱女性。特朗普性情急躁，没有耐心，常显出气急败坏的样子，多次打断对方讲话，他反复端出希拉里的"电邮门"，威胁她会被起诉，甚至坐牢。

电视辩论后的反应几乎都对特朗普不利。康涅狄克大学历史教授柯布给《纽约客》杂志写的文章说："一个候选人显示其沉着态度、聪明才智，而且有所准备；另一个候选人则漫不经心，说些空话，做做鬼脸，发发牢骚，辩称他不可能把世界小姐称为'猪小姐'。"

特朗普在辩论中声称要用经营他自己公司的方式管理国家，专栏作家科林斯有感而道："大部分听众在听他此话时都想到一个事实，正是这个家伙先后六次申请破产。"

社会评论家作家布娄觉得特朗普是一个"初学走路的成年人"，他写道："这个 70 岁的初学走路者，步履蹒跚，几乎什么也不懂，却会恶言中伤人，对复杂问题只有简单化解答，还很容易冒火发怒。他不是一个激进意识形态的崇奉者，而是一个没有原则的人，为取得名声、财富和权力，他可以为所欲为，无所不作。他是一个只愿别人宠信他的霸王，一个抱怨、骂街以此弥补内心空虚的幼稚家伙。"

美国每次大选几乎都有"10 月惊奇"（October surprise），也即在 11 月初全国选举日之前的 10 月突然发生的可能影响选举结果的事件。特朗普一心想有"10 月惊奇"发生在希拉里身上，不料他自己的两件事儿被抖搂出来。美国媒体也确实早在等待"10 月"，在关键时刻端出令人惊奇的信息。

一是 10 月 2 日，《纽约时报》根据一名 80 岁的税务顾问提供的原始材料报道说，特朗普在其 1995 年报税表上申报亏损 9.16 亿美元，他因此有将近 20 年没有交纳联邦税。对此，特朗普居然在辩论中说"你们没有从报税中学到很多东西"，而他，因为"聪明"，可以多年不交税。专栏作家科恩撰文讽刺道："特朗普是这样一个伟大商人，很多年不给国家交税，这对美利坚合众国及全体劳动人民有莫大好处，人们原先哪里知道亏损亿万美金乃是逃税漏税的绝招妙计。"

二是 10 月 8 日，《华盛顿邮报》公布 2005 年的一个录像磁带——《接近好莱坞》，特朗普在其间大放厥词，说他自己如何施暴女人，嘴含"蒂克塔克"薄荷糖强吻女人，还在她们两腿之间任意抓摸。他得意扬扬地说："我开始吻她们，连等也不等了。当你是个明星时，她们让你这样做，你干什么都可以。"他甚至用了一般人难以启齿的词语。这个录像磁带一播映，特朗普自然感到难堪，赶紧自辩说"这是更衣室内的谈话，并不反映我这个人"。可接着，马上就有 10 多名女性通过媒体公开揭发特朗普如何骚扰、性侵她们，说出具体时间、地点，可特朗普完全否认，说这是"编造的故事"，他根本不认识这些女人，还说这是民主党和希拉里搞的"阴谋"，并断言 2016 年整个选举系统被人"操纵"。

特朗普意识到录像带使他丢脸，便想先发制人，在第二次电视辩论的当天先开了个记者招待会，请来几个曾指控前总统比尔·克林顿对她们非礼的女人，以此证明希拉里的丈夫比他有过之而无不及。对这种做法，有的选民用"卑劣""下作"加以形容。

这两个"10 月惊奇"事件对特朗普打击沉重，共和党许多重要人物明确表示不会给他投票，"摇摆州"的有些选民也不再摇摆，而决定支持希拉里，民意调查对希拉里的支持率也明显升高。

　　然而，就在选举日前 10 天，特朗普所希望发生在希拉里身上的"10 月惊奇"果然发生了。7 月初宣布希拉里不会因"电邮事件"受起诉的联邦调查局局长詹姆斯·柯米，忽然向国会呈函，说又发现一大批先前不知道的电邮"待查"。这批电邮是在调查前国会众议员韦纳向未成年少女传发色情信息一案时发现的，韦纳已与之分居的妻子艾贝丁是希拉里的重要助手，就由于这个关系，柯米在尚未检查电邮内容的情况下，只因发现里面有艾贝丁发给希拉里的电邮，就觉得此事与希拉里当国务卿时使用私人伺服器有关，便向国会作了报告。是否要报告，司法部与联邦调查局意见分歧，柯米为防自己以后被追究责任而孤注一掷。

　　在大选这个时刻，这个消息无疑是一颗重磅炸弹，对希拉里和民主党十分不利，特朗普则似乎有了更多要把希拉里"送进监狱"的根据。全国选民因这个消息感到震惊，在支持率民意调查中原已胜过特朗普的希拉里明显下降，选情处于明显胶着状态，甚难预测胜负。两个候选人最后使足劲头，猛攻佛罗里达、北卡罗来纳、俄亥俄、弗吉尼亚等"摇摆州"。这场被很多人视为"丑陋""低俗"、促使美国分裂的大选，此时更显得跌宕起伏，诡异难测。

　　可就在选举日前两天，即 11 月 6 日，詹姆斯·柯米又向国会报告说，在新发现的大批电邮中，他没有看到可以改变他 7 月初所下结论的证据，所以对希拉里·克林顿处理机密信息问题仍然不予指控。这个消息顿使支持希拉里的部分选民稍感宽心，但实际上，电邮事件的反反复复已在摇摆州产生了无可改变的影响。

　　11 月 7 日，选举日前一天，奥巴马总统旋风式访问三州——密歇根、新罕布什尔和宾夕法尼亚，在群众集会上热情为希拉里争取选票，当晚与她一起在费城独立广场向与会者挥手致意，使众多选民感到，奥巴马后继有人。

　　11 月 8 日选举日，亿万人激奋、焦虑的一天，但直至 9 日凌晨 2 点后，才得出全国普选结果。根据本文所写的以上内容，我们似可断定希拉里将是赢者，特朗普是败者，结果却恰恰相反。尽管希拉里所得普选票数比特朗普多 21.4 万票，得票率为 47.7%：47.5%，但选举人票，特朗普得了 279 张，高于所需的 270 张当选票，因而当选第 45 任美国总统，希拉里只得了 228 票，重演了 2000 年戈尔获多数普选票却输给小布什的历史。

特朗普立即发表了得体的获胜演讲。他说："我刚接到希拉里国务卿的电话，她祝贺我们的胜利，我也祝贺她及其家庭，为这次非常非常艰苦的竞选。我是说，她竞争得非常努力。希拉里在很长时期内工作非常努力，我们感谢她为我们国家所做出的贡献。我这样说是很真诚的。"他还表示："对美国而言，现在该是包扎分裂伤口的时候了，对全国所有共和党人、民主党人和独立党人，都该是团结得像一个人的时候了。"

《纽约时报》以特大标题《特朗普获胜》(*TRUMP TRIUMPHS*) 报道说："70岁的特朗普先生是一位由地产开发商轻易转化成的电视明星，并无从政经验，他的获胜是对团结一致反对他的社会体制势力——从商界到政府及其在各方面（从贸易到移民）达成的一致意见的强有力抵制。这一结果不仅是对希拉里女士的否认，而且也是对奥巴马总统的否认，他的政治遗产顿陷险境。这也表明，一个主要由蓝领白人、劳动阶层选民组成的联盟被大为忽视，他们感到，几十年来实行的全球化和文化多元主义，使美国所保障的东西从他们的手中滑脱殆尽。"

该报社论写道："唐纳德·特朗普总统——这三个词，对亿万美国人来说，——还对世界许多其他地区来说，原是不可想象的，现在却成了美国的未来。"

社论表示怀疑："这个将是第 45 任总统的人究竟是一个什么样的人呢？"社论接着写道："他是当代历史上最无准备的当选总统，根据他的言行，他在气质上显然不适合领导一个三亿两千多万人口的多元化国家。"

11 月 9 日，从凌晨开始直至晚间，后来又连续几日，在纽约、芝加哥、西雅图、洛杉矶、圣地亚哥、奥克兰等城市，都有大批群众上街游行示威，高喊"特朗普不是我的总统""弹劾特朗普""不要三 K 党""不要种族主义的美国"等口号。

失利的希拉里的心情自然可以理解，但她还是显示了政治家的气度，及时与支持她的选民们见面，表示承认失败，明言"特朗普将是我们的下一任总统"，希望大家"以开放心胸给特朗普以机会"。她说："我知道你们感到失望，因为我自己也是。输得很痛苦，而且要痛苦很长时间，但请永远不要放弃这个信念：值得为正义事业而战。"

她还说，目前国家的分裂状态比想象的还严重，"但我仍然相信美国，并会永远相信。"她希望青年女子们保持信念，相信总有一天美国真会选出一个女总统，或许比预料的还早。她对她们说："永远不要怀疑，在这世界上，你们是有价值的，是有力量的，应有机会去追求和实现你们自己的梦想。"

不少希拉里的协助者、支持者较快地冷静下来，总结竞选失败的原因。他们认为，其中一个重要原因是希拉里疏忽了曾在1992年大选中支持比尔·克林顿的劳动阶层的白人选民。教育程度不高、收入偏低的蓝领白人自认被忽视已久，他们不在乎全球化、多元文化主义，漠视自由主义平权、少数族裔权益，也鄙夷"政治上正确"等说法，而只是希望改变现状，恢复白人的优势，保证自己不会失业，收入会不断增加，因而憎恨移民侵占他们的工作和福利，也反对世界自由贸易使工作机会流失到其他国家，而特朗普反移民、反自由贸易的竞选言论正合他们心意，结果，据投票后民意测验，在未受过大学教育的白人选民中，有67%的人把选票投给了特朗普，投给希拉里的人只有28%。希拉里后来也意识到自己不仅忽视了他们，而且还因把特朗普的一半支持者说成是"一批糟糕可叹的人"（abasket of deplorables）而得罪了他们。

有关人士还分析指出一些经验教训：希拉里立誓要帮助弱势群体，自己却接收数百万美元华尔街演讲费；她愿把国家团结在一起，可总有一大批人对她不信任或不喜欢；联邦调查局在选举前夕又端出"电邮事件"，一批原来支持希拉里的选民改变了态度；民意调查高估了希拉里的支持率，低估了特朗普的支持率，媒体对希拉里的支持率则高达99%，选举结果因此格外令人失望。

奥巴马总统在选举日前一周说，特朗普若入主白宫，"几周内便会推翻我们之前的所有成就"，但在11月9日清晨便打电话给他道贺，并邀请他到白宫会谈。

11月10日，先前根本不可想象的一件事情发生了：第44任美国总统奥巴马与当选第45任美国总统的特朗普在白宫互相握手，会谈90分钟。奥巴马对特朗普说："我想对您，当选总统先生，强调说，我们现在愿做一切有助于你成功的事情，因为你若成功，国家也就成功。"特朗普在奥马巴面前甚为谦恭，甚至有点紧张，事后说"奥巴马总统是一个好人"，"我很受尊重，我们讨论了很多不同的问题，有的好办，有的难些。"

美国当代史，就这样掀开了新的一页。

附录　美国历任总统

姓名、任期、生卒年份、党派：

1.George Washington　1789—1797　1732—1799　F

乔治·华盛顿

2.John Adams　1797—1801　1735—1826　F

约翰·亚当斯

3.Thomas Jefferson　1801—1809　1743—1826　D—R

托马斯·杰弗逊

4.James Madison　1809—1817　1751—1836　D—R

詹姆斯·麦迪逊

5.James Monroe　1817—1825　1758—1831　D—R

詹姆斯·门罗

6.John Quincy Adams　1825—1829　1767—1848　D—R

约翰·昆西·亚当斯

7.Andrew Jackson　1829—1837　1767—1845　D—R

安德鲁·杰克逊

8.Martin Van Buren　1837—1841　1782—1862　D

马丁·范布伦

9.William Henry Harrison　1841—1841　1773—1841　W

威廉·亨利·哈里森

10. John Tyler   1841—1845   1790—1862   W

约翰·泰勒

11. James K. Polk   1845—1849   1795—1849   D

詹姆斯·K.波尔克

12. Zachary Taylor   1849—1850   1784—1850   W

扎卡里·泰勒

13. Millard Fillmore   1850—1853   1800—1874   W

米勒德·菲尔莫尔

14. Franklin Pierce   1853—1857   1804—1869   D

富兰克林·皮尔斯

15. James Buchanan   1857—1861   1791—1868   D

詹姆斯·布坎南

16. Abraham Lincoln   1861—1865   1809—1865   R

亚伯拉罕·林肯

17. Andrew Johnson   1865—1869   1808—1875   D

安德鲁·约翰逊

18. Ulysses S. Grant   1869—1877   1822—1885   R

尤利西斯·S.格兰特

19. Rutherford B. Hayes   1877—1881   1822—1893   R

拉瑟福德·B.海斯

20. James Garfield   1881—1881   1831—1881   R

詹姆斯·加菲尔德

21. Chester A. Arthur   1881—1885   1829—1886   R

切斯特·A.阿瑟

22. Grover Cleveland   1885—1889   1837—1908   D

格罗弗·克利夫兰

23. Benjamin Harrison   1889—1893   1833—1901   R

本杰明·哈里森

24. Grover Cleveland   1893—1897   1837—1908   D

格罗弗·克利夫兰

25. William McKinley　1897—1901　1843—1901　R

威廉·麦金莱

26. Theodore Roosevelt　1901—1909　1858—1919　R

西奥多·罗斯福

27. William H. Taft　1909—1913　1857—1930　R

威廉·H. 塔夫脱

28. Woodrow Wilson　1913—1921　1856—1924　D

伍德罗·威尔逊

29. Warren G. Harding　1921—1923　1865—1923　R

沃伦·G. 哈丁

30. Calvin Coolidge　1923—1929　1872—1933　R

卡尔文·柯立芝

31. Herbert C. Hoover　1929—1933　1874—1964　R

赫伯特·C. 胡佛

32. Franklin D.　Roosevelt　1933—1945　1882—1945　D

富兰克林·D. 罗斯福

33. Harry S. Truman　1945—1953　1884—1972　D

哈里·S. 杜鲁门

34. Dwight D. Eisenhower　1953—1961　1890—1969　R

德怀特·D. 艾森豪威尔

35. John F. Kennedy　1961—1963　1917—1963　D

约翰·F 肯尼迪

36. Lyndon B. Johnson　1963—1969　1908—1973　D

林登·B. 约翰逊

37. Richard M. Nixon　1969—1974　1913—1994　R

理查德·M. 尼克松

38. Gerald R. Ford　1974—1977　1913—2006　R

杰拉尔德·R. 福特

39. James（Jimmy）Carter 1977—1981 1924— D
詹姆斯（吉米）·卡特

40. Ronald Reagan 1981—1989 1911—2004 R
罗纳德·里根

41. George ·H·W·Bush 1989—1993 1924— R
乔治·H.W. 布什

42. Bill Clinton 1993—2001 1946— D
比尔·克林顿

43. George W. Bush 2001—2009 1946— R
乔治·W. 布什

44. Barack Obama 2009—2017 1961— D
巴拉克·奥巴马

45. Donald Trump 2017— 1946— R
唐纳德·特朗普

注：党派 F 为联邦党，D—R 为民主共和党，D 为民主党，W 为辉格党，R 为共和党。

图书在版编目（CIP）数据

通往白宫之路：美国人喜欢什么样的总统 / 陈安 著 . — 北京：东方出版社，2016.11

ISBN 978-7-5060-9340-8

I. ①通… II. ①陈… III. ①总统－选举－美国 IV. ① D771.224

中国版本图书馆 CIP 数据核字（2016）第 271318 号

通往白宫之路
（TONGWANG BAIGONG ZHILU）
——美国人喜欢什么样的总统

作　　者：陈　安
策划编辑：刘永红
责任编辑：邓创业
封面设计：周涛勇
责任校对：吕　飞
出　　版：东方出版社
发　　行：人民东方出版传媒有限公司
地　　址：北京市东城区东四十条 133 号
邮政编码：100007
印　　刷：北京市文林印务有限责任公司印刷
版　　次：2016 年 11 月第 1 版
印　　次：2016 年 11 月北京第 1 次印刷
开　　本：710 毫米 ×1000 毫米　1/16
印　　张：18
字　　数：320 千字
书　　号：ISBN 978 - 7-5060-9340-8
定　　价：48.00 元
发行电话：（010）64258117　64258115　64258112